KB271328

광덕스님 시봉일기 · 4

佛光香風 4

광덕스님 시봉일기 · 4
－위법망구(爲法忘軀)－

지은이 · 松菴至元 外
펴낸이 · 김인현
펴낸곳 · 도서출판 도피안사

2004년 5월 25일 1판 1쇄 발행
2007년 5월 21일 1판 2쇄 발행

책임편집 · 이상옥
영업 · 혜국 정필수
관리 · 혜관 박성근
인쇄 및 제본 · 동양인쇄(주)

등록 · 2000년 8월 19일(제19-52호)
주소 · 경기도 안성시 죽산면 용설리 1178-1
전화 · 031-676-8700
팩시밀리 · 031-676-8704
E-mail · dopiansa@kornet.net

ISBN 89-90223-20-2 04220
　　　89-951656-0-X(세트)

眞理生命은 깨달음(自覺覺他)에 의해서만 그 모습(覺行圓滿)이 드러나므로
도서출판 도피안사에서는 '독서는 깨달음을 얻는 또 하나의 길'이라는 신념으로 책을 펴냅니다.

광덕스님 시봉일기

4

위법망구(爲法忘軀)

글 · 송암지원 外

DOPIANSA 到彼岸社

結 社 是

보현도량 도솔산 도피안사는 개산조이신 金河堂 光德大禪師의
문서포교 불사를 계승하기 위하여 도서출판 到彼岸社를 별도 설립하여 우량도서를 精選 출판하고 있습니다.
이에 보다 효과적인 문서포교를 이룩하기 위하여 개산조의 '불서읽기' 운동을 계승하여
'종이거울 자주보기' 운동을 펼쳐나갑니다.

종이거울 자주보기 - 유리거울은 내 몸을 비춰주고
종이거울은 내 마음을 비춰준다

‘보현행원으로 보리 이루리!’

코끼리가 연꽃을 받들고 가는 것은
보현행원품의 주제인 '以普賢行 悟菩提 - 보현행원으로 보리 이루리' 를 상징(설명)합니다.
(코끼리는 보현행원의 원만, 연꽃은 무상보리의 성취를 뜻하며
또한 이 두 이미지의 일치는 禪家一句인 向上一路의 형상화임)

진법으로 바른 믿음을 삼겠읍니다

진법으로 평정심을 삼겠읍니다

진법으로 무상공덕을 삼겠읍니다

진법으로 최상의 보은을 삼겠읍니다

진법으로 정토를 성취 하겠읍니다

불자여 불보살님의 자비하신 은덕이

끊임없이 그대 생명에 넘쳐나고

우리국토를 청숙시켜 주심을 감사하며

밝은 표정과 기쁜말을 잇지 말지니라

글씨 / 석주(1986년 作)

왼쪽은 先師께서 매월 포살 때 대중에게 다짐받은 포살 계목 중의 하나이고,

오른쪽은 매주 법회 때마다 동참 대중이 함께 다짐한 傳法五誓임.(필자)

그림 / 석정

普賢身相如虛空　　보현보살　미묘한몸　형상이없어

依眞而住非國土　　어느 때나　법신광명　두루 비추네.

隨諸衆生心所欲　　일체중생　원하는바　이루기위해

示現普身等一切　　보현원왕　일체처에　현전하시네.

보현행원으로 보리 이루리!

"보현행원 수행하는 보살들이여

1. 모- 든 - 부처님께 예경할지라
2. 일체여래 모든공덕 찬탄할지라
3. 시방세계 일체불께 공양할지라
4. 무시이래 지은업장 참회할지라
5. 모든여래 지은공덕 기뻐할지라
6. 일체불께 설법을- 청할지로다
7. 일체제불 주세간을 청할지로다
8. 어느때나 여래따라 배울지로다
9. 온갖형상 일체중생 수순할지라
10. 중생에게 모든공덕 회향할지라

허공계가 다하고 중생 다하고
중생의 번뇌가 다할지라도
보살의 행원은 다하지 않아."

"보현행원은 나의 진실생명의 문을 엷이어라

　　　　무량위덕 발휘하는 생명의 숨결이어라

보현행원은 나의 영원한 생명의 노래

　　　　나의 영원한 생명의 율동

　　　　나의 영원한 생명의 환희

　　　　나의 영원한 생명의 위덕

　　　　체온이며 광휘이며 그 세계이어라.

내 이제 목숨 바쳐 서원하오니

삼보자존이시여 증명하소서

보현행원을 수행하오리

보현행원으로 불국이루리

보현행원으로 보리이루리

나무마하반야바라밀다

나무대행보현보살마하살"

그림 / 소공

울려서 법계를 진동하여 철
위산이 밝아지고 잠잠해서 겁
전봄소식이 겁후에 찬란해라
일찌기 형상으로 몰 형상을
떨쳤으니 금정산이 당당하여
그의소리 영원하리

근하광덕 대선사 열반송을 쓰다

기묘년봄 법진 정웅 쓰

글씨 / 법진

眞　　影

1993년 11월, 해인사 지족암에서 일타스님과 함께

金河堂 光德大禪師는
1927년 4월 4일(정묘년 3월 3일) 경기도 화성에서 출생.
1950년 가을, 24세 때 부산 범어사 입산. 그 이후 오직 爲法忘軀 傳法度生으로 이 시대의 횃불이 되다.
1999년 2월 27일 오후 2시경 불광사 법주실에서 세수 73세,
법랍 48세로 사바 세연을 조용히 거두고 대원적 무상(無相) 삼매에 들다.(연보는 뒷면)

- 門人 松菴至元 謹抄

용생룡(龍生龍)이요, 봉생봉(鳳生鳳)이라

無住淸華 │ 전(前) 성륜사 조실

금하당(金河堂) 광덕 큰스님은 한국불교사에서 찬연히 빛나는 불멸의 횃불이시다.

큰스님은 복잡한 서울, 그 한가운데서 문수의 투철한 반야지혜(般若智慧)와 보현의 훈훈한 자비행원(慈悲行願)을 몸소 실천하신 대비보살이셨음은 비단 우납(愚衲)만의 찬탄이 아닌, 모든 불자의 위대한 의호(依怙)로서 앙모(仰慕)해 마지않는 불세출(不世出)의 선지식이시다.

큰스님 유별(有別)의 청수(淸秀)하고 고결(高潔)한 풍모와 이십여 성상을 두고 불광지를 통해 베풀어 주신 시기상응(時機相應)한 사자후는 모든 불교인들의 가슴마다에 뜨거운 감격으로 오래오래 메아리치게 될 것이다.

고인(古人)의 격담(格談)에 용생룡(龍生龍)이요 봉생봉(鳳生鳳)이라 하였는데, 큰스님의 문하에 수많은 용상대덕들이 나오신 가운데 특히 송암당(松庵堂) 지원화상은 철두철미(徹頭徹尾) 지성일관(至誠一貫)해 은법사(恩法師)이신 광덕 큰스님의 고매한 유지를 받들어 『광덕스님 시봉일기』라는 책을 펴냈을 뿐만 아니라, 도피안사의 대작불사를 발원 진행 중이시니 실로 사자상승(師資相承)의 귀감으로서 우리 불가의 희유한 수범(垂範)이 아닐 수 없다.

본시 우납은 평소 도회은거(韜晦隱居)로 지내왔기에 광덕 큰스님과 배면(拜面)의 연(緣)은 없었으나 큰스님의 출천고풍(出天高風)은 이심전심으로 경모해 마지않았다.

이번 송암화상의 간곡하신 부탁을 과분하게 생각하며 다만 성긴 말 몇 마디를 보태어 추천사를 대신하는 바이다.

辛巳年 부처님 오신 날을 앞두고

聖輪寺 禪窓에서

無住 淸華 合掌

기도하면서 썼고, 쓰면서 기도한 스승 존경의 길잡이

원성 김종서(圓成 金宗西) ┃ 문학박사·서울대 명예교수

불과 얼마 전에 있었던 일이다. 내가 교직생활을 처음 시작할 무렵에 가르쳤던 제자 십여 명과 오랜만에 저녁식사를 같이 했다.

그때 그들 중 몇 명이 방 밖 출입이 잦았다. 아마도 담배를 피우기 위해 드나드는 것 같아서 나는 이를 눈치채고 "담배를 밖에서 피우지 말고 여기서 피우지"라고 말했더니 그들은 "스승님 앞에서 어떻게 담배를 피웁니까?"라고 대답했다. 그때 나는 "지금 몇 살이나 되었지" 하고 다시 물었더니 머리를 긁적이며 "일흔셋입니다"라고 말하는 것이었다.

이것이 원래 우리의 '스승과 제자' 관계였다. 그러나 최근에 와서 이러한 전통적인 관계는 땅에 떨어지고 스승이 체벌을 한다고 학부모나 학생이 선생님을 고발하고 심지어는 폭행까지 하는 현상까지 나타나고 있으니……

아, 이 어찌된 일인가?

'군사부일체(君師父一體)'니 '스승의 그림자는 밟지도 않는다'는 말은 이미 옛말이 되고 말았는가? 참으로 비감(悲感)한 생각마저 드는구나!

이때, 홀연히 한줄기 희망의 빛이 비쳤으니 바로 송암지원(松庵至元) 스님이 지어낸 『광덕스님 시봉일기』이다. 이 책은 스승과 제자의 관계를 올바르게 정립하는 지침서이며 시금석(試金石)이기도 하다.

살펴보면 오늘날의 사회는 급격히 변하고 있다. 이 급변하는 사회에 사는 현대인은 두 가지의 가치관(價値觀)을 동시에 추구해야 한다. 그 하나는 변하는 사회에 적응하기 위한 '변하는 가치관'의 추구이며, 다른 하나는 사회가 아무리 변해도 변해서는 안 되는 '항구적 가치관'의 추구이다. 스승 존경의 가치관은 후자에 속한다. 왜냐하면 사제지간의 올바른 관계의 설정이 이 사회를 발전시키는 근간이고 원동력이 되기 때문이다.

인류가 쌓아 놓은 문화유산의 전달자는 스승이며 이를 전수받은 제자는 이를 보다 확대 발전시켜 다음 세대를 위한 전달자가 돼야 한다. 이러한 스승 존경의 훌륭한 전통은 특히 우리 불교에서 더욱 뚜렷이 나타나고 있다.

도(道)를 구하기 위해 자신의 팔을 끊어 스승인 달마대사(達磨大

師)에게 바쳤던 혜가(慧可) 스님의 이야기는 비록 불자가 아니라고
해도 모르는 사람이 없을 정도로 널리 알려져 있다. 이리하여 '역
대전등 제대조사(歷代傳燈 諸大祖師)'가 부처님 가르침의 정법(正
法)을 면면히 이어나가고 있다.

　송암스님이 쓴 이 책,『광덕스님 시봉일기』는 스승을 어떻게 받
들어야 하는지를 우리의 마음과 몸 속에 깊숙이 스며들도록 제시
하고 있다. 또 이 책은 저자인 송암스님이 다년간에 걸친 관찰과
체험과 감동을 통해 스승이신 광덕 대선사의 불교사상과 수행 실
천의 모습을 실상 그대로 예리한 필봉으로 부드럽게 표현한 스승
존경의 길잡이 책이다. 여기에는 저자가 평소 스승이신 광덕스님
을 얼마나 절대시했고 존경했으며, 진심으로 받들었는지가 구구절
절이 잘 나타나 있다.

　특히 시봉일기 중에서 처음 두 권은 저자가 스승께서 입적하신
뒤 백일 추모재를 올리는 날, 제1권을 상재(上梓)하고 바로 티베트
수미산과 인도 부처님 성지(聖地)를 돌며 스승의 환생기도를 올렸
다고 했다. 그때 깨닫는 바가 있어 스승의 1주기 재를 올리는 날,

천일기도를 입재하고 그날부터 집필에 들어가 정확히 367일 만에 제2권을 세상에 내놓았다. 이제 또 저자는 집필에 착수해 천일기도가 끝날 무렵 나머지 책을 마저 출간할 예정이라고 한다.

즉, 이 책은 저자인 송암스님이 천일기도를 하면서 썼고, 쓰면서 기도했기 때문에 글 하나하나가 살아 있어서 책을 읽는 독자의 피부를 뚫는 느낌을 받는다.

아무쪼록 이 책이 스님들은 말할 것도 없고, 학교 교육자, 사회 교육자, 학부모, 사회인, 학생 등 모든 사람들에게 널리 읽혀 스승과 제자의 본래 면목을 각기 되찾아 스승 존경의 풍토가 이 사회에 다시 가득 차기를 바라는 간절한 마음에서 이 책을 추천한다.

2001년 스승의 날을 앞두고

圓成居士 金京西합장

차례

제1장 위법망구(爲法忘軀)

제2장 세계일화(世界一花)

위법망구(爲法忘軀)

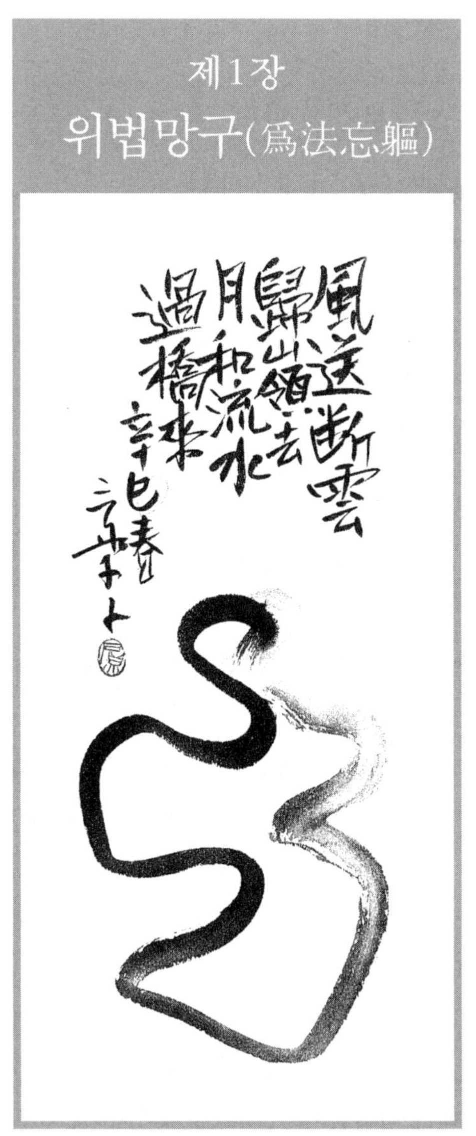

風送斷雲歸嶺去
月和流水過橋來

조각 구름 바람 따라 고개를 넘고
흐르는 물 달을 안고 다리 지나네.

위법망구의 보살, 광덕 큰스님

백운지흥(白雲知興) | 부산 금정산 미륵사 주지

1. 진진(眞眞) 거사와의 만남

내가 걸망을 챙겨 경상도로 향한 것은 임진년(1952) 가을인 음력 구월 무렵이었다.

당시 나는 전남 영암군 시종면에 있는 백련사(白蓮寺)에서 지성(知聖) 사형과 함께 농사일을 하며 조사어록(祖師語錄)을 배우는 재미로 살고 있었다. 나의 은노스님〔恩老師〕은 조계종의 종정(宗正)이신 만암(曼庵) 대종사이셨는데, 그 당시 칠순이 넘으신 연세로 우리 조계종 집안의 최고 어른이셨다.

노스님께서는 6·25 전쟁으로 인해 백양사(白羊寺)에서 나와 목포 정혜원(定慧院)에 계시면서 영암 백련사를 백양사 말사로 받아들였다. 거기서 우리 손상좌들이 모여 살고 있었는데, 한 달에 두어 차례 정도 뱃길로 오시곤 했다.

노스님께서는 어느 때는 사흘, 또는 닷새 정도 머물면서 창건주가 제공한 야산을 밭으로 일구는 작업에 몸소 앞장섰다. 우리가 노스님께 조사어록을 배울 기회는 바로 그때 노스님께서 백련사에 잠시 머무시는 기간뿐이어서 나는 언제나 배움에 굶주린 학인(學人)일 수밖에 없었다.

그렇게 백련사에서 일 년여를 지내면서 낮에는 고된 개간사업에 시달리고 밤에는 글을 읽느라 늦은 밤까지 호롱 불빛에 매달리곤 했다. 그런 중에 가끔 지나가는 선객들에게 경상도 지방의 불교계 소식을 듣곤 했는데, 유별 부산 범어사에서만 선객을 무한정 받아준다는 것이었다.

임진년 6월 6일 현충일에 육해공군 및 순직한 경찰관과 유엔군 전사자 등 전몰장병들의 합동 위령제(慰靈祭)를 범어사에서 성대하게 거행한 것이며, 범어사에 전몰장병 유골을 봉안한 것, 양산 통도사에 육군병원이 들어서서 부상장병이 경내에 가득하다는 등등의 빅뉴스를 전해 들을 수 있었다.

그 중에서 범어사에 동산(東山) 스님이라는 눈 푸른 도인스님이 상주(常住)하고 계시면서 피난 온 선객들을 무한정 받아들인다는 소식을 듣는 순간, 나는 가슴이 뭉클하고 울렁거렸다. 그동안 속으로 '나도 큰절로 가서 경전도 배우고 참선하는 선객이 돼야지' 하는 꿈을 꾸고 있었기에, 그런 소식을 듣는 순간 그만 가슴이 벅차 올랐던 것이다. 이런 속생각을 일 년여 동안 남몰래 키워 오던 참에 객승으로부터 꿈에도 그리던 경상도 소식을 듣고는 지죽 사형(知竹師兄)과 함께 남몰래 걸망을 쌌다.

부산까지 가는 여비는 각자 마련키로 했는데 지죽 사형은 목포 정혜원에서 원주(院主) 소임을 살고 있는 지종(知宗) 사형의 도움을 받았고, 나는 백련사 원주인 지성 사형이 쌀독에 남아 있던 선량(禪糧)을 장에 짊어지고 가 돈으로 바꿔 와서 마련했다.

우리가 부산에 도착한 것은 임진년 음력 구월 중순이었는데 영도 법화사가 첫 기착지였다. 당시 법화사에는 백양사 출신의 사형 한 분이 부전으로 있으면서 동국대학에 다니고 있었고, 동국대학의 박성권(朴聖權) 교수도 서울에서 피난 와서 뒷방 하나를 얻어 지내고 있었다. 부전 소임을 보는 사형이 우리를 반갑게 맞아주면서 박 교수님께 소개를 시켰다.

이때 예기치 못한 일이 벌어졌다. 내가 박 교수님께 큰절을 올리자 박 교수님은 내 외모를 자세히 훑어보더니 대뜸 물으셨다.

“젊은 수좌스님은 어디서 오셨소?”

“예, 전라도 백양사에서 왔습니다.”

“그래요?”

“……”

의아한 눈초리로 내 얼굴을 뚫어지게 쳐다보던 박 교수님은,

“혹시 수좌스님의 부친이 송 아무개 아니시오?”

내 선친의 함자를 대는 것이었다.

“그분을 어떻게 아십니까?”

“내 물음에 먼저 답해 봐요. 맞소, 안 맞소?”

“예, 맞습니다. 제 선친(先親)이십니다.”

“뭐라고, 선친이라고요?”

“예, 재작년에 작고하셨습니다. 빨갱이한테요.”

“예—”

다그쳐 묻던 박 교수님은 나를 바라보며 내 손을 꼭 잡았다. 처연한 얼굴에 비감한 심경이 비쳤다. 가슴에서 뭔가 북받쳐 올라오는 감정을 지긋이 누르면서,

“그럼, 자네가 맏아들이겠군.”

“제 위에 누나가 있지요.”

“아니, 연부력강(年富力强)한 그 친구가 그렇게 가다니?……”

“……”

나는 두 분의 관계를 자세하게 물어볼 겨를이 없었다. 박 교수님은 추억을 더듬어가며 선친과의 사이에 있었던 옛 이야기를 들려 주었기 때문이다.

“자네, 선친은 보성전문(普成專門)에 다녔고 나는 혜화전문(惠化專門)에 다녔지. 원래 금강산 지장암에서 백성욱(白性郁) 박사랑 셋이서 결의형제를 맺고 함께 구라파로 나가서 공부하기로 했었어.”

세 사람은 독립운동의 비밀결사에 가담해 활동 중이었는데 그만 왜경에 발각되어 붙잡힐 것 같아 외국으로 도피하기로 모의하고 자금을 구하러 각기 고향으로 내려갔다가 박 교수님과 내 선친은 자금을 구하지 못해 좌절되었고 결국 백 박사님만 중국 상해를 거쳐 독일로 떠나고 두 사람은 각기 보성, 혜화의 문을 두드렸다고 했다.

“자네 선친은 우리 동료들 간에 천재라는 칭호로 통했지. 한 번 눈에 스친 글은 모조리 돌돌 외웠거든, 자네도 선친의 얼굴을 닮은 걸 보니 영리하겠구먼.”

“저는 그렇지 못합니다.”

“그런데 자네 지금 어딜 가려고 여길 왔나?”

“예, 범어사 선원에 입방하려고 왔습니다.”

“암, 그렇겠지. 출가 사문은 수행에 전념해야 하니까-”

“……”

“헌데 말일세, 자네 동국대에 들어오게. 내가 학비는 책임질 터이니 공부 좀 한 뒤에 선방에 가도 늦지 않을 걸세.”

“감사합니다만 저는 지금 선방에 가고 싶습니다.”

"자네가 내 친구의 아들인 줄 번연히 알면서 어찌 내가 그냥 지나칠 수 있겠는가. 조금 전에도 말했지만 자네 선친은 그냥 친구가 아니라 나랑 결의형제를 맺은 사이네. 백 박사가 가장 연장자여서 맏형, 내가 둘째, 자네 선친이 막내였지. 지금 백 박사가 피난 와서 부산에 있으니 내일 나랑 함께 가서 인사를 드리도록 하세."

이때, 나는 미묘한 흥분을 느꼈다. 내 선친께 백 박사에 대한 이야기를 귀에 못이 박히도록 들었는데 여기서 뜻밖에 만나 뵈었으니 말이다.

나는 다음날 박 교수님을 따라 동국대학으로 백 박사님을 찾아갔다. 그때 동국대학은 국제시장 가장자리에 위치한 신창동 대각사가 임시 학교였다. 학교라고는 하지만 피난 온 학생들이 공부에는 별 관심이 없고 친구들과 어울려 놀기만 하는 느낌이 들었다. 어린 내 눈에는 그들의 하고 다니는 모양이 돈과 시간의 낭비라는 생각이 강하게 들었다. 그래서 결국 나는 내 스스로를 밀어붙여 처음 뜻한 범어사로 발길을 돌리고 말았다.

아버지의 의형제이신 박 교수님께는 '일단 범어사를 목표로 왔으니 범어사를 둘러보고 나서 선방으로 가느냐, 학교로 가느냐?'를 결정하겠다고 말씀드린 뒤, 지죽 사형과 동래 범어사를 찾아갔다.

아마 그날이 임진년 구월 스무날 전후였으리라고 기억한다. 우리는 범어사로 올라가는 길목, 온천장에 있는 금정사(金井寺)에 들러 점심공양을 하기로 했다. 점심공양을 하고, 기왕 여기까지 왔으니 그 유명한 동래 온천에 한 번 가기로 마음먹고 걸망은 원주스님에게 맡겨놓고 둘이서 목욕탕엘 갔다. 난생 처음으로 온천에서 목욕을 하고 날아갈 것같이 상쾌한 기분으로 다시 금정사로 올라갔다. 조금 올라가다가 보니 흰색 두루마기를 잘 차려입고 상투를 틀어 올린 중년의 선비와 먹물 옷을 단정하게 입은 기품 어린 젊은 수행자가 앞에서 가고 있었다. 뭔가 강하게 끌리는 것이 있어 걸음을 빨리 했다. 사람들이 오가는 길에 서서 합장으로 간단히 인사를 차리고는 오르막길을 같이 오르면서 이야기를 나누었다.

"저희는 전라도에서 범어사 선원엘 찾아가는 길입니다."

"그렇습니까? 저는 서울에서 피난 와서 이절 저절 다니고 있는 행자입니다."

"행자라니요?"

"먹물 옷은 입었지만 아직 계를 받지 않았거든요. 그리고 이분은 저의 세속 은사이신 대학의 학장님이십니다."

"아! 예, 그러시군요."

우리는 금정사에 도착해서 한 방에 머물렀다. 네 사람은 다시 통성명을 하고 인사를 했다. 각기 자기 이름을 말하며 합장으로 예를 갖추었는데, 중년의 선비는 한국대학(韓國大學)의 한관섭(韓寬燮) 학장님이셨고, 자칭 행자라고 한 사람은 고진진(高眞眞)이라고 부른다고 했다. 그러니까 고진진이라는 이름은 본인이 좋아서 간혹 썼는데 이제 이름이 되었다고 했다.(얼마 뒤 그에게 직접 들은 이야기지만 '사람은 오직 참되고 참되어야 한다'는 뜻으로 진진이라고 지었는데, 이는 속가 어머니의 가르침이자 유언이라고 했다.)

이어서 내가 나서서 "사형은 지죽이며 저는 지홍(知興)입니다"라고 소개했다.

그런데 진진거사를 객실에 마주앉아 자세히 바라보니 그 풍기는 차림새나 얼굴이 영락없는 출가 수행자였다. 아마 과거생에도 수행을 알뜰하게 한 고승이었을 것이라는 생각이 들었다. 그렇지 않고는 상호가 그렇게 수특(秀特)할 수가 없을 것이라는 믿음이 내 어린 마음에 새겨졌다.

그리고 중년의 한관섭 학장님은 젊은 시절 백범 김구 선생의 수행 비서를 지냈으며 민족의식이 매우 투철한 분이었다. 나중에 안 사실이지만 김구 선생에 대한 정신이 너무나 철저하다 보니(백범이 비명에 가시자 항상 상복을 입고 다녔음) 당시 자유당 정권의 정치인들은 학장님을 달가워하지 않았던 것 같다. 그래서인지는 몰라도 한국대학은 결국 다른 대학으로 흡수되고 말았고, 학장님은 몹시 상심하여 한동안 식음을 놓기도 했다는 이야기를 후일 전해 들었다.

아무튼 그날, 두어 시간 좋은 말씀을 들려 주신 학장님은 자택으로 돌아가고 객실에는 셋이서 잤는데, 진진거사님은 피난길에 여러 차례 죽을 고비를 넘긴 사례를 일일이 이야기해 주면서 이 세상은 덧없는 악세(惡世)라고 했다. 한창 젊은 청년의 이야기로는 드문 내용이었고, 또 나에게 들려 주는 의미 있는 이야기로 생각되었다. 그때 우리가 주고받았던 이야기를 떠올려 보면,

"나는 현재 대학생 신분이지만 머지않아 출가할 것이요"라고, 자신의 심경을 처음 보는 우리 앞에서 결연한 표정으로 말했다. 그 말을 들은 지죽 사형이,

"내 사제는 동국대학에 갈 것"이라고 말하면서 박성권 교수며 백성욱 박사에 대한 이야기를 했고, 내 선친과의 관계도 곁에서 들은 대로 진진거사에게 죄다 말했다.

다음날 새벽, 예불을 마친 진진거사님은 "지홍스님, 정말 학교에 가고 싶소?" 했다.

"가고 싶긴 한데 학교엘 가보니 면학 분위기란 찾아볼 수 없고 그저 학생들의 잡담 장소 같아서 포기하고 여기로 왔습니다."

"어쩌면 잘 생각했는지도 모르지요. 지금은 전시니까 공부하기가

더욱 어렵지요. 헌데 선방엘 가보면 거긴 신선이 사는 물외경(物外境)이지요. 잘 왔어요. 아주 참 잘 왔어요."

그는 몇 번이고 나를 칭찬해 주면서 선방에 가서 견성성불(見性成佛)하라고 조언과 격려를 거듭 했다.

그 뒤 범어사에서 한 솥 밥 먹으면서 정진할 적에 가끔,

"박성권 교수 찾아가지 않아요?" "백성욱 박사는 언제 찾아가오?" 하고 나를 놀려대곤 했는데, 이는 혹시나 내 마음이 학교 쪽으로 흐르지나 않을까 하는 염려의 마음으로 했던 일종의 경책이었던 것 같다.

2. 한관섭의 제자 사랑

진진거사는 그때 지병(持病)이 있다고 했다. 그가 속가에 있을 때 어머니가 병이 나서 밤낮을 가리지 않고 제대로 먹지도 못하면서 애를 태우며 간병을 하다가 결국 결핵이라는 무서운 병에 걸리고 말았다는 이야기를 어느 때인가 들었다.

지금도 결핵은 무서운 병이지만 그때의 결핵은 사형선고와 같은 아주 무서운 전염병이었다. 약도 거의 없었고 있다 해도 매우 비쌌기 때문에 웬만한 부자가 아니고는 제대로 약 먹으면서 치료하기란 몹시 어려운 일이었다. 또 그 병은 약만으로도 낫지 않고 항상 기름진 육식을 잘 먹어 체력을 튼튼히 해야 결핵 약의 독성을 이길 수 있는 것이기도 했다. 그러나 전쟁 중의 형편은 나라 어딜 가나 쪼들리고 굶주림의 그늘이 짙게 드리워져 입에 풀칠하기에도 바빴다. 더구나 육식을 금하는 절에서 치료는 거의 불가능한 일이었고, 어떻게

손 써 볼 수도 없는 일종의 방치상태나 다름없었다. 그래도 진진거사는 웃으면서 자신은 삼 년 전에 결핵에 걸렸는데 일단 걸리고 나니 쉽게 낫지를 않는다고 남의 일처럼 담담히 말했다. 그리고는,

"도를 얻기 위해서는 용맹정진해야 하고, 그렇게 하려면 몸이 튼튼해야 하겠지요. 그래서 나는 이 결핵을 완전히 뿌리뽑은 뒤에 계를 받아 참다운 수행자가 되려고 해요"라고 했다. 진진거사는 본인이 그동안 결핵을 퇴치하기 위해 혼자서 무진 노력을 했노라고 덧붙였다.

그러나 당시 전쟁 중이며 또 절살이 신세인지라 제대로 약 먹고 영양보충 하기란 사실상 불가능했다. 그런 곤란 중에도 사람이 그저 죽으란 법이 없어서인지, 불보살님이 장차 조계종을 일으켜 세울 육신보살을 가호하셔서인지 남몰래 진진거사님을 돕는 사람이 있었다. 바로 한관섭 학장님이었다. 그분은 옛 제자인 진진거사를 무던히도 아꼈다. 무슨 명목으로든 손에 돈이 들어오기만 하면 가장 먼저 진진거사의 약값부터 떼어놓았다. 그 후에 다른 일을 생각했다는 것을 알았다. 진진거사에게 자식 이상의 사랑과 기대를 걸었기에 아낌없이 베풀었는지도 모르겠다. 그러나 진진거사는 그 약값을 약 사는 데 다 쓰지 않는 것을 나는 여러 차례 목격했다.

당시 범어사 종무소는 이른바 대처승 측이 장악하고 있고, 비구 수좌들은 금어선원(金魚禪院)인 청풍당에 살면서 각 법당을 맡고 있었다. 종무소 측에서 20명분의 선량(禪糧)을 주는 것으로는 턱없이 모자랐다.

급기야는 동래군청에 가서 통사정을 해 양식을 얻어오곤 했는데 쌀이나 보리 등은 아예 없고 국수, 수수가 고작이었다. 진진거사는 대중스님 몰래 학장님이 주신 약값을 원주스님에게 내 주며 양식 사

는 데 보태라고 했다. 원주스님은 그것이 진진거사의 약값임을 모르고 몇 번이나 받았다. 그러나 얼마 안 가서 들통이 나고 말았다. 학장님이 진진거사의 약이 떨어진 것을 보고 추궁 끝에 자백(?)을 받아낸 것이다.

"조실스님 드릴 공양미도 없는 형편이어서……."

"아무리 그래도 그렇지, 약값을 딴 곳에 쓰다니?"

학장님은 몹시 안타까운 눈빛으로 망연히 바라보기만 했다. 진진거사는 학장님에게 다시는 그러지 않겠노라고 사과 겸 다짐을 했지만, 그 뒷날도 약값을 어느 객스님에게 여비로 주는 것을 보았다. 천성이 착하고 남의 어려운 처지에 쉽게 마음을 빼앗기는 진진거사를 어떤 면에서는 '바보'라고밖에 달리 설명이 안 된다. 약 먹지 않으면 죽어야 하는 병인데도 대중을 위해 약값을 몽땅 내놓지를 않나, 남에게 싫은 소리를 할 줄 아나, 남의 부탁을 거절할 때가 있나, 남과 싸울 줄을 아나, 심지어 다른 사람이 자신을 무시해도 항상 웃으면서 대하고 친절하게 말하는 것을 곁에서 본 나는 진진거사는 영락없이 '바보'로구나 하는 생각을 했다.

결핵의 균은 강도 높은 약을 지속적으로 복용하지 않으면 박멸되지 않는다는 것을 진진거사 본인이 모를 리 없건만 빈번히 약값을 다른 곳에 다 써버리니 도대체 결핵은 언제 치유한단 말인가! 참으로 안타까운 일이었다.

여기서 학장님에 대한 이야기를 좀 더하고 넘어가야 하겠다. 그 당시 진진거사가 몸이 아팠을 때만이 아니라, 세월이 한동안 흐른 뒤에도 옛 제자를 아끼고 위했던 것은 가히 필설로 형언하기 어려울 지경이다.

언젠가 송암수좌에게 들은 이야기다. 하루는 그가 스승인 광덕스

님을 모시고 종로를 걸어가다가 웬 상복(喪服) 도포 차림의 노인을
만났는데, 그 노인은 광덕스님을 보자마자 바로 그 자리에서 땅바닥
에 무릎을 끓고 큰절을 하더라는 것이다. 비가 온 뒤라 땅바닥에 물
이 홍건히 고여 있고, 수많은 행인이 어깨를 부딪치며 걷는 종로 대
로에서 마치 절에서 부처님께 절하듯 옛 제자에게 큰절을 했다는 분.
남이 보고 있거나 장소가 불편하거나 조금도 개의치 않고 출가 전
제자인 광덕스님에게 서슴없이 큰절을 했다던 한관섭 학장님.

　광덕스님이 경기도 보현사에 머물 때 학장님도 잠시 함께 지낸 적
이 있었다고 했다. 그때도 역시 학장님은 어디 외출했다가 귀사하면
광덕스님을 만나는 그 자리, 즉 계단이든 땅바닥이든 가리지 않고
엎드려 절을 올렸다니 어찌 사람에게 향하는 정이 그토록 대단할 수
있고, 또 평생을 한결같을 수 있을까? 한두 번의 예의나 인정도 드문
시절에 살면서 과거 선인들이 살았던 이런 이야기를 듣노라면 마치
전설 같은 느낌마저 든다. 그리고 학장님의 연세가 많아질수록 하루
세끼 식사는 생식으로만 하셨다니 참으로 놀랍다는 생각이 새삼 간
절하다.

　이러하신 학장님이 백범 김구 선생을 잘 모셨음은 불문가지, 그러
나 백범은 불의의 사고를 당하고 말았다. 그 후로부터 학장님은 평
생 상복을 입고 다녔다. 학장님의 말 없는 저항이었던 셈이다. 사실
백범의 죽음은 학장님 개인의 비통과 아픔을 넘어서 우리 민족의 비
극이기도 했다. 그때부터 학장님은 무자비한 정치에 아예 손을 떼고
교육사업을 시작했으니 바로 한국대학의 설립이다.

　바로 이 대학에 진진거사가 입학하였고, 그때 동기생으로 같이 입
학한 학생 중 신직수라는 학생도 있었다. 그는 나중에 법무부 장관
도 지냈고, 여러 고위 관직을 거치기도 했다. 진진거사가 후일 스님

이 되어 조계종 총무부장으로 헌신할 때, 종단에 어려운 일이 무척 많았는데, 그때마다 동창생의 협조를 받아 원만하게 처리했다고 했다. 지금은 인간적인 이런 이야기가 허물이 될 정도로 사회 분위기가 달라졌지만 그 당시만 해도 행정관청의 도움 없이는 일이 안 되는 경우가 많았다.

사실 광덕스님은 어지간해서는 정치인들을 만나거나 찾아가는 일이 없었다. 그렇지만 광덕스님이 총무부장을 할 당시는 통합종단 출범 몇 해 지나지 않았던 때라 여러 가지 일이 우후죽순처럼 생겼다. 어떻게 해서라도 종단을 튼튼하게 세우고자 원을 세웠던 스님이었기에 종단을 위한 일이라면 결코 몸을 아낀 적이 없었고 앞장서는 것도 주저하지 않았다. 개인의 명예나 체면 따위를 내세워 몸을 사리지 않았다. 그것은 정화 때 난마와 같이 얽힌 분규와 소송을 해결하기 위해 광덕스님이 끼니를 굶어가며 법전을 들여다보고, 자료를 만들어서 변호사와 함께 해결의 실마리를 찾았던 것을 보면 잘 알 수 있는 일이다.

그 당시 광덕스님이 고위직에 있던 동창생, 신직수 씨를 찾아간 것도 오직 종단을 위해서였다. 훗날 광덕스님과 그때 동행했던 인사의 이야기를 들어보면, 신직수 씨가 같은 동창이 왔다고 무척 반가워하면서 광덕스님의 이로정연한 이야기를 경청하더라는 것이다. 그리고 나중에는 광덕스님에게 공무원으로서 모르고 있던 부문을 깨우쳐 주어서 고맙다고 인사를 하며 '자칫 사회 혼란을 초래할 뻔했다'고 실토하더라고 했다. 결과적으로 한관섭 씨의 두 제자 덕분에 그 당시 종단의 예기치 못한 어두운 그림자를 잘 걷어냈던 것이다. 자칫 사회적으로 커다란 종교분쟁이 벌어질 수도 있는 일을 수습하기 위해서 광덕스님은 의연하게 대의명분을 밝혔고 광덕스님의 올바른 주장을 들고서야 비로소 신직수 씨는 바르게 사태를 이해했다는 것이다.

3. 출가에 대한 존엄성

나는 진진거사가 경인(1950)년 가을에 절에 왔다고 들었다. 그동안 범어사에서 여러 번의 사미계 수계식이 있었지만 그때마다 계를 받지 않았다고 했다. 내가 범어사에 갔을 때는 진진거사가 범어사 밥을 먹은 지 햇수로 삼 년째 되는 임진년이었다. 그 해 동안거 결제 때도 8, 9명의 행자들이 사미계를 받았다. 그날 사시마지를 올리고는 조실스님의 동안거 결제법문이 있었고 수계식은 점심공양이 끝난 오후에 있었는데 조실스님께서 진진거사를 부르셨다.

"오후 수계식 때 아주 출가하여 수행자가 되는 것이 어떤가?"

사미계를 받으라는 분부셨다.

"저는 아직 치료를 더 해야 하는 몸이므로 다음으로 미뤄야 할 것 같습니다."

"계를 받으면 병을 다스리지 못할 만한 이유라도 있단 말인가?"

"제 병은 간단한 병이 아니므로 시간이 좀 걸릴 것 같습니다. 일단 계를 받으면 철저하게 수행을 해야 하는데 이 몸으로는 자신이 없습니다. 만약 계를 받고도 제대로 수행을 하지 못한다면 대중스님들에게 빈축을 사게 될 것이고 저 자신도 무척이나 부끄러울 것입니다. 그저 행자 신분으로 열심히 살면서 공부하고 병 고치도록 노력하겠아오니 용서해 주시기 바랍니다."

"본인의 의사가 그렇다면 하는 수 없군."

이렇게 해서 조실스님의 간곡한 권유는 일단락되었지만 수계식을 시작하기 직전에 다시 진진거사를 불러오라는 분부가 있었다. 행자여덟 명이 청풍당 큰방에 일렬로 꿇어앉고 그 옆으로 한 걸음 떨어져서 진진거사가 가사장삼 없이 두루막으로 장삼을 대신한 채 꿇어앉았다.

"고 처사는 사미계를 뒷날로 미루겠다고 하기에 따로 앉도록 했으나 수계는 다른 행자들과 마찬가지로 받도록 하라."

말하자면 계는 받되 사미승 노릇은 뒷날로 미루라는 조실스님의 분부셨다.

이렇게 동안거 결제 날 진진거사는 다른 행자들과 함께 수계는 했지만 사미승 행세는 하지 않는 기현상이 연출된 것이다. 사실 이런 일이 어디 한두 번이었겠는가, 거의 수계식이 있을 때마다 반복되었다고 했다. 이런 점을 살펴보면 진진거사의 출가에 대한 마음가짐이 어떠했나를 알 수 있다. 참으로 출가에 대한 존엄성이 대단했다는 것을 느낀다.

진진거사의 수계식 이야기를 좀 다른 각도에서 보면 조실스님이 진진거사를 상좌로 삼으려는 의지를 강하게 느끼기도 한다. 그때 조실스님께서 진진거사를 탐내신 데는 그만한 이유가 충분히 있다고 본다.

첫째는 얼굴 모습이 전형적인 스님 상이고,

둘째는 수행자로서 하심과 인욕이 남달랐고,

셋째는 천성이 선량하여 어른에게 효순하고 공경했으며,

넷째는 신심이 뛰어났고,

다섯째는 대학 3학년 때 전쟁이 일어났는데 신학문에 대한 이해가 깊은 지성인이며,

여섯째는 영문학을 전공하여 영어에 능숙한지라 외국인이 오면 통역을 잘 해냈던 것이다.

이 밖에도 많은 점이 있겠지만 그때 어린 내 눈으로 보았을 때 이런 점을 두루 갖춘 진진거사를 조실스님이 필요로 했던 것이 아닐까 생각했다. 그러나 그때 사미계를 받은 사람들 중에 범어사에 끝까지 남아서 수행을 잘한 사람은 덕명(德明) 스님뿐이다. 나머지 스님들은 뒷날 환속했거나 다른 절로 가서 다시는 범어사에 돌아오지 않았다.

덕명스님은 줄곧 범어사에 살면서 노전(爐殿) 소임도 보았고 도감(都監) 소임도 5년간이나 보면서 스승이신 조실스님을 지극하게 모셨다. 훗날 범어사 주지도 역임했고 금강계단(金剛戒壇) 단주(壇主)인 전계화상(傳戒和尙)을 4년간이나 지내기도 했다.

4. 구국구세운동

진진거사는 평소 과묵한 편이나 한 번 입을 열면 상대방을 압도하는 열변을 토하곤 했다. 얼굴 모습은 병색이 완연해 좀 쓸쓸해 보이는 편인데도 정작 본인은 병에 대해 거의 무심(無心)에 가까우리만큼 관심을 나타내는 법이 없었다.

그때 임진년 겨울, 금어선원 대중은 무려 쉰여 명이었는데 양식이 부족해 스님들이 굶주림의 고통을 겪으며 정진했다. 배가 고파 산나물을 뜯어먹으며 살았고, 그도 여의치 않아 허기를 몹시 느낄 때는 수곽에 가서 맹물을 배가 부르도록 들이켜 뱃속을 달랠 때도 있었다. 참으로 안타까운 시절이었다. 그러한 굶주림의 고통은 비단 범어사뿐만 아니라 전국의 모든 절이 같은 형편이었고 나아가 우리 나라 전체가 겪어야 했던 서러움 가득한 시절이었다.

그 무렵 진진거사는 범어사 산내 암자인 금강암에 자주 오르내리더니 소천(昭天) 스님을 따라 금강경으로 구국운동(救國運動) 하는 데 적극 가담했다.

소천스님은 원래 평양 출신으로 기독교 목사였는데 금강산 구경을 갔다가 유점사가 하도 마음에 들어 거기에서 몇 달 휴양하면서 머물렀다. 그때 자연히 불경을 보았고 그 중에서 금강경을 얻어 열람하였는데 홀연히 느낀 바가 있어 1년 만에 목사직을 그만두었다. 그 뒤 오랫동안 유점사에 그대로 눌러앉아 처사로 지내면서 자기 공부에 정열을 쏟았다고 한다. 그때 쓴 책이 바로 『금강경강화』이다. 그 서문에 '나는 중도 아니요, 불자도 아니다. 그런데도 내가 이 주석서를 낸 것은 금강경이야말로 우리 마음을 열어 주는 보석이기 때문이다'라고 썼다.

그 뒤 전쟁이 일어나 부산으로 피난 와서 조실스님에게 머리를 깎고 용성조사(龍城祖師)의 위패상좌(位牌上佐)가 되었다. 그 뒤로 한동안 범어사 산내 암자인 금강암에 주석하였다. 소천스님이 굳이 용성조사의 상좌를 자청한 것은 본인의 가슴에 민족정신이 가득했기 때문이었다고 한다. 젊은 시절 독립운동의 영웅 김좌진 장군의 막하에서 청산리 전투에 참전해 일본인들의 간담을 움츠러들게 했던 것을 보면 용성조사의 상좌가 되겠다고 자청한 것이 너무나 자연스럽고 당연하다는 생각이 든다.

용성조사는 만해스님과 함께 3·1 운동에 앞장선 우리 민족의 지도자이며 불교계의 큰 도인이었으니 늘 소천스님의 가슴에 스승님으로 남아 있었던 것이 아니었을까! 그때 소천스님과 함께 용성조사의 위패상좌로 운암(雲庵) 스님이라는 또 한 분이 머리를 깎았는데 이분도 평안도 출신으로 독립운동을 했던 지사였다.

운암스님은 동서양 철학에 정통한 분으로서 이북에서 조만식 선생과 함께 독립운동과 반탁운동에 앞장서서 활약하다가 조만식 선생이 공산주의자들에 의해 투옥되자 남쪽으로 넘어오신 분이다. 두 분 모두 평양 출신이요, 애민애족 사상이 투철한 것과 늘그막에 출가한 점 등이 모두 같다 하겠다. 운암스님은 계를 받아 출가 수행자가 된 직후 바로 서울로 올라갔고, 말년에는 관악산 삼막사에서 입적할 때까지 상좌인 지환스님이 모셨다.

아무튼 소천스님은 금강암에 주석하며 금강경 보급을 통한 구국운동에 열과 성을 다했다. 이에 진진거사와 정영스님은 소천스님의 좌우보처가 되어 전국 각지를 순력하며 구국운동에 열심히 뛰어 다녔다. 그러다가 계사(1953)년 봄에 진진거사는 범어사로 돌아와서 특별선원 포단에 자리했다. 그는 거의 일 년 만에 자기 자리로 돌아온 것이다. 건강이 너무 악화되어 더 이상 활동할 수 없었기 때문이다. 그런 정황을 아신 조실스님께서 이제 그만 다니라고 진진거사의 구국운동을 만류했다. 여기서 분명히 해야 할 점은 조실스님께서 소천스님의 구국운동에 대한 이해 부족 때문이 아니라 오직 진진거사의 건강을 염려해서였다. 조실스님께서는 소천스님께도 매우 각별했고 그 능력이나 사상을 무척이나 아끼고 존중했다. 소천스님이 해설한 금강경 앞에 조실스님이 쓴 서문을 보면 알 수 있다.

진진거사는 어른 모시고 전국을 다니며 때로는 공양을 거르기도 하고 잠도 제대로 자지도 못한 채 병든 몸을 혹사시켰다. 또 한관섭 학장님이 정성껏 마련해 준 약값을 구국운동 하느라 경향 각지를 돌아다니는 경비로 죄다 썼기에 약을 제대로 복용하지 않아 몸이 너무나 쇠약해 있었다. 손가락으로 살짝 밀기만 해도 금방 넘어질 것 같은 위태로운 지경이었다.

5. 죽음의 벼랑 끝에 서서

광덕스님이 아직 처사로 있던 계사년 여름에 범어사 상지전(上持殿, 현재 범어사 관음전 옆에 있는 건물, 노전으로 쓰고 있는 요사) 특별선원에서 정진하던 어느 날, 날씨는 무덥고 가뭄은 계속되었는데 방선시간(放禪時間)에도 좀처럼 눕지 않던 진진거사가 누운 채 꼼짝을 않는 것이었다. 처음에는 단지 고단해서 허리를 펴고 있는 것이려니 하고 주위에서는 특별히 관심을 기울이지 않았다.

밤 아홉 시에 방선 죽비가 울리면 조실스님의 시자인 나는 염화실(조실스님의 거처)로 달려가서 조실스님이 주무시도록 도와드리고 오체투지로 예배한 다음 상지전으로 돌아온다. 나는 상지전에 돌아오면 포단에 잠시 앉았다가 목침을 베고 눕는 것이 거의 일정한 습관이었다.

그런데 옆자리의 진진거사가 약 한 시간 전부터 반듯이 누운 채 거의 꼼짝도 않는 것이어서 문득 이상한 예감이 들었다. 나는 눈을 크게 뜨고 누워 있는 진진거사의 얼굴을 자세히 들여다보았다. 얼굴빛이 평소보다 훨씬 더 창백해진 것 같고 거의 숨도 쉬지 않는 것 같았다. 홀연 걱정이 되어 진진거사를 불러보았다.

"거사님?"

"……"

"거사님?"

"……"

몇 번을 불러도 통 대답이 없었다. 밥맛이 없다며 후원에 가서 하루에 한 끼씩 죽을 얻어먹는 중이어서 몸이 말을 듣지 않는가 보다

하면서 대수롭지 않게 여겼는데 갑자기 쓰러져 일어나지 못하고 있는 것이 아닌가. 불러도 대답을 않아 나는 순간적으로 위기의식을 느껴 부랴부랴 첫잠에 빠져든 대중스님에게 큰 소리로 외쳤다.

"큰일났어요! 진진거사님이 많이 아픈가 봐요."

대중이 마치 내 말을 기다리기라도 했다는 듯이 일제히 자리에서 몸을 일으켰다. 수행자들은 역시 달랐다. 당황하지 않고 사전에 훈련이라도 한 듯, 각자 자리에서 일어난 즉시 몇 사람은 팔다리를 주무르고, 또 몇몇은 공양간으로 달려가서 저녁공양 때 먹고 남은 숭늉을 가져다가 진진거사 입에 떠 넣었다. 자야 할 시간에 큰방이 갑자기 분주해졌다. 그렇게 한동안 지난 뒤에서야 진진거사는 빈사 상태에서 겨우 깨어나 가느다랗게 숨을 쉬었다. 그렇게 응급처치를 한 뒤, 잠을 재웠다. 다음날 진진거사를 간병실(열반당)로 옮겼다. 약국에서 사온 약을 복용시키며 자리를 마련해 푹 쉬도록 했다.

진진거사가 열반당에 누워 있음을 안 조실스님은 자주 들여다보셨다. 원래 조실스님은 의학전문 출신인지라 병에 대한 이해가 남보다 사뭇 깊으셨다.

"몸이 쇠약한데 가행정진(加行精進)을 한다기에 걱정을 했지, 이제 모든 것을 다 놓아버리고 푹 쉬거라. 그동안 전국을 돌아다니며 쉬지 못하고 너무 애를 써서 과로로 몹시 지쳐 있었구나. 쉬어라, 푹 쉬는 것이 보약이다."

그로부터 며칠이 더 지났어도 진진거사는 땀을 뻘뻘 흘리며 계속 앓기만 했다. 주위에서 병원에 가자 해도 한사코 마다하고는 혼자서 끙끙 앓기만 했다. 그러기를 또 며칠이 지난 어느 날, 아침공양을 마치고 도량청소를 하시던 조실스님께서,

"고 처사는 오늘 뭘 좀 먹었느냐, 차도가 있느냐?" 하시기에

"오늘 아침에는 아직 가보질 못해서 잘 모르겠습니다."

나의 대답이 끝나기도 전에 무섭게 눈을 뜨시고 불호령을 하셨다.

"그게 무슨 말이냐? 아니 간병이 아픈 사람에게 가보지 않으면 누가 가보나, 어서 냉큼 가봐라. 밤사이에 죽었을지도 모르지 않느냐?"

"쉽게 죽을 것 같지는 않습니다."

"그것을 말이라고 하느냐. 죽음은 멀쩡한 사람에게도 찾아오는 것이다. 빨리 가서 죽지나 않았는지 잘 살펴보거라."

조실스님의 무서운 호령에 간병소임이자 시자인 나는 쏜살같이 청풍당으로 달려가서 열반당 문을 두드렸다. 진진거사는 자는 듯이 조용히 누워 있었다.

"진진거사님, 좀 어떠세요?"

숨이 턱에 닿아 다급한 목소리로 묻자, 진진거사는 내 손을 꼬옥 잡으며 입가에 그 수줍은 듯하면서도 한없이 선량한 미소를 머금는 것이었다.

"조실스님께서 보제루 앞뜰을 청소하시다가 고 처사 안 죽었는가 가보라고 불호령을 내리셔서 달려왔습니다" 하니 다시 빙긋이 웃으면서,

"그럴 것 없어요. 생사(生死)가 본공(本空)인데 뭐 따로 살고 죽고 할 것이 있겠어요. 이제 이 육신에 연연하지 않기로 했어요."

"......"

나는 아무런 말을 할 수가 없어서 그저 진진거사의 이야기를 조용히 들으면서 미소를 건넸다. 그로부터 십여 일이 지난 후 진진거사도 도저히 어쩔 수 없었는지 병원을 다녀왔다. 그때서야 조금씩 차도를 보이기 시작했다. 그로부터 약 달포를 더 누워 있었다. 그동안 조실스님께서는 매일 몇 번씩이고 진진거사의 상태를 나에게 물어보

셨다. 그래도 마음이 놓이지 않으시면 몸소 간병실로 찾아 가셨다. 이것저것 살펴보신 뒤 나에게 죽약(粥藥)을 알맞게 갖다 주도록 독려하셨다. 지금 다시 돌아보아도 진진거사에게 향한 조실스님의 사랑은 참으로 크셨다. 아마 속가의 혈친도 그렇게는 못할 정도로 지극했다. 그런 조실스님의 자비와 염려의 힘으로 말미암아 진진거사는 열반당 병석에서 일어나 특별선원으로 올라온 뒤 이렇게 소회를 고백했다.

"병은 먼저 자신과의 싸움에서 이겨야만 물리칠 수 있다는 것을 깨달았소."

자신과의 싸움, 참선 공부도 그렇고 병마를 물리치는 것도 그렇다는 것을 진진거사는 혹독한 병중에 고통으로 땀을 뻘뻘 흘리며 온몸으로 터득한 것이었다. 뒷날의 일이긴 하지만 진진거사는 개복수술을 두 번이나 했다. 아마 보통 사람들 같으면 벌써 유명을 달리했을지도 모를 일이다. 그런데도 종단 일, 범어사 일, 학교 일, 대각회 일, 불광 일까지 그야말로 쉼 없이 불사를 이룬 것을 보면 참으로 대단한 정신력의 소유자라고 말하지 않을 수 없다. 그래서 진진거사를 잘 아는 사람들은 그를 인욕보살이라고 말했다. 그런 정신은 열반당에서 나와 나에게 말한 자기와의 싸움에서 이긴 힘에서 비롯되지 않았을까 하고 생각해 본다.

그러나, 그때 병원을 다녀오고 결핵 약을 먹어서 병마를 물리친 것이 아니었다. 병을 이긴 큰 힘은 그의 정진력이었다. 진진거사는 소천스님을 가까이 모시기 시작하면서 단전호흡을 익혔는데 그것을 실천에 옮겨 꾸준히 수행하여 득력한 것이다. 특히 열반당에 홀로 있으면서 호흡법을 열심히 한 것 같았다. 내가 조실스님의 명을 받고 열반당에 갈 때마다 그는 언제나 태연부동으로 앉아 있었다. 아프다고 해서 누워 있었던 것만은 아니고 오히려 더 열심히 앉아 정진하는 모습을 보았다.

그 당시 소문에 소천스님은 금강산에서 어느 노스님에게 단전호흡을 배운 뒤, 벌써 삼십여 년을 연마한 결과 숨 한 번 들이쉬고 내쉬는데 무려 5분이나 된다고 했다. 닭털을 코끝에 바싹 들이대고 숨을 쉬어도 닭털이 미동(微動)도 않으리만큼 매우 느리게 호흡한다고 했다. 단전호흡을 터득해 익어지면 몸의 기운이 단전에 모이므로 초인적인 힘을 발휘하는데 진진거사는 병중에 열반당에서 그 단전호흡을 꾸준히 익혔던 것이라고 본다. 그 결과 몸의 열도 내리고 폐 기능도 정상에 가깝도록 회복되자 열반당에서 퇴방하여 특별선원으로 올라왔던 것이다. 앞에서도 말했지만 조실스님께서는 진진거사가 걱정되어 몸소 들르기도 하시고 나에게도 자주 가보도록 독려하셨다. 그럴 때마다 헐레벌떡 달려가 보면 누워 있기는커녕 좌복 위에 앉아 있을 때가 더 많았다는 것은 이미 앞에서 말했던 바다.

"좀 눕지 왜 그렇게 줄곧 앉아만 있느냐"고 내가 물으면 "이제 아픈 것도 다 잊어버렸다"고 그는 무심히 대답했다. 마치 남의 일처럼 이야기했다. 그렇게 정진에 매달리면서 자신을, 아픈 자신을 서서히 잊었던 것이다.

'몸이 망가지거나 말거나 언제든 나는 이 몸을 버릴 준비가 되어 있다'고 하면서 스스로를 철저하게 내던졌다. 이런 이야기를 그의 상좌 송암은 스승의 위법망구(爲法忘軀)라고 표현한 것을 '시봉일기'에서 본 적이 있다. 사실 진진거사는 몸뚱이야 될 데로 되라는 식이었는데 그게 오히려 병을 낫게 하는 또 하나의 방법이었는지도 모르겠다. 어쨌거나 진진거사는 범어사 참선 방에서 자기를 이겼고 동시에 병도 이겨냈던 것이다.

당시 범어사 선방에는 선객들이 꽤 많이 있었다. 그렇기 때문에 늘 먹고 살 걱정이 떠날 날이 없었는데 하물며 아픈 몸을 치료한다는 것은 생각할 수도 없는 일이었다. 누구든 병들면 혼자 앓다가 낫지 않으면 죽는 수밖에 없는 시절이었다. 또한 전쟁 중이라 물자도 귀했고 더군다나 의약품은 태부족이었다. 부상당한 군인들 치료도 제대로 못하는 상황에서 민간인이 약을 구하기란 여간 어려운 일이 아니었다. 그리고 지금처럼 의학기술이 발달했던 때도 아니었으니 새삼 더 말할 필요도 없을 것이다. 이미 말했지만 약이 발달한 요즘도 결핵은 무서운 병이지만 특히 그 당시는 결핵 한 번 걸리면 제대로 손 써보지도 못하고 죽을 날만 기다려야 하는 지극히 무서운 전염병이었다.

그러한 상황에서 진진거사가 결핵과의 투병생활을 했고 마침내 그 무서운 병에서 벗어났다는 것은 놀라운 신심과 참선공부를 통한 득력이 없었으면 상상하기 어려운 이야기다. 아마 그가 절에 오지 않고 세간에 머물렀다면 그대로 소진되어가다가 죽었을지도 모를 일이다. 또한 절에 와서도 과거생의 깊은 수행과 선근으로 인한 장한 발심이 없었다면 또 어찌되었을지 모를 일이다. 불보살님의 가호와 조실스님을 비롯한 여러 선지식을 만나서 보살핌과 가르침을 받았기에 진진거사는 기사회생했다고 생각한다.

진진거사는 처음에는 특별선원인 상지전과 열반당을 오르내리기를 반복했지만 점차 몸을 잊어갔다. 아니 몸에 대한 모든 집착을 내려놓았던 것이고, 내려놓기 위해서 그는 무서운 결심을 하고 용맹정진에 목숨을 걸었다. 웬만한 사람이라면 병 치료에 목숨을 걸었겠지만 진진거사는 병 치료보다는 오히려 참선공부에 목숨을 걸었으니 이 또한 보통사람의 상식으로는 납득할 수 없는 일이다. 또한 출가자라고 해서 다 그럴 수 있는 것도 아니다. 그것은 진진거사만의 특별한 서원이고 마음가짐이라 해도 되리라 본다. 마침내 그는 그런 용맹정진으로 득력한 이후 다시는 열반당에 가지 않아도 되었다.

6. 범어사의 보배

진진거사는 나이로는 나보다 훨씬 위였고 범어사에도 먼저 왔지만 단지 계를 받지 않았다고 하여 항상 선방 제일 끝자리에 앉았는데 그렇게 겸손할 수가 없었다. 지금 다시 그 시절을 생각해도 나는 진진거사와 그렇게 오랫동안 같이 살았어도 성내고 남을 비방하는 것을 한 번도 보지 못했다. 일체 남의 말은 하지 않았고, 결제기간 동안 열심히 정진하다가 해제가 되면 소천스님을 모시고 전국을 돌며 금강경으로 구국구세운동만 했다. 그렇게 하다가도 절에 돌아오면 언제 나다녔느냐는 식으로 참선공부에 몰입했다. 진진거사는 참선에 몰두하고, 또 새 불교운동에 몸을 바치면서 스스로 자신을 철저하게 버렸기에 사지(死地)에서 살아나지 않았나 하는 생각을 가끔 한다.

주지하는 바와 같이 '금강경은 상(相) 없음으로 종(宗)을 삼고 머묾〔住〕 없음으로 체(體)를 삼고 묘유(妙有)로 용(用)을 삼는다'고 일찍이 육조스님께서 말씀하시지 않았던가. 진진거사의 머릿속에는 어느 때나 이 금강경 가르침이 가득 들어차 있었다. 아니 금강경의 광명이 그에게서 넘쳐났다. 후일 조실스님께서 광덕(光德)이라는 법명을 지었지만 이 역시 이미 예견된 금강경과 관계된 일이 아닌가 생각해 본다. 또 훨씬 뒷날의 일이지만 조계종 종정을 지내신 고암 사숙님께서 종정으로 계실 때, 광덕스님의 법호를 '금하(金河)'라고 지었다.

금은 광명을 상징한다. 일찍이 반야광명을 그렇게 외치고 다니며 구국구세운동을 벌였고 급기야 불광(佛光)까지 만들어 또 광명천지를 드러냈으니, 이런 일련의 일을 미루어보면 광덕스님은 틀림없는 불보살의 화현이라는 생각이 든다.

이미 앞에서 말했지만 진진거사는 조실스님의 권유에도 불구하고 계 받는 것을 자꾸만 미뤘다. 신묘(1951)년 칠석 때도 미뤘고 다시 계사년에도 미뤘다. 계사년에는 두루막을 입고 수계장소에 참석만 했는데 그때 조실스님께서 진진거사에게 법명을 주시면서,

"수계에 대한 마음의 준비가 안 되었다니 이름이나 받아 둬" 하셨다. 진진거사는 머리를 조아려 조실스님의 말씀을 순순히 따랐다.

'광덕(光德).'

조실스님은 법명을 광덕이라 지어 주시며 이렇게 말씀하셨던 것을 나는 기억한다.

"불법을 빛내고〔光〕 온 누리 중생들에게 불심을 심어 주는 덕행〔德〕을 하거라."

불법을 빛냄은 문수의 지혜를 발휘함이요, 온 누리 중생에게 불심을 심어 줌은 보현의 행덕을 실천궁행함을 의미한다 하겠다. 조실스님은 광덕이라는 상좌에게 문수의 지혜와 보현의 행덕을 갖춰 몸소 실행하라는 엄청난 주문을 하신 셈이다. 아무에게나 그런 주문을 하시겠는가, 평소 그런 그릇이 된다고 믿으셨기에 계 받기를 원하셨고, 또 그런 이름을 지으셨다고 본다. 그만큼 조실스님은 진진거사에게 깊은 신뢰와 기대를 갖고 계셨으며 상좌가 스승의 뜻을 충실히 이행할 것으로 믿어 의심치 않으셨다고 본다.

소천스님을 따라 구국운동에 나갔다가 얼마간의 짬이 나면 진진

거사는 지체없이 범어사로 돌아와서 상지전(上持殿), 특별선원 끝자리에서 가부좌를 틀었다. 그러나 입선과 방선시간을 제대로 지키기가 어려웠다. 진진거사를 기다리는 일이 많았기 때문이다. 즉 낮에는 조실스님의 손발 노릇과 절 내의 일을 두루 해야 했기에 공부할 시간이 없었다. 밤이 되어야 진진거사는 맘놓고 공부할 수 있었다. 밤중에 공부하다가 졸리면 소리 없이 문을 열고 나가서 선방 대중들의 신발을 깨끗하게 닦기도 했고, 낮에 하지 못한 지저분한 허드레 일을 하기도 했으며, 마당에서 포행을 하며 잠을 쫓기도 했다. 그야말로 불철주야, 도를 구하기 위해 온몸을 다 바쳤다.

특히 그 당시 조실스님께는 외국인 손님이 거의 매일 찾아오곤 했는데 그때마다 진진거사는 통역관(?)으로 조실스님의 부름을 받아야 했다. 전쟁으로 인해 나라의 중추기관이 모두 부산으로 내려와 임시 수도 역할을 할 때였고, 우방국의 지원이 부산을 통해 들어올 때였기에, 부산이 무척 바빴다. 아울러 동래 범어사는 한국을 대표하는 명소로 알려져 바다를 누비는 마도로스나 우리를 돕기 위해 찾아온 외교관들이나 가릴 것 없이 모두 범어사에 들렀기에 외국인들의 발길이 그만큼 잦았던 것이다. 외국인이 범어사를 방문하면 그 당시 스님들로서는 대화하거나 통역할 사람이 거의 전무하다시피 했다. 조실스님께서도 외국인과 대화를 직접 할 수 없으니 주인이나 손님 모두 답답하기 그지없는 노릇이었다. 그런 때에 진진거사가 범어사에 있었으니 숨통이 확 트이는 것 같았다. 어떤 외국 손님이 오더라도 진진거사만 오면 의사 소통이 원활하여 만장담소(滿場談笑)가 넘쳐났다. 이 얼마나 시원 상쾌한 노릇인가 말이다.

"고 처사는 우리 범어사의 보배야."

외국인이 돌아간 뒤 조실스님은 진진거사를 언제나 이렇게 칭찬

하시곤 했다. 그뿐만 아니라 대외적인 여러 가지 면에서도 진진거사만 사내에 있으면 만사가 막히는 법이 없었다. 그는 참으로 소중한 존재였다. 그렇게 조실스님께나 사중에서 특별한 존재로 여겨졌지만 그는 어느 때고 조금도 상을 내지 않았다. 아니 역할이 커갈수록 오히려 겸손하고 하심했으니 참으로 놀라운 일이라 말하지 않을 수 없다. 어쩌면 그러한 헌신적인 삶이 그의 참모습이며 내면의 진정한 인간성인지 모르겠다.

아마 갑오년 봄이었을 것이다.

조실스님이 점심공양을 마치고 염화실 앞에서 양치를 하고 계시는데, 스웨덴의 여군장교 네 사람이 조실스님 가까이로 다가와서 양치하는 모습을 뚫어져라 바라보는 것이었다. 그들은 모두 대위 계급장을 달고 있었으며 피부색이 유난히 희며, 또 키가 크고 이목구비가 분명한 팔등신 미인들이었다.

나는 조실스님 뒤쪽에 수건을 들고 다소곳이 서 있었는데 그 중 한 사람이 나직한 목소리로 나에게 말을 걸어왔다.

"당신 영어 할 줄 알아요?"

나도 그 정도는 알아들을 수 있었지만 짧은 영어 실력을 드러냈다가는 자칫 망신당하기 십상이라는 생각이 들어서 입을 꼭 다물고 팔을 휘저어 손사래를 치며 모른다는 시늉을 했다.

조실스님은 항상 공양 후 틀니를 빼서 칫솔로 안팎을 잘 닦은 다음 컵에 담긴 물에 헹궈서 입안에 끼우셨다. 이 광경을 시종 지켜보던 여군이 나에게 말을 걸어도 뜻이 통하지 않자, 양치 마치고 일어서는 조실스님에게 다가가 고개를 까딱하고 인사를 드렸다. 그리고 인사말을 하는데 말은 잘 못 알아듣지만 조실스님도 그녀들의 표정을 보는 순간 그녀들이 호의적으로 인사하는구나 하고 짐작하신 듯,

뒤에 서 있는 나를 돌아보셨다. 그것은 진진거사를 빨리 불러오라는 신호였다. 나는 손에 들고 있던 수건을 조실스님께 건네 드리고 쏜살같이 상지전 특별선원으로 달려가서 진진거사에게 눈길을 보냈다. 마침 날씨가 따뜻하여 점심공양을 마친 젊은 대중들이 문을 모두 열어 놓고 차를 마시며 담소를 나누는 중이었다. 벌써 진진거사는 조실스님의 호출인 줄 짐작하고 얼른 자리에서 일어섰다. 나는 진진거사와 함께 걸으면서 대강의 이야기를 들려 주었다.

이윽고 진진거사가 여군장교에게 영어로 인사말을 건네자 그네들은 상냥하게 웃으면서 화제를 조실스님께 돌렸다.

"우리는 스웨덴 육군병원 소속의 의사들인데 담당분야는 치과입니다. 노스님께서 틀니를 하고 계신 것을 자세히 보았는데, 몇 가지 질문을 해도 실례가 안 될는지요?"

곧바로 진진거사는 조실스님께 그네들의 말을 통역해 드리고 조실스님의 말씀을 기다렸다. 이에 조실스님은 의아한 표정이었지만 웃으면서 좋다고 허락하셨다. 그리고는 나를 돌아보셨다. 그것은 이 손님들을 염화실로 안내하여 차를 대접하라는 무언의 분부셨다.

조실스님 방에 안내된 그들은 무릎을 꿇지 못해 어쩔 줄 몰라했다. 진진거사가 평좌해도 좋다고 일러주자 그때서야 웃으면서 편안히 앉았다. 그리고 조실스님을 향해 질문을 해왔다.

"조금 전 틀니를 보았는데요, 혹시 불편한 점은 없습니까?"

"틀니가 좀 두꺼워서 말하는 데 장애가 됩니다."

조실스님의 대답을 진진거사가 지체없이 통역을 했다.

"틀니는 몇 년 동안 사용하셨습니까?"

"내 회갑 되던 해부터 사용했으니 벌써 4년째가 되나 봅니다."

"저희 네 사람은 치과의사입니다. 노스님께서 현재 사용하는 틀니가 불편하시면 저희가 틀니를 새로 해드릴까 합니다. 괜찮으시겠습니까?"

이 말을 들은 조실스님께서는 불편하지만 틀니가 고장이 난 것도 아니니 그대로 사용해도 무방하다고 대답하시자 그들 중 선임자인 듯 싶은 사람이 다시 이렇게 말했다.

"음식 드실 때와 말씀하실 때의 두 가지로 틀니를 만들면 노스님께서 불편 없이 지낼 수 있습니다. 음식 드실 때는 좀 무거운 틀니를 사용하시고 말씀하실 때는 가벼운 틀니를 사용하시면 편하실 것입니다."

"그렇게만 된다면야……."

이때 조실스님께서 시자인 나를 바라보시기에 무슨 말씀을 하시고 싶으시다는 것을 눈치채고 얼른 가까이 다가가니 나직이 이르셨다.

"작년 봄에 스웨덴 여의사가 준 명함 어디 있느냐?"

"예? 명함 말씀입니까?"

"그래 명함 말이다."

"생각이 나지 않는데요. 스님께서 얼마 전에 철(성철스님을 일컬음)스님에게 약 주시며 명함은 안 주셨는지요?"

"약만 주고 명함은 안 줬다."

나는 명함을 찾느라 한동안 부산스럽게 움직였다. 명함이란 작년 봄에 조실스님에게 신경통 약을 본국에 연락하여 가져온 스웨덴 여군장교의 것을 말한다.

계사년 봄이니까, 정확히 14개월 전에 지금 온 치과의사와 똑같이 생긴 여군 장교 네 사람이 찾아왔는데 그때 조실스님이 견비통(肩臂痛)이 심해 시자인 내가 크림을 담았던 사기(砂器)로 된 통으로 부황을 떠 드리고 있었다. 그들이 그 광경을 보고 견비통으로 고생하시는 조실스님을 위해 본국에 연락하여 50알이 든 견비통 약병을 하나 가져왔다. 그 약은 스웨덴이나 노르웨이의 해안에만 자생하는 풀을 주원료로 만든 약인데, 조실스님께서 그 약을 40알 정도 복용하시자 3년여를 괴롭히던 견비통이 씻은 듯이 말끔히 완쾌되었던 것이다.

그때 약을 가져온 여군장교가 명함을 주고 갔는데 조실스님은 가끔 명함을 손에 들고 만지시며 견비통을 치유해 준 고마움을 상기하시곤 했다. 치과의사 앞에서 갑자기 그 명함을 찾으라는 분부셨다. 내가 명함을 찾는 동안 진진거사는 채공실로 가서 과일과 차를 더 내와서 그네들에게 대접했다. 그네들도 명함의 주인공들이 누군가 궁금했는지 내가 얼른 찾아오기를 기다리는 눈치였다. 아마 반 시간은 좋이 걸렸을 것이다. 땀을 흘리며 정신을 집중해서 찾았는데도 쉽게 눈에 띄지 않았다. 나는 경책을 넣어둔 책장의 서랍에서 마침내 그 명함을 찾아냈다. 조실스님이 그들에게 명함을 건네며,

"이분이 내 견비통을 말끔히 치유해 주었소" 하셨다.

명함의 주인공은 스웨덴 병원 외과의사 아무개라고 적혀 있었는데 명함을 받아 들여다보는 여군장교의 안색이 밝아지는 것으로 보아 아는 사람인 것 같았다.

"이 장교는 저희와 함께 입대한 외과의사입니다."

"서로 잘 아는 사이군요."

조실스님도 반가운 표정으로 응대했다.

"저희보다 일 년 먼저 한국에 왔는데요, 2년 동안 근무 마치고 지난 겨울에 본국으로 돌아갔습니다."

"본국으로 돌아가면 다시는 우리 나라에 오지 않나요."

"예, 복무 마쳤으니 본국의 육군병원에 근무하고 있을 것입니다."

다시 만나볼 수 없다는 말에 조실스님은 매우 서운한 표정을 지으셨다.

"여러분은 언제 돌아갑니까?"

"일 년 후에 가게 됩니다."

"본국에 돌아가거든 한국 부산에 있는 범어사 노승이 고마움을 잊지 않고 있노라고 전해 주길 바랍니다."

"예, 꼭 전해 드리겠습니다."

조실스님과 대화가 마무리되자 그네들은 진진거사와 몇 마디 더 주고받았다. 범어사와 불교에 관해 궁금해하는 것 같았고, 조실스님에게도 각별한 느낌을 받은 것 같았다. 곧 진진거사가 설명을 드렸다.

"이분들이 조실스님이 자기네 고향의 아버지 같다고 합니다."

"날더러 말이냐?"

"예, 자기 아버지도 회갑이 넘었는데 턱에는 흰 수염이 나 있고 좀 뚱뚱한 편인데 그 고장에서는 가장 존경받는 의사랍니다."

"아버지가 의사라서 따님도 의사가 되었군 그래."

"모든 여건이 가능하다면 조실스님께 스웨덴을 구경시켜 드리고 싶다 합니다."

"하루 빨리 전쟁이 끝나고 세계에 평화가 찾아와야 할 텐데……."

그들, 여군 장교 일행은 그 뒤 서너 차례 더 찾아와서 조실스님을 뵙고 갔는데 틀니를 맞추기 위해 병원으로 몇 번 나오셔야 한다고 했다. 그래서 조실스님은 그네들의 고마운 호의에 답하느라 흔쾌히 대답하시고 한 번은 버스와 전차를 갈아타면서 서면에 있는 병원까지 다녀오셨고, 또 한 번은 그네들의 지프로 다녀오셨다. 그네들은 틀니를 아주 꼼꼼하게 만드는 듯 제작기간이 매우 길었다. 병원에서 틀니를 찾으러 오라는 날짜가 십여 일이 남았을 무렵, 서울 선학원(禪學院)에서 '전국비구승대회'를 개최한다는 공문이 날아들었다.

그때가 결제 중인지라 대중스님은 움직이지 않기로 하고 조실스님과 비룡스님이 상경하기로 대중공사에서 결론을 내렸다. 나는 급히 걸망을 챙겨 조실스님 모시고 상경했고 상경한 지 십여 일 후에 혼자 부산으로 내려가서 조실스님의 틀니 두 개를 찾아 그 길로 되짚어 상경했다.

그 이후로는 두 개의 틀니가 조실스님의 여생을 책임졌다. 틀니는 튼튼하고 입에 잘 맞아서 언제나 만족스러워 하셨다.

조실스님이 상경하신 뒤에도 그 여군 장교들은 거의 일요일마다 범어사에 찾아와서 조실스님의 안부를 여쭙곤 하더라고 했다. 그때마다 진진거사는 조실스님을 대신하여 그네들을 따뜻이 맞고 성의껏 대접하곤 했다 한다.

7. 선원에서 벌인 승속의 토론

그때 진진거사는 무서운 결핵을 이겨낸 후, 소천스님이 제창한 대각운동에서 잠시 물러서 있었다. 사실 대각운동에서 물러선 동기는 은사이신 조실스님의 건강에 대한 염려가 계기가 되었다.

당시 상지전을 특별선원으로 이름붙여 젊은 수좌들이 정진하고 있었는데 진진거사도 입산 이후 줄곧 선방을 벗어나지 않았고 특별선원 일원으로 맨 끝자리를 지키고 있었다. 물론 처사라는 신분으로 말이다. 그 당시 특별선원의 대중은 대략 다음과 같았다.(기억에 있는 분들의 이름)

범구(梵丘)·정영·월현(月現)·법련(法蓮)·진용·낙신(樂信)·진상(眞常)·현우(玄宇)·이환(離幻)·우진(雨震)·진진거사(眞眞居士), 그리고 조실스님 시자인 내가 주축을 이루었고, 사학계(史學界)의 태두 황의돈(黃義敦) 선생의 반연으로 세 사람의 거사가 계사년 하안거에 참여했다. 당시 충남대 이정호(李貞浩, 동양철학을 전공했고 특히 주역에 밝았다. 후에 충남대 총장을 역임) 교수, 유승국(후에 성균관대 유학대 학장이 됨) 선생과 황석연(黃石淵, 당시 서울법대 4년생으로 뒷날 명판사가 됨) 씨 등이다.

또 갑오년 하안거에는 통영에 주석하시는 효봉 큰스님의 시자로 있던 일관(뒷날 전국신도회장을 역임한 박완일) 스님이 와서 내 곁의 끝자리를 차지함으로써 나는 그때서야 간신히 끝자리 신세(?)를 면할 수 있었다.

대중은 반으로 나누어 앞줄과 뒷줄로 앉았는데 나는 뒷줄의 끝자리에 앉고 진진거사는 앞줄의 끝자리에 앉았다. 지금이나 당시나 선방에서도 은근히 자리다툼이 있었는데 그때마다 해결은 출가 날짜를 첫째 기준으로 삼았지만 다른 참고 사항도 있었다.

대강 그때 분위기를 다시 떠올려 생각하면 첫째가 누가 먼저 출가를 했느냐이고, 둘째가 나이이다. 그리고 누가 먼저 비구계를 받았는가를 따지기도 했다. 그래서 진진거사와 나는 언제나 끝자리를 차지했는데 세 분의 거사가 참여한 때에는 그들이 내 다음 자리에 앉았고 일관스님이 참여한 때에도 역시 내 다음 자리에 앉았다.

역시 절에서는 모든 기준을 출가에 둘 수밖에 없다. 절에서 아무리 오래 살아도 계를 받지 않으면 언제나 홀대받는 신세를 면하지 못했다. 그런 점에서 진진거사를 생각하면 무슨 마음으로 계를 받지 않고 미루는지 통 알 수가 없었다. 그는 단지 계만 받지 않았다 뿐이지 위의는 그대로 스님이었고 스님 중에서도 일등 스님이었다. 계행, 정진력, 보살행 등등 어느 것 하나 부족한 것 없었고 빠지는 것도 없었다. 오죽하면 그를 율(律) 처사라는 별명으로까지 불렀겠는가. 그 잘 생긴 머리 깨끗이 깎고 승복 단정히 차려 입고 오직 절에서만 살며, 그리고 스님들과 함께 용맹정진해 가며 선방에서 소임도 보았으니 말이다. 그는 스스로 자원해서 오랜 세월 행자로 지내며, 남들이 흉내낼 수 없는 하심과 겸손을 닦았다. 이것은 세간적인 일체를 초탈한 사람이 아니고는 거의 불가능한 일이다. 그가 만약 절에 오자마자 바로 사미계를 받았다면 그 이후의 절집 생활에서 상황이 많이 달라졌을 것이다. 후일 진진거사가 종단 일을 하거나 범어사 일을 하거나 늦게 계 받은 것이 장애가 될 때가 많았다. 즉 승랍이 부족하다고 시비를 걸었기 때문이다. 그런 사실을 진진거사가 일찍부터 몰랐을 까닭이 없고 생각하지 않았을 리가 없다. 그런데도 그런 것에는 도무지 마음을 두지 않고 행자〔處士〕의 신분으로서 오직 정진만 묵묵히 했고 조실스님의 가르침과 대중을 위한 뜨거운 봉사헌신만 하면서 살았다.

출가, 부처님의 제자가 된다는 숭고함은 그 무엇으로도 비교하거나 대신할 수 없는 일이기에 병객인 자신으로서는 함부로 넘볼 수 없는 자리고 세계라는 것이 그의 주장이었다. 오직 출가의 존엄을 지키기 위해서 진진거사는 자신이 병객임을 인정하여 수계를 자꾸만 미뤘다. 사실 진진거사보다 몇 년씩이나 뒤에 절에 왔어도 계를 먼저 받았다는 것 때문에 은근히 진진거사 앞에서 거만을 부린 사람도 있었다.

아, 10년 행자. 이는 특별하고 뛰어나지 않으면 안 될 일이다. 범부로서는 도저히 흉내내기 어려운 일이고, 또 고금을 통해서도 매우

보기 드문 일이기에 나는 진진거사야말로 거칠고 성급한 이 시대를
구원하고자 서원을 세운 미륵보살 화현임이 틀림없다는 생각을 한
다.

당시 범어사 특별선원은 결제·해제를 구분하지 않고 언제나 가행
정진으로 일관했다. 어쩌다가 방선시간(특히 공양시간이 가까울 무렵)
에는 도란도란 이야기 꽃을 피우는 경우도 있었지만 잡담은 거의 없
고 경전이나 조사어록을 펴놓고 함께 새기거나 토론하는 정도였다.
그 중에서도 '금강경오가해'를 즐겨 펼쳤는데 처음에는 시원시원히
새겨 나가다가 중간쯤에서 누군가가 이론(異論)을 제기하면 자연스
럽게 토론이 벌어지곤 했다. 그러나 진진거사와 나는 언제나 듣는
편이지 새기는 측에 들지 않았다. 그 당시 다른 스님들은 십여 년 내
지 이십여 년을 닦은 구참(久參)이어서 사리(事理)에 밝고 학문에도
깊이가 있어서 책을 펴면 언제나 그들이 주도해 나갔다. 그리고 무
엇보다 진진거사는 자신이 행자라는 처지를 잘 알고 있기에 조금이
라도 남 앞에 나서서 상을 내는 일은 하지 않으려 했다.

그런데 계사년 하안거 중 방선시간을 이용한 토론으로 특별선원
이 시끌벅적한 일이 생겼다. 신라의 의상조사께서 지으신 '법성게(法
性偈)'를 놓고 해석이 분분했기 때문이다. 그때 마침 큰방인 청풍당
에서 정진하고 있던 전진한(錢鎭漢) 거사가 올라와서 토론에 동참했
다.

전진한 거사는 초대 농림장관을 지냈고, 당시 현역 국회의원인 중
진급 정치가였다. 일제 때 항일투쟁을 하다 투옥되었을 적에는 감옥
에서 용맹정진을 해 한소식을 했노라고 자처하는 분이었기에 기개가
대단했다.

글을 새겨 나가기는 스님들이 했지만 따지고 드는 것은 거의가 전

진한 거사였다. 함께 있던 세 분의 젊은 거사들은 시종 구경만 하거나 듣기만 할 뿐, 가타·부타 일절 말하지 않았으며, 또 진진거사와 진상스님, 그리고 나도 벙어리처럼 듣기만 했다. 소위 세 거사들이나 우리들은 그 자리에 끼어 들 납(연령)이 안 되었던 것이다. 그렇기도 했지만 스님들의 토론을 곁에서 듣는 것만으로도 좋은 공부가 되었고 누구의 말이 옳고 그른지는 속으로 이미 판단이 서는 일이었다. 결코 우리라고 할 말이 없어서가 아니었다. 조용히 듣고 생각하는 것이 여러 모로 더 많은 소득이 있기 때문이었다.

아무튼 법성게 해석과 토론은 하루에 마치지 못하고 며칠을 끌었다. 주로 전진한 거사가 나서서 마치 강의하듯 부연설명을 이어갔다. 그리고 조금만 꼬투리가 잡히면 새기는 사람에게 질문 공세를 퍼부었다. 그렇지만 그것은 우격다짐이나 견강부회가 아닌 안목의 차이였다. 그분의 설명은 일관성과 논리가 정연하고 인용어구(引用語句)가 많아서 사통팔달로 툭 터져 시원했다.

사흘째 되던 날, 법성게는 종반을 치닫고 있었다.

"시고행자환본제(是故行者還本際) 파식망상필불득(叵息妄想必不得).

그러므로 수행자가 본 고향으로 돌아가려면 망상을 쉬지 않고는 반드시 얻을 수 없으리라."

스님들의 해석이 여기에 이르렀을 때, 전진한 거사는 그 특유의 제스처로 "잠깐" 하고 제동을 걸었다. 글을 새겨 나가던 우진스님이 또 무슨 시빈가 하는 심정으로 전진한 거사를 물끄러미 바라보며,

"아니, 뭐가 잘못 되었습니까?"

"망상을 쉬지 않고는 본 고향에 돌아갈 수 없단 말씀이요?"

"그렇지요, 망상을 쉬어야만 정각산(正覺山)에 이를 수 있지요."

"그렇습니다. 맞게 새겼어요."

스님들 대부분은 우진스님의 해석에 동의했는데 전진한 거사는 그렇게 새기면 틀린다고 주장을 했다.

"망상을 쉬어야만 정각에 이른다면 우리가 정각에 이르지 못하는 것은 결국 망상 때문이란 말씀이군요."

"그렇지요. 망상이 장애가 되는 거지요. 그래서 망상을 없애기 위해 참선하는 것 아닙니까?"

이때, 전진한 거사의 눈빛이 사뭇 형형해졌다.

"아니 스님들, 그럼 망상을 이리 가져오시오. 내가 다 제거해 드리리다."

"맘속에서 쉼 없이 일어났다 꺼졌다를 반복하는 것이 망상인 걸요."

"글세 그 망상을 이리 가져오란 말입니다. 망상의 실체가 과연 있어요?"

"온갖 생각이 망상인데 무슨 실체를 따지는 겁니까?"

"어떤 것이 망상이요? 행주좌와(行住坐臥), 어묵동정(語默動靜)이 망상 아님이 없단 말이요?"

이보다 십여 분 전에 상지전 방문 밖, 마루에는 조실스님이 오셔서 토론하는 내용을 경청하고 앉아 계셨는데 대중은 토론에 열중하느라 아무도 눈치채지 못했다. 한창 열기가 오른 전진한 거사의 주장이 거침없이 이어졌다.

"망상이 실체가 있다고 설한 경전이나 조사어록이 있거든 내 놓아 보세요. 망상이 뭐 길래 실체가 있단 말이요. 망상의 실체가 있다면 망상을 제거해야만 정각에 이를 것이지만 망상은 실체가 없어요, 아무렴 없지요."

나는 조실스님이 마루에 앉아 계시니 대중들 곁에서 떠나 있었고 진진거사는 입을 굳게 다물고 태연부동으로 앉아 있었다.

"조실스님이 밖에 계십니다."

나는 나직이 진진거사에게만 속삭였다.

"그래요."

"논쟁이 끝날 기미가 안 보이는데요."

"글세……."

"어느 쪽 말씀이 옳아요."

"거사님 말씀이……."

"그래요?"

진진거사는 밝은 눈을 깜빡였다. 거사님의 주장에 찬성하는 태도에 나는 내심 놀랐지만 어린 내 생각에도 그 말이 일리가 있는 것 같았다. 그렇게 한동안 갑론을박하다가 어느 스님이 전진한 거사에게 말했다.

"그렇다면 거사님이 한 번 새겨보세요."

"그럼 내가 새겨볼까요."

"좋습니다. 새기십시오."

"망상을 쉬려고 하지 말아라, 반드시 얻지 못하리라."

"망상을 쉬지 말란 말씀은 망상이 실체가 없으므로 쉴 것도 없단 말씀이지요?"

"그렇지요, 망상은 실체가 없으니 찾으려 하면 얻지 못하는 것이지요."

이때, 열이 북받친 젊은 스님 한 사람이 벌떡 일어나 방문을 활짝 열어젖혔다.

"앗, 조실스님!"

조실스님이 조용히 미소를 머금고 마루에 앉아 계시는 것이 아닌가.

“조실스님께서도 다 듣고 계셨습니까?”

조실스님이 그때서야 방 안으로 들어오시어 어간에 좌정하시며,

“연일 하도 떠들기에 오늘은 무슨 일이 일어났나 해서 올라와 봤지.”

“거사님과 연 사흘을 입씨름했는데요. 오늘 ‘파식망상필부득’의 구절에서 마침내 서로 부딪치고 말았습니다.”

낙신스님의 설명이었다.

“뭐가 어쨌길래 부딪쳤단 말인가?”

“망상을 쉬지 않고는 본제에 돌아갈 수 없다고 저희는 새겼는데요, 거사님은 ‘망상을 쉬려고 말아라. 망상은 본래 실체가 없는 것이니 찾으려 하면 얻을 수 없다’고 새겼습니다. 과연 어느 편 의견이 맞는지 조실스님께서 판결을 내려 주십시오.”

석사(釋詞)를 맡은 우진스님이 여쭈었다. 조실스님은 대중을 한바퀴 휘― 둘러보시고는 “거사님이 옳게 새기셨다”고 한마디로 판결(?)을 내리셨다. 대중이 의아한 눈초리로 일제히 조실스님을 주시하자,

“죄무자성종심기(罪無自性從心起)지, 죄는 자성〔實體〕이 없고 다 마음에서 일어나거든. 죄란 뭔가? 망상이지. 망상은 허깨비와 같아서 실체가 없는 게야. 수행자가 자성이라는 본 고향에 돌아가려면 번뇌망상과 진여(眞如)가 둘이 아님을 알아야 돼. 망상과 진여가 따로따로 있는 것이 아니라 망상이 곧 진여요, 진여가 곧 망상임을 철견(徹見)해야만 본 고향인 본제(本際)에 돌아가는 것이거든.”

조실스님의 말씀을 깊이 음미하느라 대중들은 묵묵부답(默默不答)인 채, 제각기 마음속으로 법성게를 다시 새겼다.

그날 법성게를 석사한 우진스님은 뒷날 법명을 지견(知見)으로 바꾸었으며, 동국대학교를 거쳐 일본 동경대에 유학하여 의상(義湘)의

화엄학 연구로 박사학위를 취득했다. 그는 귀국하여 평생을 '전통불교연구원'에 몸을 담고 연구에 몰두하며 후진을 양성하여 불교학 발전에 크게 이바지하는 대학자가 되었다. 그리고 낙신스님은 뒷날 소공(簫箜)이라는 아호로 선화(禪畵)의 대가가 되었는데 특히 달마도의 독보적인 존재로 평가를 받았다.

8. 청백가풍(淸白家風)

갑오년의 불교정화운동이 일어나자 진진거사는 처음에는 범어사와 선학원을 왕래하다가 곧 창원 성주사에 토굴을 얽어 정진에만 전념한 것으로 기억된다. 그러나 정화운동이 점점 활발하게 계속되자 범어사로 돌아와 조실스님을 모시고 종무행정 일체를 도맡아 처리했다. 그러다가 역시 조실스님의 뜻을 받들어 상경하여, 아슬아슬한 지경에 처해 있던 위태로운 통합종단을 바로 세우는 일에 견인차 역할을 해냈다. 뿐만 아니라 동국학원을 살리는 데도 큰 힘이 되었으니 어쩌면 한국불교를 중흥시키려고 태어난 사람 같았다. 이런 여러 가지 점을 살펴보면 진진거사는 참으로 한국불교를 바로 세우고 부처님의 가르침과 조사의 뜻을 회복하기 위해 출현한 보살이라고 말하지 않을 수 없다. 뒷날 광덕스님이 입적하시자 평생의 도반이었던 일타스님은 비문에서 '대한불교 청백가풍(大韓佛敎 淸白家風)'이라고 첫머리에 내세웠듯이 사실 오늘의 종단이 있기까지 진진거사의 공로는 지대하다고 말하지 않을 수 없다.

결국 10년이나 지난 뒤에 계를 받기로 결심했던 것도 종단을 구하고 한국불교를 바로 세우기 위한 서원이자 다짐이라고 본다. 만약 종단이 순조로웠다면 평생을 무명의 처사로 살다가 입적했을지도 모를 일이다. 어쩌면 진진거사에게는 계를 받고 안 받고 보다 어떻게 하면 더 열심히 수행·정진하는가에 모든 관심이 집중되어 있었는지도 모를 일이다. 예부터 진실한 수행자는 오직 도를 닦기 위해서 모든 것을 감수하고 희생했고 짐짓 온갖 천한 일을 마다하지 않았다고 했던가. 이름을 감추고 대중 속에 묻혀서 없는 듯 있고, 있어도 없는 듯 살아간 무명의 도인들도 무수히 많았던 것을 보면 그런 진진거사를 다시 생각하지 않을 수 없다. 진진거사는 오직 한 사람의 진실한 수행자로서 남기를 원했다. 그러기에 헌신과 무아의 보살행을 닦아서 오늘의 우리들과 미래의 후학들에게도 하나의 사표가 되고 있다고 하겠다.(『시봉일기 3』 38쪽 월탑거사 박경훈의 기록에 자세히 나와 있음)

내가 여기서 이렇게 말하는 더 깊은 까닭이 있다. 만약에 진진거사가 대각사로 돌아가 불광을 만들지 않고 끝까지 총무원에 남아서 활약했다면 그의 10년 행자생활이나 용맹정진이나 무수한 보살행도 특별한 뜻이 없었을지도 모르겠다. 왜냐하면 총무원은 보살행의 장소이기도 하지만 부처님께서 수행자들에게 한 나무 아래서 사흘을 머물지 말라고 하신 가르침 때문이다. 진진거사 스스로도 그런 점을 잘 알고 있었으리라 본다. 그랬기에 홀연히 종단 일에 손을 놓고 대각사로 돌아가서 새로운 불교사상운동(포교)을 전개해 나갔을 것이다. 사람들은 진진거사의 그러한 일을 단순히 포교사업이라고 쉽게 말하지만, 내가 보기에 이는 분명 새로운 불교사상운동이다.

왜냐하면 용성조사로부터 이어져 온 각사업(大覺教運動)을 한 상좌(東山大宗師)는 종단정화운동으로 이었고, 또 한 상좌(소천스님)는 반야사상을 표방한 구국구세운동으로 꽃피웠다. 그러나 두 분 공히 불교만을 위해서 그러한 일을 한 것은 아니라고 본다. 불교 이전에 나라를 바로 세우고 백성을 구제해야 하는 보살도 차원에서 새로운 정신운동을 시의적절하게 일으킨 것이라는 생각이다. 두 분은 그 당시 전쟁으로 피폐해진 민심을 어루만지며 국민정신을 새롭게 하고 또 민족의 정체성을 확립해야 한다는 차원에서 수행 전통을 되찾는 일대 각성운동을 선언한 것이 아닐까. 그러기에 불교정화는 한 시대의 물리적인 운동이 아니고 도도히 흐르는 정신운동으로 말해야 한다고 생각한다. 이런 차원에서 이 두 가지 일은 매우 놀라운 일이라 말하지 않을 수 없고, 앞으로 좀더 세월이 지날수록 그 뜻은 더욱 분명해질 것이다. 아무튼 용성조사의 후계자들은 연속 부절로 대각교운동의 근본정신을 꾸준히 이어갔다. 그 후에 결성된 용성문도회를 통해 윗대의 정신을 단절시키지 않고 시대상에 맞게 적절히 펼쳐나가고 있는데 사실 이 점이 더더욱 놀라운 일이다. 반드시 여기에는 부처님의 지극한 인도와 가호가 있다고 본다. 즉 이것은 구세대비의 보살원력이 우리의 현실 가운데 나타난 것을 의미한다. 그러한 선상에서 조사의 뜻과 종사의 가풍을 고스란히 이어받아 새 길을 개척한 후예가 바로 진진거사, 뒷날 금하당(金河堂) 광덕 대선사(光德大禪師)라는 이야기다.

광덕스님은 대각사에서 불광회(佛光會)를 모체로 월간 불광지(佛光誌)를 창간했고 이어서 불광법회를 창립했다. 이는 바로 조사의 뜻을 받들어 나갈 것을 내외에 선포한 것과 같은 의미를 지닌다고 하겠다. 왜냐하면 조사의 뜻이 어린 대각사에서 출발했기 때문이며, 또 방편은 달라도 근본은 같기 때문이다. 방편이 다르다는 것은 시대가 달라졌음을 의미하는 것뿐이다.

광덕스님이 새 불교운동의 시작을 문서포교로 했다는 것은 여러 의미가 있다. 우선 지성인들, 특히 대학생들을 상대로 전법을 펼치겠다는 착안으로 보인다. 그리고 현대인들의 수준은 과거 어느 시대보다 앞서 있는 것이 사실이다. 그들을 상대로 하는 일에 있어서 가장 효과 높은 것은 역시 문서를 통한 방법이 아닐까 생각해 본다. 그리고 상대적으로 불교의 문서포교가 아주 미미했기 때문이기도 할 것이다.

아무튼 대각사 이후의 활약은 너무도 잘 알려져 있으므로 굳이 내가 이 글에서 언급하지 않아도 될 일인 것 같다.

광덕스님. 이 땅, 이 시대에 위법망구의 구세보살로 오신 광덕스님. 지칠 줄 모르고 온몸을 던져 오직 부처님 가르침을 따라 살다 가신 우리 시대의 큰스님. 수많은 저서를 통해 당신의 사상을 천명했던 대석학(大碩學)이자 참다운 수행자로 말법시대의 우리에게 진정한 사표가 되어 주셨다.

지금까지 내가 토해 낸 이 추억담은 광덕스님의 아주 작은 겉모습의 일단에 불과함을 솔직히 시인하며 도리어 부끄러움을 감출 길이 없다. 후일 구안자(具眼者)가 나타나 삼십방(三十棒)을 내리더라도 달게 받을 채비를 해야 하겠다.

임오년 가을에 사제 백운 謹書

이 시대의 횃불, 광덕 큰스님

한탑(金慶萬) | 문사수법회 회주

1. 도솔산 도피안사 삼일절 기념법회

오늘 제가 이 자리에서 도피안사 법우님들과 만나니 참 반갑고 영광스러운 마음 금할 수가 없습니다. 죽 둘러보니 여기 계신 법우님 중에는 저와 오랫동안 교분을 가진 분들도 많이 계시는군요. 거듭 반가운 인사를 드립니다.

저는 그동안 광덕 큰스님의 시봉일기를 쓰고 있는 송암스님이 큰스님의 뜻을 받들어 이곳에 좋은 도량을 가꾸고 여러 법우님들과 반야바라밀 수행을 잘하고 계시다는 말씀을 줄곧 들었던 터였습니다. 그래서 꼭 도피안사를 한 번 참배하고 싶었는데 오늘 이렇게 소원이 성취되었군요. 자못 감회가 깊습니다.

평소 저는 불사 잘 하는 곳이 있으면 언젠가 한 번 찾아가서 수희하는 좋은 인연을 가져야지 하고 생각을 합니다. 그런데 마침 2003년 3월 1일, 3·1절 기념법회를 도피안사에서 하니까 이번에 꼭 좀 와달라는 주지스님의 말씀이 있어서 이렇게 온 것입니다. 한 분 한 분의 얼굴들을 보니 이미 과거생부터 인연이 있었던 친숙한 느낌이 듭니다. 감개무량합니다.

2. 지은보은(知恩報恩)의 수행

잘 아시는 바와 같이 불교는 사중은(四重恩)을 잘 알고, 그 은혜를 갚아 나가는 것을 불자 수행의 덕목으로 삼고 있습니다. 바로 상보사중은(上報四重恩) 하제삼도고(下濟三途苦)라는 말입니다. 즉 위로는 네 가지의 큰 은혜를 갚고 아래로는 삼악도에서 고생하는 일체 중생을 다 구제하겠다는 그런 큰 원을 가지고 있는 것이 불교의 근본정신입니다. 그리고 이것이 우리 모든 불자들의 신앙이지요. 그 네 가지 큰 은혜 가운데 조국에 대한 은혜가 있는데, 불자들은 어느 때나 그것을 잊어서는 안 되지요. 잘은 모르지만 우리 불교 집안에서 여기 도피안사처럼 이렇게 3·1 절 기념법회를 해마다 갖는 절이 과연 몇 곳이나 될까요? 아마 열 손가락도 다 채우기 어려울지 모릅니다. 우리는 이러한 한국불교의 현실을 매우 부끄럽게 생각해야 할 것입니다.

우리 광덕 큰스님의 할아버지 되시는 용성조사께서는 일제 강점기에 나라의 독립을 위해 3·1 운동에 앞장섰던 큰 어른이십니다. 우리 불교계를 대표하는 것은 말할 것도 없고 도탄에 빠진 백성들을 구제하기 위해서 온갖 노고를 다하신 독립지사이고 새 불교운동의 선구자이십니다. 그런 어른의 법맥과 우국충정을 잇는 불광이나 이곳 도피안사는 당연히 나라의 은혜를 만백성들에게 깨우쳐 주어야 합니다.

여기서 오늘날 우리 불자들이 뒤돌아보고 반성해야 할 일은 용성 조사나 여러 선각자들이 불교를 지도해 주셨던 올바른 방향으로 실천하고 수행하지 못한다는 점입니다. 이기적인 기복신앙에 빠져서 자신이나 제 가족밖에 모르고 제 이익만 챙기는 방향으로 나아가고 있지 않은지 깊이 성찰해야 한다고 생각합니다.

이러한 때에 이곳 도피안사에서 매년 3·1절 기념법회를 성대하게 봉행한다는 이야기를 들었고, 또 막상 이렇게 와 보니 무척 놀랍고 자랑스럽기까지 합니다. 정말 수희와 찬탄을 금할 수가 없군요. 아울러 이곳 개산조이신 광덕 큰스님을 추모하고 그 높으신 뜻을 잇고자 다짐하는 모습을 보니 저 자신도 무척 경건해짐을 느낍니다. 참으로 뜻있는 일이라고 거듭 말하지 않을 수가 없습니다.

조금 전 주지스님의 말씀이 있었지만 오늘은 광덕 큰스님의 교화 업적을 제가 모시고 살면서 느낀 대로, 아니 제 소견대로 말씀드릴까 합니다. 그렇지만 제가 광덕 큰스님에 대해 제대로 말씀드린다는 것은 매우 어려운 일입니다. 왜냐하면 큰 인물은 어떤 형상으로도 표현할 수 없기 때문입니다. 아무리 붓으로 그리려고 애를 써도 사실은 제대로 그려지지 않는다는 말이지요. 우리 큰스님은 원래가 큰 인격자시고, 큰 법력을 지니신 분이셨기 때문에 형상인 말로나 문장으로 온전히 표현할 수 없다고 봅니다. 그러니까 형상의 차원을 훨씬 넘어 계신 분이지요.

예를 들면 공기는 우리들 눈에 보이지 않지만 이 공간에 가득하여 우리가 항상 숨쉬고 살지요. 사실 이 공기가 우리에게 얼마나 고마운 것입니까? 만약 이 공기가 없으면 우리는 금방 죽게 됩니다. 이런 고맙기 이를 데 없는 공기에 대해 누구 한 번 재주껏 설명해 봐라 했을 때, 뭐라고 온전히 말하겠어요. 마찬가지입니다. 공기를 뭐라고

단정하여 한마디로 이야기할 수 없듯이 큰스님에 대해서도 제대로
이야기할 수 없지요.

3. 덕화(德化)는 공기 같고

비록 그러하지만 오늘 제가 허물을 짓는 한이 있어도 오로지 제
소견으로 제 솜씨로 큰스님을 한 번 그려보겠습니다. 감안하시고 들
으시기 바랍니다.

제가 큰스님과 처음 인연 맺은 때는 1956년이었습니다. 벌써 한
오십 년 가까이 되어가는군요. 그로부터 거의 떨어지지 않고 함께
지냈으니까 큰스님의 은혜를 참으로 많이 입었지요. 그렇지만 큰스
님의 은혜를 너 한 번 이야기 해봐라 하면 마치 공기의 은혜를 다 이
야기할 수 없는 것처럼 제대로 이야기할 수 없다는 것입니다. 너무
큰 분이어서 모양을 만들어 따로 내세울 수 없다는 뜻이지요. 사실
내세울 수 없다는 것이 큰스님의 무한한 인격을 표현한 말이라고 이
해해 주시기 바랍니다.

1956년이면 한국전쟁이 끝난 얼마 뒤입니다. 그 무렵까지도 사회
는 전쟁의 여파로 미처 안정되지 않았던 때입니다. 저는 전쟁이 일
어났을 때 고려대학교 2학년 학생이었는데, 미군 통역장교로 참전하
여 압록강 전선까지 갔다 오기도 했습니다. 그 후 육군 대위로 있다
가 막 제대를 했을 때, 큰스님을 뵌 것이죠. 그때 전쟁 중에 죽을 고
비가 숱하게 많았어요. 그때마다 저는 관세음보살을 일념으로 불렀
지요. 그렇게 관세음보살을 부르면 죽을 일도 피해 가고 죽는다는
생각도 없어져 버려요. 기적같이 꼭 죽을 수밖에 없는 아슬아슬한

위험에서 살 길이 저절로 열렸어요.

저는 그때마다 부처님께 만약 '이번 전쟁에 살아남아 무사히 제대하면 부처님 법을 열심히 공부하여 이 세상에 불법을 펴는 데 앞장서겠습니다'라고 굳게 맹세했습니다. 제가 군에서 생명이 위태위태한 순간마다 부처님께 그런 서약을 했으니깐 제대하자마자 절을 찾아가는 것은 당연하겠지요. 그래서 어느 절로 가야 하나 하고 찾았지요.

그러나 절을 찾아보면 막상 갈 곳이 없어요. 아직까지도 우리 불교에 그런 모습이 남아 있지만 그 당시에는 거의 그랬어요. 누가 절에 가서 법문 좀 해주십시오 하면 스님들은 전혀 알아듣지도 못하는 말을 뻥뻥 해댔어요. 누구라고 말하지는 않겠습니다만 언제인가 조계사에서 어느 큰스님을 모시고 이야기를 하고 있는데, 그때 저 보다 나이 어린 학생이 찾아와서 절 문을 빼꼼이 열고 안을 들여다보면서, "큰스님, 저는 불교를 알려고 왔어요. 저에게 설법 좀 해주실래요"라고 하지 않겠어요.

아, 그러면 젊은 친구가 불교를 알려고 하는 것이 대견해서라도 "어서 이리 들어오너라" 하고 반겨 맞을 줄 알았는데, 아니 그 큰스님이 고래고래 호령을 하셔요. "이놈아, 불교는 아는 게 아니야 깨치는 거야!" 그 말 한마디에 학생은 그만 머쓱해서 돌아갔어요. 큰스님이라는 분이 그 정도였으니 불교가 도대체 어떻겠습니까? 나중에 얘기를 들으니 그 학생은 천주교로 갔다고 했습니다. 젊은이가 제 발로 찾아와도 절에서는 쫓아버리는 실정이었습니다.

제 말이 좀 왔다갔다 하지만 광덕 큰스님은 우리들의 신행단체인 대각회를 만들어 놓고 회장으로 있다가 몸이 편찮아 다시 산으로 가셨어요. 큰스님은 원래 불편하신 몸으로 입산을 했는데, 그때까지 완

치되지 않았던 것입니다. 회장이신 큰스님이 산으로 떠나시자 우리들도 오래지 않아 그만 대각사에서 나왔어요. 그 당시 대각사의 어느 스님이 우리들에게 또 소리소리 질렀어요. "너희들은 불교학자지 신도가 아니야, 배우긴 뭘 배워!"

'이 뭣고'라는 말이 뭔지도 모르는 신참자들에게도 무조건 앉으면 되는 거지 뭘 배우려고 그러냐 하면서 소리 지르는 거였어요. 그래서 우리는 대각사에서 쫓겨 나왔지요. 그때 불법을 배우려던 사람들은 그런 어처구니없는 경우도 많이 당했습니다. 조계사의 어느 큰스님이나 대각사의 모모 스님이나 똑같았어요. 아니, 절집 분위기가 전반적으로 그랬어요.

이런 분위기였으니 세상 사람들에게 불법을 전해 준다는 것은 감히 생각하지도 못할 때였습니다. 그저 신도는 절에 가서 무조건 불공만 올리면 되는 것이지 공부를 한다거나 무엇을 묻는다는 것은 엄두도 못 낼 때였다고 생각하면 됩니다. 신도는 단순히 기복신앙만 잘하면 되지 더 이상의 딴 것은 생각할 필요도 없다는 식이었지요. 그런데 지성인들이 그런 분위기를 따라갈 수가 있었겠습니까? 도저히 따라갈 수 없는 상황이었지요.

4. 보리도의 인연

그럼 지금부터 제가 대각사를 찾아가서 큰스님을 뵌 이야기를 구체적으로 하겠습니다. 저는 어느 날 종로 네거리를 지나가다가 대각사에서 금강경 강의를 한다는 포스터를 보았어요. 당시는 홍보를 거의 포스터에 의존하고 있을 때였지요. 길거리에 나가면 벽이든 전봇

대든 빈틈이라고는 없어요. 전부 포스터가 차지하고 있었으니까요. 아무튼 저는 금강경 강의 포스터를 보고 무척 반가웠습니다. 얼른 지나가는 행인에게 대각사가 어디 있느냐고 물어보았습니다. 그렇게 물어 물어서 종로 3가에 있는 대각사를 찾아갔더니 정말 법당에서 금강경 강의를 하고 있었어요. 당시 주지이신 소천 큰스님께서 강의를 하시는데 얼마나 잘하시는지 눈과 귀가 동시에 활짝 열리는 것 같았어요. 최고의 강의라고 할까, 아니면 한국 제일의 명강의라고 할까, 분간이 서지 않을 정도였어요. 지금 생각해 봐도 그 어른의 강의 솜씨는 참 멋있었어요. 소위 신도들이 이해할 수 있는 법문을 하셨다는 것이지요.

저는 참 좋은 법문이라고 속으로 연신 감탄을 하며 경청을 했지요. 소천스님의 법문이 끝나자 회장님의 인사 순서라고 사회자가 소개를 했어요. 소개 말이 있자 곧 어떤 젊은 스님이 자리에서 일어서는데 얼굴이 그렇게 맑을 수가 없었어요. 저는 또 한 번 놀랐지요. 처음에는 소천스님의 강의에 놀랐고, 그 다음에는 회장님의 탈속한 모습에 놀랐어요. 회장님이 일어서서 청중들을 한 바퀴 빙 둘러보시는데 젊은 분이지만 눈빛이 그렇게 자애로울 수가 없었어요. 투명하고 환하게 빛났어요. 뭐 맑은 빛이 줄줄 쏟아지는 것 같았다고나 할까요. 그러고는 몇 마디 말씀을 하셨는데 말씀 또한 그렇게 분명할 수가 없고 그렇게 이로정연할 수가 없었어요. 그분 말씀이 '우리는 각사상운동을 전개한다'고 하시는 거예요. 그때 저는 불교는 신앙하는 걸로만 알아 대각사는 불교신앙에 대한 공부만 하는 곳인 줄 알았는데 각사상운동을 전개한다고 하여 무척 뜻밖이었어요. 그리고 회장님의 말씀 한마디 한마디가 제 생각과 꼭 맞는 얘기였어요. 저는 속으로 저런 좋은 분이 이 모임의 회장이라는 사실에 호감을 느껐지요. 나중에 알고 보니 그 모임은 바로 대각회라는 단체였습니다. 그러니까 대각회가 결성된 지 한 달 뒤에 제가 갔던 것입니다. 대각회가 1956년 9월 16일에 결성되었는데 제가 간 것은 10월 중순경이었어요.

아무튼 한 달 전에 대각회를 결성하고 회장을 뽑았는데 바로 그 당시 고 처사라는 이름으로 전국적인 명성을 얻었던 광덕스님이었어요. 부회장은 그때 법학자로 이름이 쟁쟁했던 서울대 황산덕 교수의 부인, 대법선 보살이었습니다. 그분은 재가신도였지만 대단한 원력 보살이었지요. 이런 지성인들이 모여 결성한 단체가 대각회였고 그 대각회가 주축이 되어 매주 일요일마다 금강경 강의를 했던 것이에요. 당시의 불교 분위기로 보면 아주 신선한 일이었어요. 그러니까 소문을 듣고 포스터를 보고 동서남북에서 사람들이 모여들 수밖에 없었지요. 그리고 그때만 해도 불교 강의하는 곳이 거의 없다시피 했을 때였으니 지금과는 상황이 많이 다르지요.

그리고 무엇보다 소천스님의 금강경 강의는 당대에 비교할 사람이 없을 정도였으니 젊은 제가 매료당한 것은 너무나 당연한 일이었지요. 그리고 강의에 빠져든 사람이 어디 저뿐이었겠어요. 거기 온 사람들 모두지요. 거기다가 마치 천상에서 내려온 듯 티없이 맑고 고결한 분이 회장을 맡아서 가운데 자리하고 있으니 법회 분위기는 신비한 감이 들기까지 했어요. 저는 내심 저렇게 훌륭한 분과 가까이 할 수 있었으면 좋겠다는 생각을 하고 있었는데, 이심전심이라고 할까, 회장님께서도 저를 무척 좋아하지 않겠어요. 저와 처음 눈빛이 마주치자마자 얼굴에 미소를 지었어요. 우리는 그렇게 말 이전에 서로 마음을 나누었지요. 아마 이런 경우를 인연이라고 말해도 될지 모르겠습니다. 인연도 보통 평범한 인연이 아니라 매우 특별한 인연 말입니다. 큰스님과 저는 수십 생을 함께 닦아온 불가분의 동수정업 (同修淨業) 인연이라고 말하고 싶습니다.

어쨌든 큰스님과 저는 처음 만날 때부터 무조건 가까워졌고 오랜 세월 동안 함께 불사를 지어갔습니다. 그 당시 대각회에 총무가 없다고 저에게 총무를 맡으라고 해요. 저로서도 마다할 이유가 없었어요. 군에서 사선(死線)을 넘나들 때 부처님께 맹세한 서원도 있었고, 새로운 불교운동의 하나인 '각사상운동'이라는 취지도 좋았고, 소천 스님의 뛰어난 설법, 젊은 회장님의 신비감 등 아무리 생각해도 맡지 않을 이유가 도무지 없는 것입니다. 그래서 제 나이 27살 때, 대각회의 총무가 되었지요. 큰스님은 회장이시고 대법선 보살님은 부회장이시고, 그 밖의 여러 고명하신 어른들이 죽 계셨어요. 그래서 저는 지금부터 새로운 불교운동을 열심히 하자고 마음먹었어요. 불교를 대중화, 현대화시키는 일에 앞장서기로 했던 것이지요. 그러면서도 속으로 은근히 걱정이 되었지요. 그것은 제가 불교를 너무나 모른다는 사실 때문이었어요. 불교를 잘 알지도 못하면서 어떻게 새 불교운동을 하느냐 하는 것인데 그 문제는 곧 해결되었어요. 왜냐하면 회장님을 믿고 회장님이 하자는 대로 하면 된다는 생각이 들었기 때문입니다.

저는 총무가 된 뒤, 새로운 의욕과 사명감이 샘솟았어요. 그때까지 우리 불교계에서 생각하지 못했던 여러 가지 계획도 세웠습니다. 그 당시에 회원이 100명 이상 모이면 꽤 큰 단체였는데 우리 대각회는 매주 법회 때마다 200명 정도 모였어요. 대각사 법당이 가득했어요. 모두들 뜨거운 신심과 구도의 열기로 소천 큰스님 금강경 강의를 열렬히 들었어요.

5. 새 물줄기 대각회 출현

그런데 느닷없이 회장님이 새로운 제안을 했어요. 뭐라고 말씀하셨느냐 하면 설법을 스님들만 해서는 불교의 대중화가 더디고 잘 안된다는 거예요. 그럼 스님말고 누가 하느냐고 하니까, 현 국무총리하는 고건 씨의 어른 되는 고형곤 박사님이 계셨어요. 그분이 당시 서울대 문리대 교수였는데 불교를 잘 안다고 하면서 추천하는 것이었어요. 그 밖에 사회 저명인사를 몇 분 더 거론했습니다.

회장님은 사회적으로 이름 있는 분들이 절에 와서 불교강의를 한다면 젊은 사람들, 특히 대학생들이 관심을 가지고 많이 올 테니까 그들을 모아서 금강경 강의를 하도록 하자고 하셨어요.

그때 처음 모셨던 분이 앞에서 말한 고형곤 박사이셨지요. 당시 고형곤 박사라고 하면 명성이 쟁쟁했거든요. 아니나 다를까 강의 첫날 놀랄 정도로 사람들이 많이 모였어요. 별반 홍보도 하지 않았는데 어떻게 알고 찾아왔는지 그야말로 인산인해를 이룬 것입니다. 그런데 지금 여러분들은 이 이야기를 듣고 별로 감동하지 않을 것입니다. 요즘은 그런 곳이 많으니까 말입니다. 그러나 그때는 정말 귀한 일이었고 매우 드문 일이었어요. 어쩌면 우리 불교계에 쇼킹한 일이었다고 해야 할 거예요.

사실 그 당시 분위기는 지금과 사뭇 달랐거든요. 앞에서 이미 말씀드린 대로 젊은이들이 불교 좀 알려고 절까지 찾아오면 호통쳐서 쫓아내기까지 할 정도였으니 말입니다. 심지어는 일요일 법회 때 절에 가보면 법당에서 제사를 지내고 있어요. 그러면 법회 장소를 다른 곳으로 옮겼구나 싶어서 스님들에게 물어보면 마치 곡식 널어놓은 마당에 새떼 쫓듯이 휘이~휘이~ 해버려요. 그때나 지금이나 개신교 사람들은 길거리에서 사람 소매를 잡아당겨 가며 전도에 열을 올리는데 우리 불교는 절까지 찾아온 사람들에게도 냉대에 구박에 불친절에 온갖 비인간적인 박해(?)를 했어요.

그런 절집 분위기에서 그 당시 나이 서른밖에 안 된 분(處士 신분이었음)이 불교단체를 만들어 매주 정기법회를 열었다는 것은 정말 대단한 일이고 가히 역사적인 일이라고 해야 할 것입니다. 거기다가 재가자들을 법사로 내세운 발상은 더더욱 놀라운 일이지요. 그때의 분위기를 잘 모르는 지금 사람들이 들으면 그러려니 하고 그냥 무심히 넘어가겠지만 정말 대단한 일이었다는 것을 저는 증언하고 싶습니다. 우리 종단에서 아무도 그런 생각을 못할 때 그런 안을 생각해냈다는 것은 결코 쉬운 일이 아닙니다. 큰스님 서른 살 때였어요. 큰스님은 저보다 세 살 더 많으세요.

아무튼 그 당시 국내에서 유명하다고 하는 학자들, 지금 얼른 생각하면 고형곤 박사, 노정일 박사, 박종홍 교수, 황산덕 교수, 안병욱 교수 등이었어요. 그 중에서도 노정일 박사님과 회장님과는 무척 가까운 사이였고, 박종홍 교수는 이름만 거론되고 모시지는 못했어요. 본인이 극구 사양했기 때문이었어요. 제일 많이 오신 분은 사상계 하시던 안병욱 교수입니다.

그 밖에도 저명한 분들을 모셔서 법회를 해나갔고 저는 총무였던 관계로 그분들 모시는 일에서부터 여러 가지 잔심부름을 많이 했습니다.

6. 무병지(無病地)의 소식

1956년 대각회에서 비롯된 새 불교운동은 그 후 한국불교 모든 분야에 크게 기여를 했습니다. 대각회 출신들이 나가서 종단의 중요한 신앙단체를 결성했다는 뜻이지요. 대한불교청년회 결성에 주동이 된 이호식 불자, 대학생불교연합회 결성에 앞장선 서울법대 학생이었던 김진무 불자, 큰스님 다음으로 대각회 회장을 맡았던 법운거사 이종익 박사님은 그때 전국신도회 사무국장을 겸했고, 제가 총무를 내놓자 이어받았던 심재열 불자, 또 어린 나이에도 줄곧 법회에 참석하여 신심을 키웠으며 나중에 전국신도회 일을 많이 한 이건호 불자 등, 그 당시 쟁쟁한 활동가들이 거의 대각회에서 배출되었습니다. 소천 큰스님과 큰스님의 새 불교운동에 영향을 받은 것이죠. 이 밖에도 많은 분들이 계시지만 오늘은 설법 중이어서 그 이름을 다 거론하기는 어렵습니다만 아무튼 오늘날 한국불교계의 모습이 형성된 연원은 대각회입니다. 특히 우리 종단에서 재가자들이 법사로 등장한 일은 구체적인 불교의 현대화·대중화·생활화라고 보아야 한다고 생각합니다.

그런데 많은 사람들이 광덕스님을 도심포교에 성공하신 분이라고 말합니다. 그러나 이 말은 사실과 맞지 않습니다. 저는 그런 말을 들으면 누가 그런 소리를 했느냐고 다그치면서 화를 내어 야단을 칩니다. 물론 도심포교도 있겠지만 사실 광덕스님을 도심포교에만 진력하신 분이라고 말해서는 안 됩니다.

큰스님께서는 우리 한국불교를 대중화·현대화한 오늘의 주인공들에게 불교의 문을 확 터놓으신 거예요. '불교' 하면 머리 깎은 몇 분들만 독점하고 있던 시대, 오로지 그것이 불교인 줄만 알고 있던 사람들에게 누구든 부처님 가르침을 믿을 수 있게 개방해 주셨던 분이 큰스님이라는 말입니다. 그래서 지성인들에게도 문을 열어주었고 젊은이들에게도 문을 열어 주었으며 남자들, 학자들, 노인들, 어린이들에게까지도 문을 활짝 열어 주었지요. 또한 현대인들이 아주 쉽게 불교를 배울 수 있도록 경문과 의식문을 한글로 번역하여 누구든 보고 배울 수 있도록 기회를 골고루 주었어요. 이러한 분에게 어떻게 도심포교의 성공자라는 말만 할 수 있겠어요. 말도 안 되는 소리지요. 어불성설이고 그렇게 큰스님을 보는 것은 한쪽만 보는 큰 잘못입니다.

사실 저는 큰스님과 함께 불교운동 하면서 많이 놀랐어요. 그때는 저도 젊고 패기 만만할 때가 아닙니까. 그리고 속으로 똑똑하다고 자신하며 살던 시절이었지요. 큰스님과 저는 나이로도 불과 세 살 차이밖에 안 났거든요. 그런데도 막상 같이 일하면서 보니 저보다 몇 배는 더 똑똑하다는 생각을 했어요. 저는 큰스님의 원력을 알게 되었고, 남들이 흉내내지 못하는 뛰어난 정진력을 보았으며, 시대를 앞서가는 예지력이 있다는 것까지 알자 저절로 큰스님의 모든 능력을 인정하였지요. 그러니 자연 놀랄 수밖에요.

큰스님은 누구든 함께 살아보면 저절로 머리가 숙여지게 만드세요. 장하신 원력도 그렇고, 뛰어난 수행력도 그렇고, 현실을 읽어내는 명석한 판단력도 그렇고, 또 평상시 말씀도 참 인정스럽기 그지없으세요. 모든 면에서 비범하고 월등하신 선지식이셨어요. 그분은 많이 닦기도 했지만 타고나기도 한 분이에요.

저와 큰스님과는 이렇게 지호지간에서 불사를 담당하며 지냈는데, 어느 일요일 법회 때 절에 갔더니 회장인 큰스님이 보이지 않아요.

의아하여 곧장 주지이신 소천 큰스님께 우리 회장님 어디 갔습니까? 하고 물었더니 몸이 아파서 남해로 기도하러 갔다고 하시는 거예요. 참 어이가 없을 정도로 허탈했어요. 저한테는 이렇다 할 아무런 말씀도 없이 그냥 훌쩍 떠나신 거예요. 처음 며칠동안 무척 섭섭했습니다. 저로서는 그동안 회장님을 믿고 열심히 일했는데 그만 회장님이 감쪽같이 사라져 버렸으니 난감할 수밖에 없었지요. 총무로서 바로 지난주에 뵙고 새로운 계획을 짜기도 했는데 그때도 전혀 내색이 없었고 단 한마디 이야기나 낌새도 없이 홀연히 떠나셨으니 그때 제 심정이 어떠했겠어요. 소천 큰스님께 불평도 했지요. 가시려면 말씀이라도 한마디 하고 가야지 도대체 이게 무엇입니까? 하고. 그때 소천 큰스님 말씀이 총무가 원래 잘하니까 회장이 없어도 잘 할거라고 말하더라는 것입니다. 어쨌든 저한테 대각회의 짐이 통째로 맡겨진 것이지요.

나중에 이야기를 들으니까 큰스님이 그 당시 폐결핵이 크게 악화되어 상당히 위험했다고 해요. 지금은 폐결핵이 드물지만 그때는 폐결핵이 많았어요. 큰스님을 뵌 분들은 아시겠지만 한쪽 어깨가 조금 기울어져 있는데, 그것이 폐결핵 때문이에요. 그 무서운 폐결핵으로 큰스님은 죽느냐 사느냐의 기로에 서 있었던 것이죠. 그때, 큰스님께서는 홀로 남해의 토굴로 가서 죽음과 맞섰고, 병과 맞섰던 것입니다. 아니 기도를 통해 병 없는 곳을 찾았던 것이라고 봅니다. 병이 어쩌지 못하는 무병지(無病地)의 참 소식을 찾아, 모든 것을 부처님께 맡기고 더 열렬히 기도하기 위해 서울을 떠났던 것입니다. 그랬으니 차일피일 할 수 없었던 것은 당연지사 아니었겠어요. 매우 급했던 것이지요. 폐결핵으로 인해 세상을 하직해야 할지도 모를 위험한 상황이었으니 표연히 떠날 수밖에 없었다고 봅니다. 여기서 우리가 한 번 생각해야 할 것은 웬만한 사람들은 몸이 아프면 시골에 있다가도 의료시설이 좋은 서울로 오는데, 우리 큰스님은 오히려 서울에 있다가 빈한한 남해 바닷가로 가셨다는 점입니다.

총무 만나고, 회원들 만나고, 인사하고, 송별식하고, 그럴 시간도 없었을 테고, 그럴 필요도 없었던 일이었다고 봅니다. 이제 다 지난 뒤에 생각해 보면 그 당시 큰스님 입장에서는 만난다, 헤어진다는 것이 번거롭고 불필요한 일이었다는 것을 알 수 있어요. 그래서 총무가 다 잘 할거라는 믿음 하나로, 그런 절차를 모두 생략하고 홀연히 바닷가로 가셨다고 봐요.

이 이야기도 나중에 들었는데, 그때 큰스님은 남해로 내려가서 목숨걸고 공부하셨답니다. 그야말로 조그만 토굴에서 '신묘장구대다라니' 주력기도를 하는데 하루에 4천 독씩을 했다고 해요. 아마 여기도 신묘장구대다라니 기도하신 분들 계시겠지만, 계산상으로 하면 하루 일천 독은 가능합니다. 저는 반야심경 천 독은 많이 해봤어도 신묘장구대다라니는 못 해봤습니다. 그런데 큰스님은 신묘장구대다라니를 하루에 4천 독씩 했어요. 4천 독이면 보통 사람들에게는 도저히 불가능한 일이지요. 결코 가능하지 않은 일이에요.

뒷날 큰스님께, 어떻게 하루에 신묘장구대다라니 4천 독을 했습니까? 하고 물었더니, 저에게 금강경을 많이 읽지 않느냐고 하세요. 사실 금강경은 지금도 계속해서 읽고 있습니다. 약 10분이면 한 독을 마쳐요. 한문으로 된 금강경 말입니다. 큰스님께서 저한테 하시는 말씀이 김 총무가 금강경을 하루에 10독, 30독, 50독씩 읽듯이 나도 그렇게 했다고 하세요.

저는 속으로 우리 큰스님이 하루에 신묘장구대다라니를 4천 독씩 하니 아무리 무서운 폐결핵이라고 하더라도 지가 안 떨어지고 배길 수 있나? 하고 생각했어요. 그 무섭고 지긋지긋하던 폐결핵이 목숨 건 정진력에 그만 딱 떨어져 버렸던 것이지요. 폐결핵이 큰스님의 몸에서 감쪽같이 사라져 버렸습니다.

훗날 큰스님께서 입적하시자 어떤 사람들은 의아심을 품기도 했어요. 큰스님께서는 그렇게 공부를 많이 하셨는데 왜 단명으로 끝났느냐? 하고 나에게 질문을 해 왔어요. 저는 그분에게 말했지요. 만약에 큰스님께서 출가하여 정진하지 않았다면 젊은 나이에 벌써 돌아가셨을 것이라고 대답했어요. 사실 큰스님께서는 불같이 뜨거운 신심으로 무서운 정진을 하셨기에 일흔을 넘긴 것입니다. 어릴 때부터 허약한 몸이었고, 자라면서 폐결핵을 앓았으며, 그 뒤에 위나 담낭의 절개 등 연이은 병고에 다른 사람들 같았으면 젊은 나이에 요절할 상태였어요. 그런 큰스님의 몸으로 칠십은 또 하나의 신통기적이지요. 큰스님의 신통기적 말입니다. 무엇인지 다 알지요. 종단 일과 학교 일과 불광 일 말입니다.

7. 부처님을 몰라보았듯

제가 머리 깎은 뒤, 이렇게 길을 가면 저를 보고 광덕스님이라고 쫓아오는 사람이 있어요. 왜냐하면 우리 불교계에서는 광덕스님과 김경만(한탑)이는 한 몸이라고 보지, 따로 보지 않는다는 증거이지요. 그러니깐 나를 보고 광덕스님이라고 쫓아오는 사람도 있었다는 것이지요. 결국 그렇게 가까우니까 저에게 광덕스님 폄하하는 말을 하는 거예요. 이미 앞에서도 이야기한 바와 같이 그렇게 불교공부 많이 한 분이 왜 그렇게 일찍 세상을 떠났느냐?인데 저는 한결같이 대답하기를 만약 딴 사람이 광덕스님처럼 병이 많았다면 벌써 돌아가셨을 것이다, 광덕스님이나 되니까 일흔을 넘긴 것이다, 즉 신묘장구대다라니 4천 독을 하실 수 있는 정진력으로 병을 극복하고 큰 일을 해 내신 분이라고 말하지요.

앞에서도 말씀드렸지만 여러분 중에서도 다라니 주력을 해보신 분이 있지요. 108독을 하려면 1시간 좀 넘게 걸려요. 1시간 10분 내지 20분 정도 걸립니다. 그렇죠? 그렇게 일천 독을 한다고 하면 시간이 어떻게 됩니까? 일천 독만 하더라도 시간상으로 쉬지 않고 꼬박 11시간 내지 12시간 됩니다. 그런데 일천 독이 아닌 4천 독이면 혀가 어떻게 돌아가는지 아세요. 그러니까 자신을 완전히 내던져야 하루에 다라니 4천 독이 이루어집니다. 그것은 대단한 일이지요. 도인의 경지가 아니면 넘볼 수 없는 일이에요. 결코 아무나 그런 경지에 저절로 도달하는 것이 아니지요. 어림도 없어요.

큰스님께서는 자신의 한계를 뛰어넘어 부처님 원력으로, 즉 부처님 생명으로 살았다는 이야기여요. 그런 힘으로 불사를 하고 불사를 이루고 원력을 성취해 간 것입니다. 저는 큰스님 일흔 셋의 한평생을 한결같이 다라니 삼매로 사셨다고 봅니다. 또한 그 힘으로 폐결핵도 나았고, 불사도 이루었고, 한국불교의 새 물줄기도 형성했고요. 참으로 놀라운 일입니다. 어쩌면 사람의 힘이 아닌 듯할 정도였어요.

큰스님께서는 그 후 대각사에 계시다가 서울대학병원에 입원을 하셨어요. 그 소식을 전해 듣고 허둥지둥 달려가 보니까 위를 거의 다 잘라내다시피 했어요. 그래서 큰스님께서는 평생동안 성상적인 사람의 위보다 4분의 1 정도밖에 안 되는 크기로 살았습니다. 어쨌든 큰스님께서는 폐결핵도 앓았고 위도 잘랐고 담낭도 없어요.

그런 몸으로 종단 일, 동국학원 일, 불광 일 등등. 건강한 사람도 감당할 수 없었던 웅대한 대작불사, 한국불교 새 물줄기의 시대적 불사를 원만히 성취한 것을 보면, 대단하다느니 놀랍다느니 하는 말도 오히려 사치예요. 그렇게 살 수 있었던 것은 전적으로 위법망구와 보살 헌신의 원력과 뜨거운 신심, 용맹정진의 힘이었지요.

다시 앞의 대각회 이야기로 돌아갑니다. 큰스님께서 대각회 중심에 서서 왕성하게 활동하시다가 남해로 가는 바람에 부득불 새 회장을 뽑아야 했습니다. 여러분들도 잘 아시는 '사명대사'라는 소설을 쓴 법운거사 이종익 박사님을 새로운 회장으로 모셨어요. 저는 역시 총무로 대각회 심부름을 했고요.

한참 세월이 지난 뒤, 큰스님께서는 남해 토굴생활을 마치고 범어사에서 생활하고 계셨습니다. 그때 전 범어사에 가보진 못했는데, 다녀온 사람들의 이야기를 들으니까 큰스님의 범어사 소임이 참 재미있었어요. 열중(悅衆)이라는 이름을 띤 직책이었어요. 열중은 모든 대중을 기쁘게 해주는 소임이라는 뜻이었어요. 사내의 모든 대중을 기쁘게 하는 직책을 가진 스님이, 바로 우리 큰스님이었다는 말입니다.

범어사 대중 가운데 개인적인 고민이 있거나, 공부에 장애가 있거나, 사회적으로 괴로운 일이 있을 때, 큰스님을 만나면 해결된다는 것입니다. 대중 각자의 개인적인 일에서부터 심지어 동사무소 호적이나 병적 사항까지도 큰스님이 앞장서서 해결해 주었다고 해요. 저는 다른 곳에서는 이런 직책을 보지 못했어요. 다른 절에서는 열중이란 말조차 없는 것 같았어요. 형제 여러분, 잘 생각해 보세요. 그 당시 범어사 대중들이 얼마나 큰스님을 좋아했겠습니까? '광덕스님 최고다' 라는 말이 저절로 이구동성으로 튀어나왔겠지요. 이와 같은 보현행자 광덕스님은 우리 시대의 훌륭한 어른이었고 뛰어난 선지식이셨습니다.

그 후 어느 날, 서울 인사동 거리를 무심히 지나가다가 문득 큰스님을 뵈었어요. 참 오랜만이었지요. 반가워서 한달음에 달려가 인사를 드렸더니 큰스님께서도 무척 반가워하셨어요. 서로 인사를 하고 근황을 여쭈었더니 큰스님께서는 관재구설(官災口舌)에 쫓겨 서울에 오셨다고 해요. 저는 깜짝 놀라, "관재구설이라니요! 그것이 도대체 무슨 말씀입니까?" 하고 재차 물었더니, 큰스님께서 "그럼 우리 차나 한 잔 하면서 이야기합시다"라고 하세요.

찻잔을 앞에 놓고 저는 다시 정색을 하고 관재구설이 무엇이냐고 여쭈었지요. 그랬더니 큰스님 말씀이 "아, 글쎄 범어사 대중들이 주지를 뽑는데 나한테 주지 맡으라고 하지 않겠어요. 그래서 어마 뜨거워라 하고 도망 나왔다"는 거예요. 이 일 역시 요즘 형편으로는 이해할 수 없는 점이지요. 어쩌면 주지를 서로 하려고 애를 쓰고 노력을 할 텐데 우리 큰스님께서는 한사코 주지를 안 하려고 애를 쓰고 노력하셨으니 말입니다. 다 듣고 난 저는 그때서야 웃음이 나왔습니다.

사실 길거리에서 관재구설이라는 말씀을 처음 들었을 때는 매우 걱정을 했지요. 그러나 큰스님으로부터 설명을 듣고 나니 마치 비 그친 뒤 햇빛 나듯이 참 상쾌했어요. 그리고 큰스님의 표현이 참 재미있지 않습니까. 요즈음은 주지 서로 차지하려고 야단법석을 떨고 심지어는 차마 못할 짓도 서슴없이 하는데, 우리 큰스님은 주지를 관재구설이라고 말씀하시니, 이 얼마나 재미있습니까.

후세의 사표가 된다거나 교훈이 된다는 것은, 말이 아닌 행을 통해서만 가능하다는 사실을, 큰스님의 행적을 보며 다시 느끼게 됩니다. 요즈음 공부보다 주지하려고 애쓰는 스님들이 있다면 이런 이야기를 한 번쯤 꼭 들어봐야 하지 않을까 해요.

　그 후 큰스님께서는 봉은사 주지를 하셨는데, 지금의 봉은사는 자동차로 쉽게 가지만, 그때는 뚝섬에서 배도 타고 차도 타고 걷기도 해야 하는 머나먼 길이었습니다. 거기에 주지로 계시면서 '한국대학생불교연합회'를 구성했는데 그 모체 역시 대각회였습니다. 우리 큰스님께서 만드셨던 대각회가 사실은 우리 나라 불교운동의 산실이었다고 해도 과언이 아닙니다. 그때 참여했던 저나 다른 회원들이 말을 하지 않고, 또 글을 써서 발표하거나 기록으로 남기지 않아서 오늘날 다른 사람들이 잘 모를 뿐이지만 사실은 대각회가 불교계 전체나 우리 종단에 중요한 계기를 만들었어요.

　우리 나라 불교운동의 대표격인 대한불교청년회나 한국대학생불교연합회가 대각회를 통해 탄생된 것이나 다름없지요. 그때 대각회 인재들이 커 나가서 폭넓은 활동들을 했던 것입니다. 대불련에 구도부가 있었는데 거기에 앞장섰던 분들이 동국대학교 교수로 있던 박성배 교수였어요. 박성배 교수의 형님 되시는 분이 박성관 씨라고 문교부에 사무관으로 계셨지요. 그분도 우리 대각회의 멤버였습니다. 그분은 나중에 출가해서 정조스님이 되었습니다. 경기도 안성 석남사 주지로 계시다가 얼마 전에 입적하셨어요. 당시에 정부 중앙부처의 사무관은 꽤 높은 직책이었지요. 지금은 많이 달라졌지만 그 당시는 군수가 사무관일 때입니다. 그분은 문교부 사무관으로 있으면서 우리 대각회 간부를 지냈어요. 그분의 동생이 바로 박성배 교수이시고, 최근에 『깨침과 깨달음』이라는 책을 출간하여 화제가 되고 있습니다. 저도 읽어보았습니다만 여러분들도 꼭 한 번 읽어보시기 바랍니다. 내용이 충실하고 참 좋은 책입니다. 불교 공부하는 데 많은 도움이 되리라 봅니다. 대불련 구도부는 바로 그분을 지도교수로 모셨지요. 박성배 교수도 큰스님을 굉장히 따르던 분입니다. 주지

스님의 이야기를 들으니 박 교수님도 큰스님과의 인연 이야기를 쓰신다고 하더군요.

박 교수님은 대불련 지도교수로 봉은사에서 학생들에게 보현행원을 가르쳤습니다. 학생들을 행원사상으로 무장시키기 위해 많은 노력을 쏟았어요. 그때의 학생들은 낮에는 학교 가서 각자 공부하고 저녁에는 봉은사로 돌아와 출가자들처럼 수행했지요. 구도부 대학생들은 봉은사에서 보현행원을 공부하고 기도하고 참선 정진하는 전대미문(前代未聞)의 일들을 시작한 것입니다.

우리가 여기서 보는 바와 같이 큰스님의 관심은 머리 깎은 출가 불교만이 아니었어요. 즉 특수한 계층만을 위한 불교가 아니라, 일반 사회사람들이 불교를 믿어야 하고 그러자면 지도자가 있어야 한다는 판단으로, 일찍부터 젊은 인재를 양성하셨지요. 큰스님은 그런 원대한 목표로 대불련을 이끌고 나가셨어요.

그 당시 분위기는 참으로 굉장했어요. 부처님에 대한 열렬한 신심은 지성인들의 삶을 무척 뜨겁게 만들었습니다. 그것은 행동불교를 말했지요. 박성배 교수님 같은 분은 머리 깎고 출가를 할 정도였으니까요. 지금은 하산하여 미국에서 저명한 학자로 활약하고 계시지만 해인사 백련암 성철 큰스님의 상좌가 되어 원조(圓照)스님으로 수행했었습니다. 박 교수님이 원조스님으로 백련암에 계실 때, 저더러 얼른 백련암으로 오라고 해서 그 덕분에 저도 성철 큰스님 문하에서 공부를 한 적이 있습니다. 그때 성철 큰스님께서 저를 아주 대견하게 여겨 주셨어요. 저의 기사 불명이 칠오(徹悟)였는데 성철 큰스님께서 당신의 이름 한 자를 따서 지어 주셨던 것입니다. 제가 백련암에서 공부를 하고 있을 적에 우리 큰스님은 총무원 총무국장을 맡으셨습니다.

저는 큰스님께서 총무국장을 맡으셨기에 무심코 '축하합니다'라고 인사를 드렸더니 큰스님께서 대답하시기를 아니 딴사람이 그렇게 말하면 몰라도 어떻게 철오거사님이 축하한다고 하느냐는 것입니다. '앞으로 고생이 많겠습니다'라고 말해야 되는 것 아니냐고 했어요.

8. 원력(願力)은 산과 바다 같고

큰스님이 우리 종단 총무원에 들어가서 참으로 많은 일을 하셨어요. 종단의 기틀을 다 형성했지요. 종헌, 종법, 율령, 조례, 규칙 등등. 어느 것 하나에도 큰스님 손이 닿지 않는 것이 없었어요. 사실 아는 사람은 다 아는 일이지만 그때까지 종단의 행정이 엉망이라고 할 정도였어요. 우리끼리 하는 이야기지만 만약 조계종에 큰스님이 계시지 않았다면 오늘의 조계종이 어떻게 되었을까는 아무도 모를 일이지요.

종단의 여러 일들, 동국학원의 여러 일들, 심지어는 「불교신문」에 관한 일들까지 큰스님의 손길이 미치지 않는 곳이 거의 없었다는 것은 유찬거사 박경훈 씨의 증언기록을 통해서도 이미 밝혀졌지만 말입니다. 그 당시 「불교신문」이 운영 난에 봉착했는데 모 회사의 간부로 있던 저에게 경제적인 후원을 부탁해 오셨습니다. 그때 제 힘이 거기까지는 미치지 않아 후원하지 못했습니다. 결국 덕산거사 이한상 씨가 등장하여 그의 장한 신심으로 「불교신문」이 오늘의 모습으로 발전하는 데 초석이 되게 했습니다. 그러한 것을 오늘날 우리 조계종 스님들이 잊어버리거나 지나갔다고 하여 소홀히 해서는 안 된다고 봅니다. 특히 이한상 씨의 공로는 조계종 이름으로 공덕비라도 세워야 한다고 생각합니다.

종단에 불멸의 업적을 남기신 큰스님께서는 종단에만 머무르지 않으시고 다시 서원을 세워 새로운 대중포교운동에 몸을 던졌습니다. 그것이 바로 「불광」지의 출현이지요. 그러나 이 이야기를 하기 전에 짚고 넘어가야 할 일이 있습니다. 큰스님께서 불광지를 내기 전 저에게 만나자고 연락을 하셨어요. 찾아뵈었더니 월간지 말씀과 새로운 불교운동 이야기를 하셔요. 저는 큰스님의 말씀을 듣고는 새로운 불교운동의 순서에 대해 제 의견을 말씀드렸어요. 큰스님께서 새로운 수행단체를 결성하시기 전에 이미 있는 대각회를 활용하는 것이 어떻겠습니까?

9. 어른을 모시는 자세

그때는 우리의 신앙 중심이었던 대각회가 원각회로 바뀐 때였습니다. 부득이하게 개명했습니다. 그 이유는 재단법인 대각회가 새로 생겨났기 때문이었습니다. 새로 생긴 재단법인 대각회는 용성조사의 문도들이 조사의 높은 뜻을 받들기 위해 설립한 법인체였습니다. 문도들이 가지고 있는 절을 한데 묶어서 재단법인을 만든다면 재산 충당도 어렵지 않고 또한 조사의 사상을 항구적으로 발전시킬 수도 있기 때문이었다고 했습니다. 이에 대해 큰스님께서 저에게 말씀하시기를 용성조사의 문도들이 모여서 의논하기를 조사의 뜻을 길이 받들기 위해서 종단 내의 별도 단체로 대각회를 만들기로 결의하고 착수했다고 했어요. 하필이면 왜 대각회라는 이름이냐고 제가 여쭈었더니만 큰스님의 대답이 우선 조사께서 일찍이 서울 봉익동에 세운

절도 대각사이고 또한 조사의 사상을 대각사상이라고 일컫기 때문이라고 했습니다.

그래서 1956년, 큰스님이 창립한 수행단체 대각회와 재단법인 대각회는 같은 이름으로 대한불교조계종 안에 적을 둔 것입니다. 본의 아니게 대각회라는 이름이 두 개나 되었습니다. 이래서는 안 되겠다 싶어서, 회장인 제가 그 당시 우리 대각회 총재이셨던 청담 큰스님을 뵙고 이 사실을 말씀드렸더니 대각회에서 '대'자를 '원'자로 바꾸자고 하셔요. 그래서 우리 회는 이름을 '원각회'로 바꾼 것입니다.

바로 원각회라는 이름으로 활동하고 있을 때 큰스님께서 불광지(새 물줄기운동)를 내겠다고 저를 불렀던 것입니다. 그리고 이왕 잡지를 내실 거면 대중법회도 같이 하셔야 좋지 않겠느냐고 말씀드렸고, 그렇다면 원각회를 큰스님께 돌려드릴 테니까 인수하시라고 했어요. 저는 원각회를 만든 분이 큰스님이셨기에 아무런 부담 없이 그런 이야기를 할 수 있었어요. 그때 원각회의 명예총재가 성철 큰스님이셨고 총재는 석주 큰스님이셨으며, 회장은 저였어요. 원각회에서 모시고 있던 어른들께서도 큰스님을 무척 위하셨던 분들이셨기에 저의 그런 제안이 가능했던 것입니다. 그래서 저는 큰스님께 원각회를 인수하시라고 말씀드렸던 것이지요.

그렇지만 큰스님 입장에서는 맡기가 쉽지 않았던 것 같았어요. 명예총재와 총재가 모두 문중의 어른들이시니까 오히려 그 점이 더 조심스러웠던 것 같습니다. 회장인 저의 입장과는 사뭇 달랐던 것입니다. 저는 제가 원각회 회장을 그만둘 터이니, 원각회 회장을 새로 뽑아서 큰스님께서 같이 이끌어가라는 뜻을 밝혔습니다. 왜냐하면 원각회도 큰스님께서 만드셨던 단체였으니까요. 그러나 어른을 모시고 배려하는 큰스님은 당신 자신이 만든 모임이었지만 결코 함부로 하지 않았어요.

나중에 불광법회를 창립하시고 그 회장까지 제게 맡기시니 그만 두려고 했던 원각회장이나 새로 창립한 불광법회 회장직까지 함께 떠맡았습니다. 좋게 말하면 큰스님과 저는 그만큼 인연이 깊었던 것이지요. 제가 회장 된 이야기는 조금 더 가서 언급하겠습니다만, 일이 이러하니 할 수 없이 큰스님과 저는 두 법회를 나란히 이끌어갔어요. 그 단적인 예가 법회 날짜 조정이었어요. 원각회 법회가 매주 수요일과 일요일이었기 때문에 불광법회 법회는 매주 목요일로 했어요. 중복을 피하기 위해 그렇게 택한 것입니다. 불광법회를 매주 목요일 저녁, 대각사에서 하는데 큰스님과 제가 설법을 번갈아 가며 담당했지요. 송석구 교수도 설법을 하였지만 그것은 조금 나중 일이었습니다.

이렇게 하여 불광법회가 등장했고, 그것은 쑥쑥 성장해 갔습니다. 당사자들인 우리들도 깜짝 놀랄 정도였어요. 이미 많은 분들이 이 부분은 언급했기에 저는 그냥 지나가기로 하겠습니다. 그런데 저에게 불광법회 회장자리를 맡기셨습니다. 사실은 원각회 회장자리도 그만둬야겠다고 생각하고 있던 참이었는데, 오히려 회장자리가 하나 더 보태졌지요. 참으로 과분한 영예를 안은 것입니다. 제 개인 입장에서는 혹 떼려다가 혹을 붙인 격이 되었다고나 할까요. 아무튼 그로부터 20여 년을 큰스님 모시고 지냈습니다.

10. 보현행자

여기서 큰스님의 드러나지 않는 일화 하나 더 말씀드리겠습니다.

불광법회가 창립되기 전의 일인데 제가 큰스님께 "원각회에 오셔서 설법을 좀 해 주십시오" 하고 청을 했어요. 그랬더니 큰스님께서 마치 기다렸다는 듯이 흔쾌히 응낙을 하시는 거예요. 그렇지 않아도 내가 원각회에 가서 할 이야기가 있었는데, 하시면서 말입니다. 저는 무슨 영문인지 몰랐어요. 법회 날이 되어서 큰스님께서 원각회로 오셨습니다. 법문을 하시는데 제일 먼저 하는 말씀이 내가 법문을 하기 전에 여기 김 회장님께 공개적으로 두 가지 일을 사죄할 게 있다고 하세요. 저는 더더욱 어리둥절했지요.

그 두 가지 중에 하나는 당신이 대각회 회장을 하시고 제가 총무를 할 때, 사전에 한마디 의논이나 이야기도 없이 자신의 건강 때문에 남해로 갔는데, 그때 그 일을 하나도 탓하지 않고 오히려 대각회를 잘 발전시켜 오늘의 원각회로 크게 키웠다는 것이었습니다. 덧붙여 원각회는 우리 조계종에서 가장 큰 단체가 되었는데 지난날을 생각하면 김회장님께 고맙기도 하고 미안하기도 하다는 것이었습니다. 또 하나는 용성조사 문도들의 뜻으로 재단법인 대각회를 새로 만들었을 때, 사전에 김 회장님과 명칭에 대해 의논했어야 하는데 미리 의논하지 못했던 것을 사과한다고 했습니다. 그러시면서 자신이 소홀했음에도 불구하고 김회장님은 아무런 말씀도 않으시고 오래된 대각회를 원각회로 선뜻 이름을 바꾸어 주어 당신의 입장과 체면을 세워 주었다는 것이었어요. 그래서 이 두 가지를 원각회 회원들이 있는 가운데 김회장님께 사과하고 싶었다는 것이었어요.

제가 지금 말은 이렇게 쉽게 하지만 결코 쉬운 일이 아닙니다. 그리고 누구나 할 수 있는 흔한 일도 아니지요. 여러 대중들 앞에서 '나 잘못했다'라고 말하기도 쉽지 않지만, 그 당시만 해도 우리 재가 불자들은 스님들이 하시는 일에 대해 뭐라고 요구하거나 토를 달 수 있는 때가 아니었거든요. 그냥 아무 말 없이 넘어가면 끝나는 일이었어요. 저는 큰스님의 말씀을 들으면서 속으로 감탄했습니다. 이거 참 아무나 할 수 있는 일이 아닌데 과연 훌륭하신 분이구나! 하고 말입니다. 그 순간 큰스님의 인품이 뛰어나다는 것을 다시 한 번 확인했지요.

11. 두 가지 큰 가르침

여러분들께서 불광수행을 통해 잘 아시는 바와 같이 우리 큰스님의 사상운동은 우리들에게나 한국 불교도들에게 여러 가지 의미가 있습니다. 그 중에서 가장 중요한 것은 마하반야바라밀 법문과 구국구세 법문을 열어 주신 것입니다. 물론 구국구세 법문도 마하반야바라밀 법문에서 비롯되었겠지만 우리가 듣기에는 구국구세 법문으로 따로 들릴 정도로 독특합니다. 그 법문은 조국에 대한 애국심과 세계 평화입니다. 큰스님의 이 두 가지 법문은 다른 스님들한테는 일절 들어볼 수 없는 것이지요. 그 당시 다른 스님들을 만나면 거의가 '이뭣고'라는 말밖에 안 나옵니다. 천편일률이라는 말이 있듯이 어쩌면 그렇게 이구동성인지 몰라요.

아무튼 나라에 대한 은혜나 세계 평화에 대한 이야기를 우리 큰스님처럼 고구정녕하게 하시는 분을 못 봤습니다. 여러분들은 그런 스님들을 만나보셨는지 몰라도 저는 줄곧 관심을 갖고 찾아보았어도 아직 만나지 못했습니다. 우리 큰스님은 그 점에 있어서 매우 투철하신 분이었어요. 큰스님 당신께서 한글로 번역하신 금강경이나 보현행원품 등, 여러 역·저서를 살펴보면 거기에 발원문이 있는데, 그

속에 구국구세의 뜻이 반드시 담겨 있습니다. 나의 조국 대한민국이 평화통일 이루어지게 하옵소서라는 말로부터 세계 평화에 이르기까지 죽 이어져서 한 타래로 나옵니다. 제가 과문한 탓인지 다른 사람들의 책이나 발원문에서는 그런 대문을 아직 본 적이 없어요.

큰스님께서는 회장인 저에게도 나라에 대한 애국심과 세계 평화를 줄곧 이야기하셨어요. 제가 한때는 돈을 좀 번 적이 있었어요. 그때 큰스님께서 말씀하시길 우리 김 회장님이 돈 벌면 그 돈으로 세계 평화운동 하자, 우리 둘이서 불법으로 세계 평화운동에 헌신하자고 늘 강조하셨습니다. 우리 조국 대한민국이 평화통일 이루는 것과 세계 평화운동에 대한 염원이 큰스님의 마음속에 항상 간직되어 있었습니다. 그러한 구국구세를 크게 보면 남북 평화통일과 세계 평화운동인데 그것은 마하반야바라밀과 직접 통하는 거지요.

큰스님의 가장 중요한 업적은 우리들에게 마하반야바라밀 신앙을 알려 주신 것입니다. 사실 큰스님이 아니더라도 마하반야바라밀 신앙은 우리 나라에 당연히 보급되었어야 하고 이미 널리 퍼져 있어야 할 아주 중요한 불교의 핵심입니다. 그런데도 큰스님께서 본격적으로 마하반야바라밀 운동을 펼칠 때까지는 거의 모르고 있었어요. 그러니까 한국의 불자들이 마하반야바라밀이 무엇인지 모르고 지냈던 것이지요. 그런 점은 스님들이나 신도들, 모두 마찬가지였어요.

저도 처음 큰스님으로부터 마하반야바라밀, 바라밀 신앙이라는 말씀을 듣고 바라밀 신앙은 단지 육바라밀 신앙 아닙니까? 하고 대답했을 정도였어요. 여러분도 육바라밀 잘 아시지요. 보시, 지계, 인욕, 선정, 정진, 지혜 말입니다. 저는 겨우 바라밀에 대해 상식 정도의 이해 수준이었어요. 그때 큰스님께서 우리 김 회장님이 아직 마하반야바라밀 신앙에 대해 깊이 생각하지 않으셨군요 하셨어요. 큰스님은 바라밀행도 중요하지만 바라밀행보다는 바라밀 신앙이 더 중요하다고 하셨는데, 큰스님의 이야기를 쭉 들어보니까 아, 글쎄 그 말씀이 맞아요. 그래서 저는 그때부터 적극적으로 큰스님의 사상운동에 동참했습니다.

석가모니 부처님께서 우리에게 남겨 주신 법문이 한량없이 많지요. 8만 4천 법문이라고 하여 중생의 근기 따라 설하셨기에 다 헤아릴 수도 없습니다. 그렇지만 부처님의 모든 법문을 한마디로 줄인다면 '마하반야바라밀'입니다. 즉 우리 나라 해인사에 모셔진 팔만대장경을 한마디로 표현하라고 하면 바로 일곱 글자, 마하반야바라밀입니다.

모든 종교가 다 구원을 이야기하니까 불교도 당연히 구원을 얘기합니다만 불교의 구원은 다른 종교처럼 여기 있다가 저기 어디 먼 곳으로 간다거나 강제로 이주라도 시켜서 구원하는 것이 아니라는 사실입니다. 절대로 그런 것이 아닙니다. 그렇다면 불교의 구원은 무엇입니까? 예, 이미 있는 그 자리에서 벌써 구원되었다는 것이지요. 이 사실을 알려 주는 것, 그것 밖에 다른 것은 없어요. 이 엄연한 사실 밖에 따로 부처님 가르침은 없습니다.

모두 아는 바와 같이 부처님 당시 법문에도 나오고 그 후에 많은 조사들이 인용했던 내용입니다만, 부처님 당시 연야달따라는 미남자가 있었답니다. 그런데 그 미남자는 아침마다 거울을 보면서 화장을 하는데 걱정이 되는 것이었어요. '아이구 내 얼굴이 이렇게 잘생겼는데 남들이 탐내어 내가 잠들었을 때 몰래 머리를 베어 가면 어떻게 할까!'라고 말입니다. 그런 걱정을 하고 지내다가 어느 날 아침에 일어나서 거울을 보니까, 아 거울 속에 있어야 할 자기 얼굴이 보이지 않더라는 것입니다. 그때부터 울고불고 야단이 났습니다. 염려했던 대로 자기의 얼굴이 너무 잘생겨서 탐내는 사람이 많더니만 드디어 지난밤 곤히 잠든 사이에 누군가가 자기 머리를 베어갔다는 것이지요. "아, 내 머리를 잃어버렸다. 내 머리를 찾아야 되겠다" 하며 동네가 떠나가라고 소리쳐 울고불고 야단을 쳤다는 것입니다. 그런데 동네 사람들이 보니까 우습기 그지없어요. 머리를 달고 다니면서 머리가 없다고 소리를 지르니 말입니다. "야, 이 사람아 자네 머리가 어디 없어졌어. 그대로 붙어 있는데 왜 그래. 자네 말이야 잘 생각해 봐, 머리가 없어졌다면 눈은 어디에 붙어 있는 거야? 그리고 머리 없어졌다고 아우성치는 그 주둥이는 또 어디 붙어 있느냐 말이야?" 이렇게 깨우쳐 주어도 연야달따는 알아듣지 못하고 마냥 고집을 부리고 있는 거예요. "아니, 뭐라고? 머리가 안 없어지긴 왜 안 없어져. 내 두 눈으로 없어진 것을 똑똑하게 보았는데도 안 없어졌단 말이야" 하면서, 자꾸만 우기는 거예요. 그리고는 계속 온 동네를 울고불고 돌아다니는 것이지요. 그러다가 지쳐서 집에 돌아와 잃어버린 자기 얼굴이 그립다며 하던 버릇대로 다시 거울을 들여다보았어요. 아, 글쎄 이번에는 머리가 그대로 붙어 있는 것이 아니겠어요. 거울 속에 분명히 자신의 얼굴이 그대로 나타났거든요.

연야달따가 처음에는 거울을 잘못 본 것이었어요. 즉 거울 뒤쪽을 본 것이에요. 그러니 얼굴이 있나요. 거울 뒤쪽을 보고는 자기 얼굴이 없어졌다고 아우성치는 사람에게 어떻게 머리를 찾아 줍니까. 다른 머리를 또 하나 붙여 줍니까. 그래서 두상가상(頭上加上)이라는 말이 나왔죠. 우리 불교 집안에서 쓰는 말인데 머리 위에다 머리 하나 더 붙여 준다는 뜻입니다.

지금 우리는 이런 식으로 나는 중생, 너도 중생, 중생이요, 중생이요 하면서 우기며 살고 있죠. 그 중생, 중생이라고 우기는 것이 마치 연야달따가 머리 없어졌다고 울며불며 다니는 것과 같다는 말입니다. 제 이야기를 듣고 우리는 아니라고 하겠지요. 연야달따가 우기고 있는 것과 똑같아요. 아무리 아니라고 해도 스스로 중생입니다. 사주 보고 관상 보고 요행수 바라며 사는 것은 바로 중생이라는 사실을 증명하는 것이나 같아요. 저는 신도들에게 그런 것 보지 말라고 해요. 그러면 신도들은 당장 이렇게 항의조로 말합니다. "아이고, 스님들이야 먹을 것 걱정합니까? 입을 것 걱정합니까? 자식 키우는 것을 걱정합니까? 도대체 무슨 걱정이 있습니까? 그렇지만 우리네는 세상을 살려면 답답한 것이 너무나 많아요. 그러니까 어떻게 해요, 여기저기 물어봐야지요."

저도 그 말에 지지 않고 소리 지릅니다. 참, 물어보긴 뭘 물어봐요. 무조건 물어보지 말라는 데도 그래요. 그렇다면 물어보러 갈 때 보살님의 마음자세는 대관절 어떻습니까? 보살님 마음에서 제일 먼저 튀어나오는 생각을 핀셋으로 콕 집어낸다면 무엇이겠어요. 나는 중생이요 하는 생각 아닐까요. 나는 중생이요, 나는 중생이요 하는 생각을 강화시키는 것이 사주팔자 보는 것이고 얼굴 내밀고 관상 보는 것이지요. 벌써 집에서 사주팔자 보러 가야겠다고 한 생각 일으켰을 때, 나는 중생이요 하고 외우는 것이나 마찬가지에요. 그러니 그런 것 보고 아무리 달콤한 말을 들었다고 해도 평생 중생 노릇밖에 못하는 거죠. 그렇기 때문에 우리 불교에서는 사주팔자 보면 안 된다는 것입니다 오늘 법사가 이야기했는데도 나는 중생이요 한다면 이렇게 좋은 이야기가 무슨 소용이 있겠습니까? 아니 부처님의 말씀인들 어디다 쓰겠습니까?

그런데 이런 이야기를 들으며 고개를 끄덕여 그렇다고 해놓고 누가 와서 "세상에 너같이 못난 놈이 어디 있어?" 하고 욕하고 발로 차

면 화가 벌컥 나서 같이 욕을 하고 발길질을 하며 달려들지요. 그때
옆에 법우가 "아이고 이 사람아, 그래도 우리는 바라밀 공부한 사람
이 아니겠나, 참아야지" 한다면 바로 참아집니까? 곁에 있던 법우의
말을 듣고 "그렇지" 하고 자기 마음을 항복 받으면 스스로 중생이라
고 우기지 않는 것이지만 만약에 "아니 나도 사람인데 이런 모욕을
어떻게 참아, 도저히 참지 못해" 하면서 '너 죽고 나 죽기'로 덤빈다
면 이 사람은 스스로의 마음을 항복 받지 못한 사람이 됩니다. 다시
말하면 중생이라고 우기고 있는 것과 같다는 뜻이지요. 위에서 말한
예화의 주인공과 똑같다는 이야기입니다.

12. 오직 부처님 가르침대로

『금강경』을 보면 수보리 존자가 부처님께 이렇게 묻지 않습니까?
"후세에 이런 법문을 듣고 누가 알아들을 사람이 있겠습니까?" 부처
님이 대답하시기를 "수보리야 그가 중생이 아니며 중생 아님도 아니
고……."

　여러분, 『금강경』 많이 읽고 계시죠? 부처님이 보시기엔 중생이
중생 아니라는 거예요. 부처님께서 중생 아니라고 하셨으면 곧바로
예, 알았습니다 하고 대답해야지, 그래도 '난 중생인데'라는 생각을
해서야 되겠습니까?

　부처님이 우리에게 가르쳐 주시는 법문은 단 한 가지, '너는 중생
이 아니야, 넌 본래부터 부처야' 이것밖에 더 있겠어요. 사실 더 이상
아무것도 없어요. 이 한가지 사실 외에는 그 무엇도 없어요. 그러므
로 오직 마하반야바라밀뿐입니다. 지혜의 완성자이신 부처님이 우리

를 보셨을 적에는 결코 중생이 아닙니다. 다만 우리들이 무시 이래로 오늘날까지 스스로 중생이라고 우기고 있는 것뿐이지, 사실은 중생이 아님을 똑바로 알아야 하고 확실하게 믿어야 합니다. 우리가 부처님의 법문을 듣고 '아 내가 원래부터 중생이 아니었구나' 그렇게 알면 그만이죠. 여기 오늘 법회에 무원 김재영 법사님도 앉아 계십니다만, 저분이 쓴 『붓다의 대중견성운동』도 바로 이런 관점입니다. 법사님께서 저의 오늘 이야기를 초기 경전에서 전거를 찾아 증거한 것에 불과할 뿐이지요. 그런데도 사람들은 자꾸만 따로 깨치겠다고 해요. 깨쳐야 한다 깨쳐야 한다는 것이지요. 그렇지요, 깨치기는 깨쳐야 하겠지요. 그렇지만 깨달음이라는 목표를 어디다 둬야 합니까? 우리가 조심해야 할 것은 자칫 깨달음의 세계에 가겠다는 이야기는 깨달음의 세계와 멀리 떨어져 있다는 허무맹랑한 이야기가 될 수 있어요. 이 말은 무엇이냐 하면 나는 중생이요 하고 우기고 있는 것과 같은 맥락입니다.

새삼스럽게 깨달을 것도 아닌 본래부터 깨쳐 있음을 확인하면 되는 것입니다. 그래서 내가 부처라는 사실을 알면 되는데, 우리가 그 쉬운 것을 모르고 마냥 지금까지 중생으로 지내왔던 것입니다. 그래서 오늘날까지의 우리 불교신앙은 부처님께 자꾸만 달라고 하는 구걸 신앙이 되었어요. 부처님께 애걸복걸하는 것으로 신앙을 삼은 것이지요. 이것은 마치 기독교 신앙과 같은 차원이지요. 그들은 무엇이라고 하느냐 하면 '구하라 주실 것이요, 두드려라 열릴 것이요.' 언뜻 듣기에 참 좋은 이야기 같지만 잘 들어보면 부족한 이야기지요.

왜냐하면 제가 생각할 적에는 정말 훌륭한 부모가 계신다면 자식들이 구하기 전에 이미 다 주어요. 여기 어머니들이 많이 계신데 우리 한 번 솔직하게 생각해 봅시다. 부모님은 자식이 가출을 하면 어떻게 합니까? 가출한 아이가 집에 돌아올 때까지 마냥 다리 쭉 뻗고 기다립니까? 아니면 찾아 나섭니까? 그도 아니면 자식이 대문 앞에 나타날 때를 생각하여 '두드려라 열릴 것이다'라고 글씨를 크게 써 붙여 놓고 기다리고 있습니까?

두드리면 열어 주는 부모가 어디 있습니까? 전 잘 모르겠지만 여기 있는 엄마들은 그렇게 합니까? 가출했던 아이가 돌아와서 초인종을 누를 때까지 그저 편안하게 앉아 기다리는 그런 부모가 있을까요? 우리들의 자식이 가출해서 들어오지 않으면 대문 열고 나가 거리로 찾아 나서겠지요. 그것이 보통 사람들인 우리들의 마음이라고 봅니다.

그러니까 '두드려라 열릴 것이요' 이런 식이 아니라는 이야기지요. 두드리긴 뭘 두드려요. 두드리기 전에 벌써 문 열고 기다리는 것이 부모인데, 그렇지 않습니까? '구하라 주실 것이요' 여기 엄마들이 많이 계시지만 다섯 살짜리나 여섯 살짜리가 밖에 나가서 놀았습니다. 요즘 같은 쌀쌀한 날씨에 놀다가 들어온 아이의 얼굴이 붉어졌어요. 콧물이 줄줄 나오고 기침을 콜록콜록 합니다. 그때 아이가 엄마에게 감기 들었으니까 약 달라고 하거나 병원에 가자고 해야 병원에 데리고 갑니까? 아이가 와서 병원에 데려다 달라고 하나 안 하나 기다리는 부모 있습니까? 자식이 약 달라고 하기 전에 약 주고, 병원 가자고 하기 전에 병원 가고, 만약 약 먹지 않는다고 하면 강제로 불러다가 혓바닥을 찍어눌러서라도 먹이는 것이 부모이고 엄마지요.

부모가 자식을 사랑하는 것보다 수천 억 배 더 큰 것이 우리 부처님의 자비입니다. 부처님의 자비는 중생들이 달라고 하기 전에 이미 다 주셨어요. 따로 더 달랠 것도 없고 줄 때까지 기다릴 것도 없어요. 이미 다 주었기 때문이지요. 그런데도 우리는 지금까지 '주세요, 주세요' 하는 기복신앙에 매달려 살아왔어요. 앞에서 말씀드린 대로 구걸신앙으로만 부처님을 생각하고 대했다는 이야기입니다.

이런 때에 우리 큰스님이 출현하셔서 선언했지요. '부처님께서는 우리에게 이미 모든 것을 다 주셨다'라고 말입니다. 이것이 한국불교의 새 물줄기를 자처한 불광운동이고 '마하반야바라밀' 사상입니다. 마하반야, 마하반야는 부처님의 지혜광명인데 쉽게 이야기하자면 무한촉광의 지혜광명입니다.

13. 반야의 등불

비유해 말씀드리도록 하겠습니다. 여러분, 어둠 속은 무섭고 답답하지요. 제가 자란 우리 고향이 이곳 죽산에서 한 백 리 떨어진 장호원이라는 곳입니다. 거기서 제가 자랐는데 우리 어렸을 적에는 어른들이 도깨비 이야기를 자주 했어요. 또 우리는 그 이야기를 듣고 우리끼리 걱정하고 무서워했지요. 아무튼 그때는 도깨비가 많았어요. 동네 구석구석 도깨비가 있었고 그 도깨비는 수시로 나타나곤 했어요. 구름이 끼거나 비가 올 때면 어김없이 나타나 온 동네를 두려움에 떨게 만들었지요. 어린 우리는 그것이 마냥 걱정거리였습니다. 그런데 어른들은 뭐라고 하시느냐 하면 "도깨비 만나거든 씨름하면 안 돼. 도깨비 만나 씨름하면 큰 일 나" 하고 주의를 주시기에 "그럼 도깨비 만나서 씨름 안 하려면 어떻게 해야 합니까?" 하고 물었더니, 도깨비가 덤벼들면 얼른 불을 켜 들어야지 씨름하려고 하면 안 된다고 해요. 전 그때 그것이 무슨 뜻인가를 몰랐습니다.

그런데 어느 날 과연 도깨비를 만날 기회가 있었어요. 저보다 나이가 많은 열다섯, 여섯 살 먹은 이웃집 형과 같이 밤늦게 동네의 외진 골목을 지나가는데 그 무서운 도깨비가 우리들 앞에 슬며시 나타났어요. 도깨비가 나타났다고 생각하니 순간적으로 몸이 떨리면서 야단났구나 싶었어요. 겁이 더럭 났지요. 그때 이웃집 형이 아주 어른스럽게 걱정하지 말아라 하면서 "이럴 때는 불을 켜야 하는 법이야" 하고는 주머니에서 성냥을 꺼내 불을 탁 켰어요. 그때만 해도 밤길을 다닐 때는 비상용으로 성냥을 챙겨서 다닐 때였어요. 라이터나 플래시는 비싼 것이어서 시골에서 구하기가 어렵고 쉽게 구할 수 있는 것이 고작 성냥이었지요. 그 형이 성냥불을 탁 켜는 순간 아, 글쎄 도깨비는커녕 아무것도 없어요. 다만 버드나무 가지가 바람에 흔들흔들 하는 것이지 뭐예요.

실제로는 도깨비가 없는데 어두운 밤중에 실버들을 보고 도깨비로 착각했던 거예요. 도깨비가 없는 것인데 있는 것처럼 본 것은 어두움 때문이고 두려움 때문이었지요. 두려움을 없애는 것은 어두움을 물리치는 수밖에 없습니다. 어두움을 물리치기 위해서는 다른 것은 일절 소용없어요. 오직 광명밖에 없어요. 광명만 들이대면 칠흑같은 어둠도 일시에 사라지고 천 년이나 캄캄했던 동굴도 한순간에 대명천지가 돼요. 그때 저는 '도깨비는 본래 없는 것이로구나' 하는 것을 알았어요.

그 후 서울로 이사를 갔는데 서울에는 전깃불이 있었어요. 그때만 해도 전기가 집집마다 다 있었던 것은 아니고 부잣집에만 있었어요. 우리 집은 좀 잘 살았기에 전깃불이 있었지요. 우리 집 옆에 한 선생이라는 분이 사셨는데, 아 그분이 우리 집에 와서 걱정을 하는 거예요. 자꾸 도깨비가 나와서 살 수 없는데 어떻게 해야 할지 모르겠다고 말입니다. 그 당시 서울에도 도깨비 나오는 집이 많았습니다. 그

한 선생의 말을 들은 우리 아버지가 전기를 켜 놓으면 도깨비가 오지 못한다고 했어요. 우리 아버지는 상당한 엘리트였어요. 초등학교도 못 나온 사람들이 수두룩한 시대에 전문학교까지 나왔으니 남들이 부러워했지요. 그래서 동네에서 어려운 일이 있으면 모두 우리집에 와서 의논할 정도였습니다. 한 선생이라는 분도 아버지에게 와서 의논을 했고, 아버지는 명쾌하게 답을 했던 것입니다. 그래도 조금 미심쩍었던지 재차 다짐을 받는 거예요. "정말 전기만 놓으면 도깨비가 없어질까요" 하고 말입니다. 그 후 어느 날, 한 선생이 정종한 병을 들고 우리 집에 왔어요. 웬일인가 했더니 전기를 놓았더니과연 도깨비가 사라졌다는 것이었어요. 그 이야기를 제가 듣고는 '과연 전기가 힘이 세긴 세구나 그 고약한 도깨비를 얼씬도 못하게 하니'라고 생각했어요. 그런 인연 때문인지 커서는 한국전력에 입사하여 전기사업에 종사하기도 했습니다. 아무튼 어린 나이에 저는 그무서운 도깨비를 전기가 다 태워 죽였다고 생각했어요. 그러나 사실은 그것이 아니지요. 왜냐하면 도깨비는 원래 없었던 것이지요. 어둡기 때문에 두려움이 생겼고 그로 인해 도깨비가 있는 것처럼 착각했던 것에 불과했어요. 이런 것이 어디 도깨비뿐이겠어요. 매사가 다그렇지요. 그러니 우리가 모든 사실을 바로 보자면 어떻게 해야 합니까? 결국 광명밖에 없다는 이야기입니다. 보십시오, 지금 서울 어디에 도깨비 나오는 집이 있습니까? 서울의 수많은 집들 가운데 단한 곳도 없을 것입니다.

우리가 이 세상을 살면서 두려움도 느끼고 서로 잘 살아보겠다고생존경쟁도 하고 투쟁도 하는데 그것은 모두 고통입니다. 인간의 모든 고통은 어두움에서 오는 것임을 알아야 해요. 밝아지기만 하면고통은 저절로 사라져요. 우리는 돈 버는 일만큼 밝아지기를 노력해야 해요. 밝아지려는 노력은 인간의 본원입니다. 그리고 밝음은 진리이고 불교의 가르침입니다. 그래서 불교를 지혜의 종교라고 합니다.

그런 밝음을 말할 때, 그 단위를 촛불로 삼습니다. 촛불 하나의 밝음을 1촉광이라고 하고 촛불 육십 개의 밝음을 60촉광이라고 해요. 그 전에 우리들 가정에서 사용하던 전구의 밝기가 거의 60촉광이었어요. 그것은 촛불 육십 개의 밝기를 의미한다고 보면 됩니다. 그래서 태양을 무한 촉광이라고 말합니다.

반야 등(燈), 지혜의 가르침[智慧光明]이라는 말이 있듯이 우리 불교는 밝은 생명을 말하는 밝은 종교입니다. 그러니 불자들은 어쩌든지 밝아져야 합니다. 밝아지려는 노력이 바로 수행 정진입니다. 각자 수행 정진하여 밝음의 크기가 촛불 하나 정도가 되면 1촉이지요. 그것도 없는 것보다는 좋지요. 그래도 어두우니까 촛불 한 10개쯤 되면 10촉이 되지요. 또 100개쯤 가지면 100촉이 됩니다. 그렇게 점점 커 가는 것보다 무한 촉광의 광명을 바로 들이대면 온 우주가 남김없이 본래의 모습을 활짝 드러내는 것입니다.

그게 뭐냐 하면 바로 '마하반야바라밀'이지요. 전 이렇게 마하반야바라밀을 해석합니다. 그래서 마하반야 부처님의 진리광명, 부처님이 깨달으신 대광명, 그것을 마하반야라고 합니다. 그러기에 부처님께서 깨달으신 광명으로 살펴보니까 온 천지는 바라밀뿐이라는 거지요. 바라밀, 그러기에 바라밀이라고 하는 말은 이제부터 저 언덕에 이른다고 해석하면 안 됩니다. 대부분의 사람들이 그렇게 해석하고 있습니다만 우리 큰스님의 해석은 사뭇 달라요. 이른다가 아니라는 것입니다. 이미 이르렀다, 즉 현재 완료형입니다. 이르렀다고 하는 그것이 무엇이냐고 하면 이미 바라밀 세계에 이르러 있는 자신을 발견하는 것이지요. 이것을 극락세계라고 쉽게 이야기할 수 있는데, 극락세계는 새삼스럽게 가는 것이 아니라 극락세계에 이미 와 있다는 것을 알아차리는 것이라고 하셨어요. 이것이 마하반야바라밀이고 우리는 그 바라밀 신앙자들입니다.

우리들이 스스로 생각할 적에 나는 중생이요, 나에겐 제약이 많습니다, 난 운명이나 환경에 지배를 받고 있습니다, 도저히 어떻게 하려고 해도 할 수가 없습니다라고 한다면 우리들 자신이 그만큼 어둡다는 것이지요. 우리가 정말 밝아진 입장에서 보면, 아니 마하반야에서 보면 바라밀밖에 없죠. 부처님께서는 그 마하반야바라밀의 광명을 우리에게 남김 없이 다 주신 것입니다. 우리가 마하반야바라밀의 은혜 속에 살고 있다는 말은 진리광명으로 살고 있다는 말입니다. 큰스님께서 항상 말씀하신 가운데 이런 내용이 있지요. 마하반야바라밀은 우리가 새삼스럽게 깨달아서 도달하는 세계가 아니라고 말입니다. 우리들이 아등바등 수행해서 도달하는 세계가 아니라는 이야기지요. 이 높은 법문이 우리들에게 좀 어색하게 들릴지 모르겠습니다만 엄연한 사실입니다. 이것이 정법이고 진리입니다.

물론 우리 불교는 수행하는 종교입니다. 그렇지만 깨달음의 세계, 바라밀의 세계, 극락세계는 내가 깨쳐서 내가 수행을 해서 내 힘이 축적되어서 그 힘으로 가는 곳이 아니지요. 『아미타경』에도 '불가이 소선근복덕(不可以小善根福德) 인연득생피국(因緣得生彼國)'이라고 했습니다. 극락세계를 적은 선근공덕으로는 갈 생각을 하지 말라는 이야기지요. 적은 선근공덕으로는 못 가요. 상대적인 유위의 공덕으로는 도저히 갈 수 없다는 것입니다. 그러면 적은 선근공덕 가지고 극락세계 못 간다고 하면 우리는 영 못 간다는 이야기 아닙니까? 그러나 그것이 아니지요. 우리들 스스로가 노력을 한 것으로는 안 된다는 것이지요. 내가 수행을 한 공덕으로나 선근으로 극락에 가거나 바라밀에 도달할 것이라는 생각을 하지 말라는 것이지요.

그렇다면 어떻게 해야 합니까? 걱정하지 마십시오. 우리는 이미 극락에 있는 것이고 또한 바라밀에 도달해 있는 것이니까요. 그렇기 때문에 이르렀다고 말해요. 이르렀다, 바라밀, 바라밀이라는 말은 바로 저 언덕에 이르렀다는 말이지요. 저 언덕이 무엇이냐고 하면 절대무한의 세계입니다. 절대무한의 세계로 우리가 가는 것이 아니지요. 마찬가지로 우리가 이제부터 부처가 되는 것이 아닙니다. 본래 부처예요. 본래 부처인데 부처인 줄 모르고 나는 중생이요 하고 우기며 사니까 어떻게 됩니까? 참으로 딱하지요. 중생이라는 것을 내버리면 되는데 그것을 못 내버리고 가슴에 끌어안고 끙끙거려요. 중생은 어두움이니까 어두움은 따로 내버릴 것도 없어요. 광명만 비추면 돼요. 그것이 마하반야입니다. 마하반야만 비추면 본래 바라밀이 남김 없이 드러나는 것입니다. 이러하기에 우리가 수행을 많이 했기 때문에 그 수행 공덕으로 바라밀을 성취한다는 생각을 가져서는 안 돼요. 이런 생각은 매우 위험합니다. 부처님의 본래 뜻과 거리가 멀 뿐만 아니라 상당히 어긋나 있어요.

14. 내 생명의 입각처

그러니까 우리는 뭘 많이 닦았기 때문에 바라밀을 이루는 것이 아니라 본래부터 무한공덕 생명이 내 생명이라는 사실이 바라밀이지요. 원래부터 무한공덕 생명으로 내가 살고 있는 것이지, 내가 지금은 중생인데 노력을 많이 하면 점차적으로 부처님 생명으로 바뀐다는 것이 아니지요. 이렇게 닦아서 얻는다거나 바뀐다는 것은 사실

유치한 것이라고 볼 수 있어요. 원래 부처생명밖에 다른 것은 없는데 무슨 생명을 따로 닦아요. 시방세계 곳곳마다 오직 부처생명밖에 없으니깐 곧 법신생명(法身生命)이고 진리생명일 수밖에 없는 것 아니겠어요. 진리에는 울타리가 없거든요. 그러니 자연 부처님에게도 울타리가 없을 수밖에 말입니다. 그 어디에도 울타리가 없어요. 울타리가 없기에 차별이 없고 차별이 없기에 무한한 것이지요. 이것은 내 생명이고 저것은 네 생명이다는 차별이 아님을 다시 한 번 깊이 생각해야 해요. 아무튼 생명에는 울타리가 없습니다. 울타리가 있으면 그건 부처님이 아니죠.

거듭 말하거니와 온 천지는 본래부터 법신여래(法身如來)밖에 없어요. 본래부터 바라밀밖에 없다는 말이어요, 본래부터 극락세계밖에 다른 것은 도무지 없어요. 이렇게 확실하면 극락세계는 새삼스럽게 가는 것도 오는 것도 아닙니다. 그렇기 때문에 적은 선근공덕을 갖고 극락세계 가는 것이 아니라고 아미타경에서 말씀하셨지 않아요. 아미타불 기도를 한 사람은 임종시에 아미타 부처님이 많은 성중들과 함께 오셔서 데리고 가신다고 했어요. 그렇다면 극락세계로 가는 모습은 어떨까요?

금강경에 보면 여래를 모양으로 보지 않는다고 했어요. 만약에 형상으로 여래를 보려 하거나 음성으로 여래를 찾으려 하면 이 사람은 삿댄 길로 가는 사람이므로 마침내 여래를 보지 못할 것이라고 하셨습니다.

그렇습니다. 도저히 형상으로는 볼 수 없는 여래입니다. 그 여래가 우리를 반긴다는 것은 대관절 무엇입니까? 우리가 몸뚱이를 버릴 때, 비로소 이 몸뚱이가 본래 내가 아니었다는 것을 안다는 것입니다. 그전까지는 알아보았자 별 소용없어요. 짐작하는 것과 정말 확실하게 아는 것과는 매우 다르다는 것이지요. 그러므로 우리가 몸뚱이 버릴 때가 되어서야 확실히 안다는 것을 그렇게 말씀하고 있는 것입니다.

15. 밝은 곳에서 밝은 곳으로

이렇듯 우리는 본래가 극락세계에 있고, 본래가 부처이고, 본래가 바라밀이지요. 이것밖에 따로 그 무엇도 없어요. 그러므로 본래 바라밀에 이르러 있다는 것입니다. 즉 현재완료입니다. 이 엄연한 사실을 그동안 우리가 모르고 지냈지요. 그러다가 큰스님의 법문을 듣고서야 비로소 알았다는 것입니다. 정말 우리가 마하반야바라밀을 알면, 그때서야 아하, 마하반야 광명 속에는 본래 바라밀밖에 없구나 하겠지요. 내가 바라밀이 아니고 중생이라고 알고 있었던 것은 헛된 망상이었구나 하는 것을 알면 번뇌와 보리가 다르지 않음을 압니다. 그래서 망상은 본래 버릴래야 버릴 수 없는 것입니다.

큰스님이 우리 불광법회를 시작하시기 전, 학사불교회라는 단체에서 설법하실 때입니다. 학사불교회는 나중에 이름을 바꾸어서 청불회라고 불렀습니다. 저도 가끔 설법을 했던 인연 있는 모임이었지요. 그 당시 시대적으로는 유신 때였어요. 학생들이 유신독재에 반항했어요. 그때 큰스님께서는 이렇게 말씀하셨어요. "지금 독재니 사회가 불안하니 하는 것은 전부 어두움 때문에 비롯된 것이야. 그러니 그 어두움을 어두움으로 대결하려 말고 광명으로 대해야 해." 이 이야기는 앞에서 말한 도깨비 이야기와 똑같은 것이지요. 왜 괜히 없는 도깨비와 씨름을 하고 시비를 하면서 헛수고를 하느냐는 것이었어요.

집안에 며느리가 들어왔는데 그 며느리가 마음에 안 든다고 하거나, 또 시집을 갔는데 시어머니가 마음에 안 든다고 하면 어때요. 사실 우리 생활 가운데 그런 문제가 있지요. 그럴 때 싸워서 이겨야만 합니까? 이겨야 한다면 과연 누가 이겨야 합니까? 설령 누군가가 싸워서 이긴다 해도 그것은 어두움 속에서 몸부림치는 것과 똑같아요. 승자도 패자도 없어요. 왜냐하면 어두움은 본래 없는 것인데도 어두움과 싸움을 했으니 말입니다. 마치 도깨비와 씨름을 한 것과 같다고 해야 하겠지요. 아무리 이론이 좋고 명분이 정당하다고 해도 어두움을 어두움으로 대결하면 결코 해결할 수 없어요. 절대로 이길 수 없어요. 그럼 어두움을 무엇으로 이깁니까? 예, 어두움은 광명이면 그만이지요.

제가 요즘 거의 전국을 다니며 설법을 합니다마는 가는 곳마다 어두운(고통) 사람 있으면 금강경 읽으라고 합니다. 만약 시간이 없어 금강경을 읽지 못하면 반야심경을 읽으라고 하지요. 하루에 몇 번씩이라도 읽으라고 권해요. 때와 장소를 가리지 말고 읽으라고 합니다. 하루에 108독을 읽은 어떤 불자는 그동안 며느리가 보기 싫어서 마음 고생이 많았는데 경을 읽고는 그렇게 보기 싫던 며느리가 마치 딸같이 보이더랍니다. 알고 보면 며느리가 과거에는 나빴는데 어느 날 좋은 사람으로 바뀐 것이 아닙니다. 본래 좋은 사람이었다는 것이지요. 일체 중생 모두가 본래 부처님 생명이었으니까 며느리라고 예외일 수 없다는 말입니다. 그러한 덕성을 잘못 보고 삐뚤게 본 자신이 고통을 만든 것에 불과한 것이지요.

사람을 나쁘게 보는 것은 밖에서 비롯된 것이 아니지요. 밖에 무슨 원수가 있는 줄 알고, 밖에 나를 해롭게 할 마장이 있는 줄 알고 자꾸 없애려고 발버둥치니까 거기에 점점 대립이 생기고 투쟁이 생기고 고통이 생기지요. 참 어리석은 일이지요. 그래서 큰스님은 학생들이 대문을 열고 막 뛰어나가려고 할 때 가로막았어요.

"이놈들아, 어두움을 어두움으로 해결하려고 해서는 안 돼, 어둠을 물리칠 수 있는 것은 광명밖에 없어. 바로 마하반야바라밀의 무한광명으로 어둠이 본래 없는 도리를 알아야 한단 말이야. 반야광명을 들이대면 저절로 어두움은 없어지는 것이지, 어두움을 없애려고 별도의 노력을 하는 것이 아니야." 이런 말씀을 하신 일이 있습니다.

16. 마하반야바라밀은 죽지 않는 법

실제로 마하반야바라밀 법문은 우리 인생의 모든 문제를 다 해결해 줍니다. 개인의 문제, 사회의 문제, 국가 간의 문제, 세계 평화의 문제 등등. 모든 문제를 남김 없이 다 해결해 주지요. 그런데 이러한 사실을 잘 모르거나 믿지 않기 때문에 인간의 고통은 시작되는 것이고 또한 끝이 없는 것입니다. 이 자리에서 누구라고 이름을 거명하여 말하지는 않겠지만 우리 종단에서 꽤나 이름 높은 스님이 저에게 이런 이야기를 해요. "내가 광덕스님에게 직접 이야기할 수는 없어서 한탑스님에게 말하는데, 아니 만고에 없는 마하반야바라밀 염불법을 광덕스님이 만들어 신도들에게 혼란을 주는지 모르겠어?" 하기에, 제가 그 말을 얼른 받아서 항의하듯 설명했지요. "아니, 그것이 무슨 말씀입니까? 아, 우리가 다 아는 저 유명한 『육조단경』을 보면 거기에 마하반야바라밀에 대해서 얼마나 자세하게 나와 있습니까? 그 육조대사가 누구입니까? 우리 조계종의 근원이 아닙니까? 그런데 그분의 가르침을 우리가 버릴 수 있습니까?"

만고에 없는 마하반야바라밀 염불법을 광덕스님이 냈다고 했던 그 스님은 자기가 그만큼 무식하다는 폭로밖에 안 되었어요. 우리 조계종 종도라고 하면 승속을 막론하고 육조의 가르침인 『육조단경』을 읽고 외야 하는데도 불구하고 하물며 스님이 되어서 그 책 한 번도 읽지 않고 그런 이야기를 하는 것을 보면 유구무언일 뿐입니다. 누구든 그 책 한 번만이라도 읽었다면 절대로 그런 소리는 하지 않을 거예요. 또 어떤 신도는 금강경만 자꾸 읽으면 안 된다고 해요. 왜냐하면 금강경을 읽으면 복이 없어진다는 거지 뭡니까. 자꾸 없다는 소리만 하기 때문이라고 해요. 참, 스님이나 신도나 똑같이 한심한 노릇이지요.

사실 우리가 금생에 마하반야바라밀 법문을 들은 것만 가지고도 큰 부자가 되었습니다. 금강경에 많이 나오지 않습니까? 삼천대천세계에 꽉 차 있는 칠보 무더기를 가지고 보시하는 이야기 말입니다. 그것만으로도 얼마나 큰 부자입니까? 상상도 다 할 수 없지요. 그렇지만 그런 큰 부자보다도 금강경 한 구절만이라도 읽거나 남에게 전해 준다면 이 공덕이 그 부자의 공덕보다 더 크다고 했습니다. 알겠습니까? 이런 차원이 바로 바라밀 신앙이고 기도입니다.

마하반야바라밀 법문을 들은 사람이 혹 사회적으로 가난하게 살지도 모르겠고, 또는 지위가 낮을지도 모르겠고, 세상에서 가장 천대 받을지도 모르겠어요. 그러나 그런 것은 크게 문제되지 않아요. 돈이 아무리 많아도, 지위가 아무리 높아도, 배움이 아무리 많아도 마하반야바라밀 법문을 모르는 사람은 결국 죽을 수밖에 없기 때문입니다. 죽는 생명이 뭐 그렇게 대단할 것이 있겠어요. 여러분, 누가 죽었다고 하면 왜 죽었냐고 묻죠. 그가 왜 죽었지, 아이구 그 사람 암으로 죽었다네. 암은 참 무서운 병이야. 그렇지요. 암은 무섭지요. 사람을 죽게 만드니까 말입니다. 그러나 잘 생각해 보십시오. 그 사람은 암 때문에 죽은 것이 아닙니다. 그 사람은 죽을 수밖에 없는 유한생명을 살고 있었기에 죽은 것입니다. 설령 암이 아니었다 하더라도 결국 그 무엇에 의해서라도 죽었을 것입니다.

이번 대구 사건이 벌어져서 많은 사람이 죽었습니다. 참으로 안타까운 일이었습니다. 그러나 자세히 인간의 죽음을 들여다보면 그 사람들 불 안 났으면 영원히 삽니까? 아니지요, 죽을 수밖에 없는 생명을 살고 있기 때문에 죽은 겁니다. 그럼 죽지 않으려면 어떻게 해야 합니까?

내 생명이 바뀌어야 해요. 내 생명이 바뀌어야 하는데 무슨 생명으로 바뀝니까? 나는 중생이요 하는 유한생명에서 바라밀의 무한생명으로 바뀌어야 된다는 것입니다. 내 생명은 바라밀 생명이지요. 본래부터 바라밀생명이란 말이지요. 그러니까 바라밀 생명을 살고 있을 때는 이 몸뚱이가 백 번, 천 번, 만 번 무너져도 죽지 않는 거죠. 본래 몸뚱이가 태어날 때 내 생명이 태어난 게 아니니까요. 앞에서 반야심경 말씀을 드렸는데 거기에 불생불멸이라는 말씀이 나오지 않았습니까? 언제 새삼스럽게 태어나는 것도 아니고, 언제 다시 죽는 것도 아닙니다. 이 몸뚱이가 생겨나거나 말거나 몸뚱이가 죽거나 말거나 우리들 참 생명은 본래 영원절대 생명입니다. 영원절대 생명 그것이 바라밀이지요. 바라밀이 우리들의 참 생명이라는 이야기입니다. 이와 같이 바라밀이 참 생명이건만 우리 불교계 일부에서 그것을 모르고 지냈던 것입니다. 말만 조계종이라고 하면서 정말 조계종의 근본사상인 『육조단경』의 가르침을 모르고 지냈던 것을 우리 큰스님께서 바로 세우셨고 깨우쳐 주셨어요. 그래서 2000년 한국불교 역사에서 큰스님의 출현은 사뭇 깊은 뜻을 가지고 있는 것입니다.

누구든 마하반야바라밀 부르고, 마하반야바라밀 믿고, 마하반야바라밀 우러러 살면 죽지 않고 영원히 살 수 있다고 말씀해 주신 분이 바로 우리 큰스님입니다. 앞에서도 말씀드렸지만 이런 사실을 모르고 자꾸만 깨쳐야만 한다고 그것만 강조하고 있으니 문제입니다. 그 말대로 하려면 어떻게 해야 합니까? 모두 머리 깎고 출가하여 산중에 들어가서 선방에 앉아야 되겠지요.

17. 본래 깨친 사람들

월인(月印) 스님이라고 하는 분이 계셨어요. 지금부터 3년 전인가 4년 전에 돌아가셨는데, 그때가 아흔둘이셨어요. 그분이 입적하시기 전, 전북 부안군 월명암에 계셨는데 제가 올라가 만나 뵈었습니다. 이분은 젊어서 만공 큰스님께 깨달았다는 인가까지 받았다는 굉장한 선지식이셨어요. 참선하는 스님들 사이에서는 우상과 같은 분입니다. 그런데 그분은 나중에 참선을 그만뒀어요. 물론 정진은 계속했지만, 신도들이 오면 염불하라고 가르쳤어요. 하도 이상해서 제가 "노스님께서는 평생 참선만 하셨는데 어떻게 해서 염불로 바뀌었습니까?" 하고 여쭈었더니 그분 말씀이 현재 우리 한국에 참선 방이 그렇게 많고, 또 1년에 2,000명 이상 참선을 하는데도 깨쳤다는 사람이 누구냐?고 되물으시는 거예요. 그러면서 덧붙이시기를, "그러니까 본래 우리는 깨쳐 있는 것이야. 원래 중생이 아니고 부처라는 말이지. 그러니까 우리가 부처라는 사실을 굳게 믿고 부처 노릇만 잘하면 되는 것이야." 노스님 말씀은 부처 노릇 잘하면 그대로 부처세계가 실현된다는 것을 알면 된다는 것이었어요. 정리하자면 불성은 행을 통해 나타난다는 말씀이셨어요.

그런데도 오직 깨치겠다는 마음으로만 나가니까 신도들도 아이쿠 이제 나도 머리 깎고 산중에 들어가서 참선할까 하는 생각만 한다는 것입니다. 산중에 들어갈 생각이라도 할 때는 그래도 신심은 남아 있는데, 그 생각마저 없을 때는 아무것도 없어요. 왜냐하면 신앙심이 없기 때문이지요. 신앙심은 심는 것이고 키우는 것이고 드러내는 것인데도 처음부터 신앙심의 근거를 두지 않았으니까 무엇이 남아서 우리를 지켜줄 것입니까? 우리 불광에서 20년 이상 공부하신 분들도 어느 날 누가 일주일 만에 깨치게 해 준다고 하자 우루루 그곳으로 몰려갔어요. 일주일이면 깨친다고 하고 몇 일이면 깨친다고 하면 너나 없이 쫓아가요. 반야바라밀에 대한 확실한 신앙이 없기 때문입니다. 그리고 밖에서 구하기 때문이지요.

반야바라밀에 대한 투철한 믿음을 가지고 산다면 어느 때나 조금도 흔들리지 않고 부처님 행을 하면서 행복하게 살지요. 마하반야바라밀, 마하반야바라밀은 내가 본래 부처임을 아는 것이며 실천하는 것입니다. 그러면 그것이 무엇입니까? 또 어떻게 해야 됩니까? 예, 바로 보현행원입니다. 보현행원은 내가 본래 부처임을 여지없이 드러내는 그런 삶이거든요. 증거의 삶, 성철 큰스님이 말씀하신 수행불행(修行佛行)의 삶이지요. 부처님 행을 한다는 뜻이 됩니다. 그러니까 반야와 행원은 서로 나눌 수 없는 것입니다.

보현행원품에 '선남자여 모든 보살은 일체 중생을 평등하게 수순하나니 부모와 같이 공경하며 스승이나 아라한이나 내지 부처님과 조금도 다름없이 받들되…….'

여러분, 어떻습니까? 참 기가 막히지 않습니까? 우리는 법당에 와서는 잘하지만 밖에 나가서는 알면서도 못할 때가 많지요. 또 부모님께는 잘하지만 남의 늙은이는 막 무시해 버리지요. 그런데 부처님께서 뭐라고 가르치셨느냐 하면 부모같이 스승이나 아라한같이 내지는 부처님 모시듯 모든 중생들을 잘 공경하라고 하셨습니다. 그것이 바로 내가 부처님 생명을 살고 있다는 증거입니다. 부처님께서 그 다음에 또 뭐라고 하셨습니까? '중생을 받들되 병든 이에게는 어진 의원이 되고 길 잃은 이에게는 바른 길을 가리키고 어두운 밤중에는 광명이 되고 가난한 이에게는 보배를 얻게 하느니라.'

자, 내가 본래 부처니까 부처로밖에 살 수 없는 것이 우리의 운명이지요. 흔히들 불교를 자비의 종교라고 쉽게 말합니다만, 전 그렇게 말하지 않고 반드시 이렇게 말합니다. 지혜·자비의 종교라고요. 지혜·자비의 종교인 불교에서 지혜는 장사하는 지혜, 출세하는 지혜, 장관 되는 지혜, 그런 지혜가 아닙니다. 그렇다면 불교에서 이야기하는 지혜는 뭡니까? 이 세상 사람이 본래부터 진리생명으로 살고 있는 한 몸, 한 형제라는 사실을 밝게 아는 것이 지혜·자비지요. 그러니까 우리의 지혜가 밝아지면 저절로 자비를 행하게 됩니다. 자비 없는 지혜는 원래 없으니까요. 마치 왼손이 가려우면 오른손이 긁어 주듯 서로 응하고 사는 원만무애를 말합니다. 그것이 바라밀입니다.

18. 큰스님의 행화지덕(行化之德)

우리는 자칫 큰스님을 아주 대단한 분이라고 생각하여 우상화하려고 할지 모릅니다. 결코 그렇게 해서는 안 되고 또 그렇게 하자는 것도 아닙니다. 큰스님의 반야바라밀 가르침이 우리들 마음속에 들어와서 반야바라밀 생명으로 사는 것뿐이지 다른 것을 생각해서는

안 됩니다. '나의 참 생명은 본래부터 부처님의 무량공덕 생명이다'
라고 하는 믿음을 우리 스스로가 받아들일 때, 큰스님이 항상 나와
함께 계시는 것이지요.

금강경을 읽으면 부처님이 다 알고 다 보신다. 다 알고 보시는 부
처님이 내 밖에 따로 계신다는 이야기가 아닙니다. 우리가 금강경을
읽으면 본래부터 부처인 내가 부처님 생명으로 살고 있다는 것이 고
스란히 드러난다는 이야기거든요. 그러니까 마하반야바라밀을 외울
때 큰스님과 같이 있는 것이 되지요. 큰스님과 같이 있으면 어떻게
됩니까? 내 주변에 있는 모든 사람들을 남이라고 보지 않고, 또 어느
누구와도 울타리를 만들지 않고, 서로 대립의식 없이 모두 한 몸으
로 사는 것이지요. 앞에서 말씀드린 대로 어두운 사람들에게 길 잃
은 사람들에게 다 도움이 되게 하는 삶, 그것이 우리들 참 생명의 향
기가 아닙니까?

이것이 참으로 광덕 큰스님을 잘 모시는 길이고, 오늘 3·1절을 맞
는 우리 불자들의 마음의 태도가 아니겠는가 다시 생각해 봅니다.
지금 불교를 믿는 사람들이 기껏 자기 자식이나 잘되고 제 한 몸이
나 건강하고 일신의 안락이나 찾고 남이야 엎어지든 자빠지든 나 몰
라라 한다면 어찌 불자라고 말할 수 있겠으며, 또 3·1절 정신을 계승
한다고 말할 수 있습니까? 우리 불자는 항상 조국의 은혜를 생각하
고 조국의 은혜를 갚을 생각을 먼저 해야 합니다. 그러면 조국은 무
엇입니까? 조국은 바라밀이죠. 그러니까 내 생명 떠나서 조국이 따
로 있지 않다는 이야기입니다. 내가 받들어야 할 대상으로서 조국이
있는 것이 아니라 내 인생 자체가 내 조국이라는 말이지요. 그래서
우리는 먼저 우리의 마음을 밝게 하여 온 천지를 밝게 해야 합니다.
그래서 큰스님께서 자나깨나 잊지 않으셨던 세계 평화 구현을 우리

들 인생의 목표로 삼고, 우리들 인생의 가치 실현으로 알고, 그렇게 살아갈 때 큰스님이 빙그레 웃으면서, 그래 도피안사의 법우들은 정말 법을 법대로 잘 지키고 있구나 하시고 칭찬하실 것입니다.

형제 여러분, 이야기하다 보니 어느덧 시간이 많이 지나갔군요. 시종 경청해 주셔서 감사합니다. 앞으로도 훌륭하신 주지스님과 개산조이신 광덕 큰스님의 뜻을 잘 받들어 바라밀 사상과 그 정신이 이 땅 방방곡곡을 크게 빛낼 수 있도록 정진해 주시기를 바라마지 않습니다. 감사합니다.

나무마하반야바라밀.

◆ 이 글은 불기 2547(2003)년 3월 1일, 안성 도솔산 도피안사 대웅전에서 봉행한 삼일절 기념법회 때 법문하신 한탑스님의 설법을 원고로 정리한 뒤 다시 스님께서 내용을 확인한 것임을 밝힙니다.-문책기자

東山 大宗師의 마지막 상좌가 듣고 본 이야기

금옹계전(金翁戒田) | 부산 금정산 국청사 주지

1. 어느 날 갑자기

지금 내 나이 쉰다섯 살이다. 코흘리개 철부지가 절에 온 지 어언 43년의 세월이 훌쩍 지나갔다. 43년 전, 영문도 모르고 그 어린 나이에 부모 품을 떠났던 것은 이 세상에 현신한 관세음보살을 만나기 위해서였다고 생각한다.

나는 실제로 관세음보살을 만났고, 함께 생활했고, 그 자비를 입었고, 그 은혜 속에서 자랐다. 철없는 나를 그렇게 끔찍하게 보살펴 주셨던 관세음보살은 다름 아닌 우리 종문(宗門)의 중흥조이며, 또 대한민국을 대표하는 고승이었고, 범어사의 큰 어른이었던 동산 대종사(東山大宗師)이시다.

나는 1948년, 무자생으로 태어났다. 경북 포항시 죽도동이 고향인데, 초등학교 6학년 때 아버지 손에 이끌려 무작정 절로 왔다. 전생에 무슨 인연이었는지 부모 밑에서 한창 자라야 할 어린 나이에 그것도 남도 아닌 친아버지 손에 이끌려 출가를 했던 것이다. 그러니까 1960년 11월에 절에 왔고, 1962년 음력 9월 9일 중양절 날 사미계를 받았다.

비록 어린 나이였지만 계 받은 뒤, 바로 조실스님 시봉을 시작해서 열반하는 순간까지 모셨다. 말인즉 그렇고, 사실 조실스님을 시봉했다기 보다는 조실스님이 나를 키워준 것에 지나지 않는 일이다. 시봉이라는 말은 언감생심(焉敢生心)이고 그 당시 철없는 나에게는 어울리지 않는 과분한 찬사에 지나지 않는다.

이제 세월이 지나 내 나이가 좀 들어가니 새록새록 조실스님의 은혜가 뼈에 사무치고 잘 모시지 못한 일들이 천추의 아쉬움으로 남는다. 내 부족을 느낄수록 조실스님의 은혜는 강산같이 무겁기만 하고 나를 바라보던 자애의 눈빛은 한없이 그립기만 하다. 언제나 그 큰 은혜를 다 갚을 수 있을는지……?

내가 아버지 손에 이끌려 강제로 출가한 것은 어디까지나 내 개인 이야기이기에 길게 할 필요는 없고, 다만 나를 출가시켰던 그 아버지도 나중에 출가하여 수행하다가 얼마 전에 입적했다는 사실만 밝힌다. 물론 아버지의 출가를 인도하고 권유한 것은 나였다. 그러니까 우리 부자는 서로 출가를 이끌어 준 사이가 된 셈이다.

2. 아버지의 불연(佛緣)

나는 출가를 한 것이 아니라, 사실은 아버지가 방학이니 절에 가서 숙제하라고 하여 범어사 내원암으로 따라나섰던 것이다. 그래서 소풍가듯이 호기심 반, 두려움 반으로 아버지의 손에 이끌려 처음 산문을 들어섰다. 그런데 막상 숙제를 끝냈는데도 집에 돌아갈 수가 없었다. 아버지가 통 데리러 오질 않았던 것이다.

그러나 이것은 어디까지나 어린 내 입장에서 하는 말이고, 아버지 사정은 따로 있었다. 아버지가 나를 부산 범어사 내원암까지 감언이 설(甘言利說)로 유인하여 데리고 온 사연은 따로 있었다.

아버지는 우리 고향에서 동장을 했다. 그때만 해도 포항시의 동장 은 시골 면장과는 비교가 안 될 정도로 좋았다. 어린 내가 보기에도 아버지는 이 세상에서 최고 높은 분으로 보였다. 그런 아버지가 동 사무소 직원들과 함께 근교에 있는 청하 보경사로 봄나들이를 갔고, 그때 어느 노장스님을 알게 되었다. 그런 인연으로 노장스님이랑 각 별한 친분이 맺어졌다.

그 당시 보경사 노장스님은 이미 팔십이 넘은 연세였고, 그로 인 해 몸이 아파 병원에 가는 일이 많았다. 그러다 보니 시내에 있는 우 리 집에 와서 며칠씩 묵으면서 병원치료도 하고 쉬기도 했다. 노장 스님이 오면 우리는 좋아라 하고 장난도 치고 머리도 만져보고 무릎 에도 앉고 방에서 씨름도 했다. 그때 노장스님께서 아버지한테 "저 아이 크면 꼭 출가시켜라"고 했고, 그로부터 얼마 지나지 않아 노장 스님은 그만 돌아가셨다.

아버지는 노장스님이 돌아가신 뒤 항상 고민이었다. 노장스님과의 약속을 지켜야 했기 때문이었다. 그렇게 고민하다 결국 집안의 장손 인 나를 절로 보내야겠다는 결심을 굳혔다.

그 당시 우리 사회 분위기는 가사 결정권은 전적으로 가장에게 있 을 때였다. 그러니까 어머니나 가족 누구든 아무런 말을 할 수 없었 다. 더군다나 아버지는 일제 때 만주에 가서 독립운동을 했던 이력 이 있어서 평소에도 가족들이나 동네 사람들 모두 아버지 뜻을 거역

하지 못했다. 그러한 상황이었으니 우리 집이나 우리 동네 그 누구
도 나의 출가를 말리지도 못하고 그냥 멀리서 바라볼 수밖에는 딴
도리가 없었다고 했다.

　범어사 내원암에서 한 달 동안 지내면서 방학 숙제를 다하고 나서
나는 암주인 철관(鐵觀) 스님께 집에 보내달라고 했다. 그랬더니 철
관스님은 도리어 호통을 쳤다.
　"야, 이놈아! 절에서 한 달 동안 먹은 밥값은 어떻게 하고 간다는
거야?"
　나는 속으로 '어이쿠나, 이제 집에 가기는 영 틀렸구나, 큰일났다'
싶은 생각이 왈칵 들었다. 그렇지만 어린 나로서는 어쩔 수가 없었
다. 밤중에 몰래 도망갈 수도 없었다. 집이 어딘지, 어떻게 가야 하는
지, 전혀 알 수도 없었을 뿐만 아니라 설령 안다고 해도 내 수중에는
차비 한 푼 없었다.

3. 동자들의 모임

　그때 내원암에는 나와 암주인 철관(鐵觀) 스님과 공양주, 이렇게
셋이 있었다. 절 식구가 적기도 했지만 내 또래가 없어서 무척 지루
하고 심심했다. 나는 어차피 집에도 못 가고 절에서 살아야 한다면
내 또래가 많은 큰절로 가고 싶었다.
　어느 날 용기를 내어 암주스님에게 부탁했다.
　"스님, 저를 집에 안 보내 주려면 큰절에 보내 주세요."
　"그러면 집에 간다고 안할 테야?"

“예.”

“그라문 너는 낮에는 큰절에 가서 있고, 밤에는 올라와 여기서 자라.”

그 다음 날 해가 뜨고 아침공양을 하자마자 나는 큰절로 달려 내려갔다. 그때 만난 동승들이 허현, 초연, 호연, 선교, 원동, 성덕, 덕군, 선혜, 원명 등이었다. 우리는 만나자마자 친구가 되었고 개구쟁이가 되었다. 산에 올라가서 소나무를 베어 팽이를 만들고, 입고 있던 옷을 쭉 찢어 채를 만들어 시간 가는 줄 모르고 팽이를 쳤다. 그러나 친구가 좋고 노는 것이 좋다 해도 허구한 날 그렇게 시간을 보낼 수는 없었다. 일 년쯤 지나니까 노는 일도 딱 질려 버렸다. 그때부터는 아무것도 하기 싫었다.

범어사 해행당 앞 내원암 올라가는 길에는 큰 은행나무가 있는데, 어린 나는 그 나무 밑에 앉아서 염불을 외웠다. 하루하루 정해진 양을 다 외워야 하는데 다 외우지 못하는 날은 얻어맞았다. 내원암 암주인 철관스님이 두드려 패니까 어쩔 수 없이 염불 책을 앞에 놓고 목청을 돋우어야만 했다. 사정이 그런데도 불구하고 염불은 잘 외워지질 않았다.

그때만 해도 민간인들이 절에 올 때는 남녀간에 한복을 떡 차려입고 집에서 먹을 것을 장만하여 머리에 이고 나들이 삼아 왔다. 큰절을 다 둘러보고는 으레 내가 앉아있는 큰 은행나무 밑 개울가에서 자리를 폈다. 그때는 사람 만나는 것이 산에서 노루 만나기보다 더 어려웠다. 그만큼 절에 오는 사람이 드물 때였다.

나는 한복 입은 여인들을 보면 금방 어머니 생각이 솟았다. 그들을 바라보고 어머니 생각을 하고, 어머니 생각을 하며 또 그들을 바라보는 사이 나도 몰래 목을 놓고 울었다.

"나 집에 보내 주소! 나 좀 집에 보내 주소!"

그렇게 소리치면서 나는 엉엉 소리내어 눈물을 쏟았다. 그렇게 울다가도 스님들이 나타나면 언제 울었느냐는 식으로 울음을 뚝 그치고 시치미를 뗐다.

"니 또 울었지?"

"안 울었습니다."

그렇게 둘러대어 거짓말을 하지 않으면 얻어맞기 때문에 엉겁결에 저절로 거짓말이 튀어나왔다. 그렇지만 내가 거짓말을 한다고 해서 스님들이 모르지 않았다. 쥐방울만한 내가 아무리 시치미를 잘 뗀다고 해도 모를 리가 없다. 눈은 벌써 빨갛고 눈물 콧물이 범벅이 된 얼굴에는 땟국물이 흥건한데 나이 많은 스님들이 모른다는 것은 말도 안 되는 소리였다.

나이 많은 스님들은 그런 나를 한 대씩 쥐어박기도 했지만 때로는 정다운 말로 달래주기도 했다. 그러면 나는 설움에 겨워 참말로 마음놓고 엉엉 울어버렸다. 달래던 스님도 울고 나도 울고 심지어 은행나무도 울고 산이나 시내도 같이 우는 것 같았다. 그렇게 허구한 날 은행나무 밑에 앉아서 울기만 했으니 어른 스님들도 기가 막혔을 것이다. 정말 참 많이 울었다. 우는 것은 원도 한도 없다.

아마 그렇게 한 일 년은 울었을 것이다. 줄곧 울고 나니까, 나중에는 눈물도 안 나고 그냥 목 쉰 소리만 꺼이꺼이 났다. 진짜로 많이 울면 나중에는 눈물이 말라버린다는 사실을 나는 어린 그때 이미 알았다.

그렇게 오랫동안 집에 보내 달라고 운 것을 보면 내 고집도 어지간했던 것 같다. 한 일 년 동안 줄기차게 울어도 방법이 없다는 것을 안 나는 운다고 해결될 일이 아니라고 판단했다. 앞에서 말했지만 그때의 심정 같았으면 도망을 갔겠지만 도대체 도망가고 싶어도 어디가 어딘 줄 모르니까 불가능한 일이었다.

4. 아무리 울어도 소용없는 일

아무리 울어도 집에 갈 수 없다는 사실을 깨달을 즈음 조실스님을 시봉할 사람이 없다는 것을 알았다. 그래서 나는 조실스님 시봉할 시자를 시켜 달라고 요구했다. 다행이 허락이 떨어졌다.

시봉이라기 보다는 사실은 이런저런 잔심부름을 하는 정도였다. 본격적인 조실스님 시봉은 사미계를 받은 뒤부터였으니까, 말하자면 행자 생활을 큰절에서 다시 시작하는 것이나 다름없었다.

그 무렵은 해가 지면 스님들은 모두 각자의 처소로 돌아갔다. 행자로는 나와 홍교, 일미, 호연, 초연, 경암 등이 있어 채공도 하고 공양주도 했다. 다 같은 행자라고 해도 그들은 나보다 나이가 많았다.

조실스님은 대중이 아무리 적어도 꼭 큰방에서 죽비를 쳐가며 발우공양을 했다.

그렇게 살다가 다른 행자들은 다 사미계를 주는데 나만 어리다고 빼놓았다. 그래서 나는 특기를 발휘해 크게 울어버렸다. 사실 어린 내가 취할 수 있는 가장 강력한 의사표현은 그것밖에 다른 것이 없기도 했다.

"나한테 계 안 주면 그만 집에 갈랍니다."

그렇게 말하면서 큰소리로 엉엉 울어버렸다. 나무 밑에서 일 년 동안 운 내 실력과 고집을 모두 알고 있던 터였다.

조실스님은 그만 내 청을 들어주기로 했다. 그때 수계자는 모두 스물네 명이었는데 이미 불명(佛名)을 다 지어 놓았다. 그러다가 내가 계를 달라고 하도 울어대니까 내 이름만 당일 아침 갑자기 지어야만 했다. 조실스님은 즉석에서 이름을 지었다.

"오늘 계 받는 날이니까, 그만 계전(戒田)이라고 이름해라."

그래서 내 이름은 계전이 되었고, 오늘날까지 계전이다.

그날 계를 받고나서야 나는 정식으로 조실스님 시봉이 되었다. 조실스님께 새로 인사를 드리니까 내게 다짐을 내렸다.

"너는 이제 행자 때하고는 다르니까 염불 외우고 법당에서 하는 의식작법을 익혀야 한다. 이제는 계 받은 수행자야."

나는 어찌나 좋은지 큰소리로 씩씩하게 화답했다.

"예, 알았습니다."

돌이켜보아도 그때는 너무 어리고 또 어리석었다. 절에 온 이후로 한 번도 일주문을 나가지 않았다고 투정하니까 조실스님은 더 무서운 말씀을 했다.

"너는 일주문을 한 발자국이라도 넘으면 죽는다. 알았지?"

나는 그 말씀을 듣는 순간 너무나 큰 충격을 받았다. 그 이후로 내 또래 다른 아이들은 밤 따러 일주문을 넘어가는데 나만 일주문 안에 쪼그리고 앉아서 그 친구들이 밤을 따올 때까지 기다렸다. 내가 일주문에 쪼그리고 앉아 있는 것을 보고 지나가던 어떤 스님이 물었다.

"너는 여기서 뭐하고 앉아 있나?"

"우리 조실스님이 나는 일주문 넘어가면 죽는다고 해서 못 나가고 있습니다."

"그래 맞다. 그 말씀이 맞다. 그러니 절대로 일주문을 넘으면 안 된다."

그러고는 다들 지나갔다. 그러니 더더욱 일주문을 나갈 수가 없었다.

또 여름 한낮은 너무나 더웠다. 일주문 어산교 밖에는 목욕하기 좋은 널따란 웅덩이가 있다. 금정산 양쪽 계곡의 물이 합쳐지는 곳인데 대성암 쪽에서 내려오는 물과 내원암 쪽에서 내려오는 물이 바로 그 웅덩이로 모여들었다. 팬티를 입지 못하고 살던 시절이어서 바지를 홀랑 벗으면 금방 고추가 달랑 나오기 때문에 사람이 없는 그 웅덩이까지 가야 하는데 다른 동자들은 다 가도 나는 갈 수가 없었다.

어느 날 나는 용기를 내어 한 발만 살짝 들어서 일주문 밖으로 내디뎌 보았다. 그러다 겁이 더럭 나서 얼른 발을 들어올렸다. 다시 심호흡을 한 뒤 마음을 가다듬고 살며시 발을 들어서 내려놓아 보았는데 전혀 아무렇지 않았다. 무척 신기했다. 그 순간 어떤 기쁨이 솟아올랐다. 나는 당장 청풍당으로 올라가 조실스님께 그 사실을 말씀드렸다.

"조실스님, 제가 일주문을 넘어가면 죽는다고 말씀하셨잖아요? 그런데 오늘 한 발만 살짝 들어 디뎌봤는데 괜찮은데요?"

조실스님은 그 천진한 웃음으로 한참이나 빙그레 웃으셨다. 지금도 나를 바라보시면서 웃으시던 그 모습이 너무도 생생하다. 그러고는 이렇게 말씀하셨다.

"이제는 괜찮아, 인제는 안 죽어."

"그래요?"

그 뒤부터는 마을에도 내려가 보고 그렇게 가고 싶었던 웅덩이에도 가보고 밤 따러도 갔다.

사실 내가 조실스님을 모신다고 말하기보다는 곁에서 살았다고 해야 맞는 말이다. 그러나 그때의 어린 내 깜냥으로는 조실스님을 잘 모셔야 한다는 생각으로 늘 긴장하고 살았다. 그래서 세월 가는 것도 잊어버리고 차츰 집 생각도 잊어버렸다. 또 짬짬이 조실스님께 한문도 배우고, 염불도 배우면서 수행자의 기초를 하나하나 몸에 익혀 나갔다. 그리고 조실스님이 드실 반찬을 내 나이 열다섯 살 때부터 만들었다. 전생부터 한 일이어서 그런지 조실스님께서는 내가 만든 반찬은 잘 드셔도 다른 사람이 만든 반찬은 입에 맞지 않는다고 하셨다.

그때 시자방과 조실스님 방은 바로 곁에 있어서 조실스님의 잔 기침소리까지 다 들렸다. 그래서 나는 언제 부르시나 하고 조실스님 방쪽으로 마음을 두었기에 항상 긴장된 상태로 생활했다. 그런 까닭에 잠을 자도 누워서 편안히 자지 못하고 방석을 접어서 배에다 대고 머리를 땅바닥에 박은 채 엎드려 잤다. 덮고 잘 이불도 없었던 시절이니 다른 것은 더 말할 필요도 없다. 원주실과 시자실이 나란히 붙어 있어서 나는 더더욱 긴장을 늦출 수가 없었다. 그래서인지 나중에 축농증이 걸려서 지금까지 고생하고 있다.

5. 남순동자

나는 항상 조실스님의 일과에 따라 움직여야 했다. 처음에는 원명과 같이 시봉을 했다. 말하자면 주 시자는 원명이었고 나는 보조 시자였던 셈이다. 원명은 모든 일을 월등하게 잘했다. 그런 원명과 나는 무척 대조적이었다. 그는 지혜스러웠고 나는 미련했다. 그런데 원명은 차츰 모든 일을 내게 하나하나 넘겨 결국 나 혼자 다 했다. 시자를 같이 하면서 왜 나에게 모든 일을 하나하나 미루는지를 처음에는 몰랐는데 나중에 가서야 알았다. 그는 학교공부를 하기 위해 시자 일에서 점차 손을 떼고 있었던 것이다.

그러자 자연스레 나는 주 시자가 되고 명철이라고 하는 내 또래가 보조 시자 노릇을 했다. 그는 방 청소와 군불 넣는 일 등을 하고 나는 음식 장만하는 일과 옷 챙기는 일과 보살계 할 때 준비하는 일 등 중요한 일을 맡았다. 그렇게 둘이서 분담하여 일을 하니 내가 비록 미련둥이긴 했지만 어느새 요령도 생기고 꾀도 생겼다. 좀 힘든 일은 피해 가고 싶기도 했고 또 싫증나는 일은 다른 사람에게 미루기도 하면서 괜스레 하는 일 없이 폼잡고 강원을 들락날락 하면서 조실스님 시봉이라고 으스대기도 했다.

그러던 어느 날 조실스님이 나를 불러 아랫마을 한약방에 가서 약을 찾아오라고 했다. 피 순환에 좋다는 일종의 건강식품인데 그때는 약이라고 불렀다. 나는 얼씨구나 좋아라 하고 뛰어내려갔다. 간 걸음에 극장도 갈 요량으로 내심 쾌재를 불렀다.

온천장에 극장이 끝나고 범어사 밑에 있는 팔송까지 오니까 이미 캄캄했다. 그 당시에는 범어사까지 올라가는 택시도 없고 다른 탈 것도 없어서 약을 찾아다 아는 집에 맡겨 놓고 죽어라 하고 뛰었다. 도저히 무서워서 그냥 천천히 걸어갈 수가 없었다. 숨이 턱에 닿아 올라오니까 마침 방선시간이 되어서 조실스님이 선방에서 나와 조실에 있었다.

"계전아, 약 가져왔느냐?"

나는 걱정이 되어 조실스님의 눈치를 힐끔거리면서 무릎을 꿇었다. 그러고는 날이 어두워서 약을 신도집에 맡겨 놓았다고 말씀드렸다. 극장 갔다는 이야기는 쏙 뺐다. 조실스님은 얘기를 듣자마자 내 빰을 찰싹 때렸다.

“이놈아, 그렇게 정성 없이 무슨 시봉을 하느냐?”

그러면서 또 한 대 때렸다.

그때 사형인 선과스님이 곁에 있다가 물었다.

“스님, 와 그라십니까?”

“아, 이놈이 내 시봉한다고 하면서 정신이 글렀어. 약 가져오라고 마을에 내려보냈더니 어디서 무엇을 하느라고 캄캄한 밤중이 되어서야 올라오지를 않나, 약이 무겁다고 아는 집에 맡겨 놓고 빈손으로 터벅터벅 오지를 않나? 저런 마음으로 어떻게 중 노릇을 하느냐 말이야.”

나는 그만 서러워서 눈물이 쏟아졌다. 혼자 가만히 대밭으로 올라가 실컷 울어버렸다. 울면서 생각하니 조실스님의 말씀이 다 옳았다. 그래서 그 길로 팔송으로 다시 냅다 뛰어내려갔다. 어둡고 무서우니까 걸음도 더 빨랐다. 그야말로 순식간에 내려가서 약을 들고 올라왔다.

아침에 일어난 조실스님은 약을 보고는 깜짝 놀라 물었다. 자초지종을 말씀드리고 잘못했다고 빌자,

“야 이놈아, 내가 야단쳤다고 그 캄캄한 밤중에 다시 뛰어내려가는 법이 어디 있어?”

“앞으로는 다시 그런 일 없이 시봉 잘 하겠습니다.”

“그래 알았어, 앞으로 정신 차리고 잘 해.”

아침 공양 후, 도량청소 끝나고 선방에 입선 들어가기 전에 조실스님이 불렀다.

“계전아, 저기 뒤편에 가면 카스테라 있으니 가져다 먹어라.”

말하자면 어린 나를 달래주시는 것이었다. 사실 이런 일이 하나 둘이 아니다.

6. 조실스님의 입적

조실스님은 별난 점이 있었다. 보살계를 할 때 남들에게 거의 맡기지 않았다. 고암스님, 석암스님이 그렇게 잘 했어도 조실스님이 법상에 오르면 모든 것을 일사천리로 다 하셨다. 아마 조실스님께서는 보살계 산림을 수십 년 해 오셔서 너무나 잘 알기 때문이 아닌가 한다. 사실 내가 곁에서 본 바에 의하면 조실스님은 보살계 내용을 처음부터 끝까지 달달 외우고 계셨다. 비단 보살계뿐만 아니라 평소 법문을 하실 때도 조사어록이나 경전을 모두 외워서 낭송하고 설명하셨다. 이처럼 부처님에 대한 신심과 정성은 아무도 조실스님을 흉내내지 못할 높은 경지에 이르셨다. 그래서인지 조실스님처럼 보살계 법문을 동참대중들에게 환희심 나게 하는 분은 거의 없었던 것 같다. 누구나 조실스님의 법문을 듣기만 하면 마음이 간절해지고 발심이 깊어진다. 그러한 조실스님의 법문을 다시 상기하면 설법을 잘하는 것도 큰 법력이라는 생각을 아니 할 수 없다.

1965년 음력 삼월 보살계 때, 조실스님의 세수 일흔여섯이었으니 당시에는 상당한 고령이셨다. 그런데도 범어사 보살계 삼일 동안 모든 의식을 거의 혼자 다 했고 또 며칠 후 금정사 방생법회를 주재하셨다. 그렇게 연이은 법회로 말미암아 몸에 많은 무리가 왔다. 그렇지만 그것보다 더 중요한 것은 이미 조실스님께서 이 땅을 떠나실 때가 된 것을 스스로 알고 계셨던 것 같다.

당일 아침 조실스님께서는 평소처럼 대중과 함께 예불 올리고 선방에서 정진을 하고 예의 아침공양 후에는 청소를 하셨다. 어느 때나 조금도 다름없는 일상(日常)이었다. 그런데 점심공양을 드신 후 약간 피로한 기색을 보이셨다. 그렇지만 철없던 나는 아무런 낌새를 채지 못했다.

여기서 조실스님의 마지막 모습에 대해 문집에 실린 자료 두 가지를 소개하겠다. 문집은 후일 문도들에 의해 간행되었는데 갖춘 이름은 『동산대종사문집(東山大宗師文集)』이다.

먼저 조실스님의 맏상좌였던 성철종정(性徹宗正)이 쓰신 비문의 일부를 옮겨 본다.

『을사년 늦은 봄 금강계단에서 보살계를 설해 마치고 대중들에게 선언하시되 "나는 다시는 이 자리에 오르지 아니 하리라" 하니 그 말을 들은 이들이 모두 놀라고 당황하여 어찌할 바를 모르더니 과연 3월 24일에 이르러 원적하시니 천지가 캄캄하고 초목도 슬피 울더라. 스님들과 신도들이 전국에서 모여들어 장례를 치르니 인파가 3만이라 산에 가득하고 계곡에 넘쳐서 슬퍼하는 이들이 너무나 많아 하늘을 가리고 태양을 가리었으니 그 또한 수백 년 이래에 미증유한 일이더라.

세수는 76세이고 법랍은 53세이시라. 다비한 후에 영골사리를 거두어 금정산 남쪽에 비석과 탑을 세워 큰 덕을 나타내었다.

문도는 수백 명이고 단월은 수만이었다. 가르침 받음이 간절하고 독실하여 모두 큰 은혜에 젖었으니 다 우리 공문의 동량이요. 큰 배의 나침반이라. 그러나 큰 법을 비밀히 전한 것은 다른 사람이 엿보지 못하니 이것은 황벽의 이른바 도란 마음으로 깨닫는 데 있고 언설에 있지 않다고 한 까닭이다.

아아! 스님의 금옥 같은 아름다운 모습과 철석 같은 마음으로 무궁화 꽃이 만발한 옛 동산을 교화하신 40여 성상은 부지런히 종승(宗乘)을 천양하고 정법을 붙들어 세우는 것을 자신의 소임이라 여기시어 험악한 산길을 시원하게 개척하고 수많은 폐단을 확연히 소탕하여 조사의 등불을 창해의 깊은 곳에 안치하고 교단을 태산의 견고한 데 두었으니 큰 원력을 타고 온 사람이라고 누가 이르지 않겠는가.』

다음은 문집에 기록된 행장의 한 부문이다.

『서기 1965년(乙巳年 76세)
3월 13일 스님으로서는 마지막이 된 범어사 금강계단 제65회 보살계 산림을 맞이하여 3일(15일까지)간을 계속 설법하였다. 회향일에 즈음하여 "이 자리에 다시는 오르지 못하리라"고 선언하였다.
3월 20일에는 부산 온천장에 있는 금정사의 방생법회를 주재하시고 설법하였다.
3월 23일, 스님은 이날도 평일과 다름없이 대중들과 함께 새벽예불을 드리고 금어선원에서 정진하시고 도량청소도 빠지지 않았다. 점심 공양을 드신 후 약간 피로한 기색을 보이더니 제자들을 불러놓고 종단의 앞날을 염려하시면서 "부디 방일하지 말고, 정진에 힘써라"고 하시고, 아래의 글을 남겼다.

元來未曾轉	원래 일찍이 바꾼 적이 없거니
豈有第二身	어찌 두 번째의 몸이 있겠는가.
三萬六千朝	백년 3만 6천일.
反覆只這漢	매일 반복하는 것, 다만 이 놈뿐일세.

오후 6시 무렵, 스님은 제자들이 지켜보는 가운데 편안히 누우시더니 영원한 적정삼매에 드시었다. 스님은 입적에 드시는 그날까지 예불과 운력과 정진에 참여하시는 생활로 일관하셨으나 입적의 모습이 특이하지 않았다. 지극히 평범하시고 다만 조용히 건강하신 채로 세연의 눈을 감았다.』

동산스님 열반 10주기 때 범어사 대웅전 앞에서. 앞은 줄 왼쪽에서 두 번째가 광덕스님.

이 두 자료에서 본 바와 같이 조실스님께서는 마지막 순간까지 한 점 흐트러짐이 없었다. 가히 당대에 조사 입적을 보이신 분이셨다는 생각을 하지 않을 수 없다. 조금도 앓지 않으셨을 뿐만 아니라 너무나 청정하신 모습이셨다.

여기쯤에서 내 이야기를 다시 계속하기로 하겠다. 조실스님의 입적에 대해서 어떤 기록으로도 다 표현할 수 없는 부문을 말하고 싶어서다. 혹시 내가 조사 입적에 허물을 보탤지는 모르겠지만 있는 그대로 자세하게 밝히는 것도 좋다는 생각이 앞서서다.

앞에서 나온 기록대로 조실스님께서 오후 들어 피곤을 보이셨지만 나는 그것을 전혀 느끼지 못했다. 평상시처럼 있는데 선과 사형이 와서 조실스님의 안색을 살피고는 크게 걱정을 하면서,

“조실스님께서 요즘 너무 무리를 하셔서 건강을 안심할 수 없으니 한약을 좀 지어드리자”고 제안했다.

그래서 평소 조실스님을 잘 모시는 한의사에게 연락을 했다. 금방 당도한 한의사는 약도 짓고 우황청심환도 몇 개 준비해 놓고 갔다. 그 전에 스님들도 왔고 조실스님의 말씀도 계셨다. 염려하는 스님들을 조실스님께서는 손사래를 하여 모두 물러가라고 한 뒤 언제나처럼 묵연히 앉아 계셨지만 보통 때보다 안색이 좀 달라 보였다. 나는 청심환 반을 갈라 더운물에 개어 드렸다. 청심환을 드시고도 조실스님께서는 힘들어 하셨고 눕고 싶어하는 것 같았다. 평소 조실스님은 아무리 피곤해도 낮에 눕는 일이 없었다. 그러기에 미처 말씀도 없는데 요를 깔 수가 없어서 눈치만 보고 있었다. 마침내 이렇게 말씀했다.

“이제 안 되겠다. 요 좀 깔아라.”

나는 얼른 요를 깔았다. 그리고는 편안히 휴식하시라고 얼마 전 능가스님이 일본에 갔다 오면서 조그만 라디오를 조실스님께 선물했는데 그걸 틀어 드렸다.

여기서 잠깐, 라디오 이야기를 하고 넘어가겠다. 조실스님과 라디오에 얽힌 이야기는 많다. 라디오를 어찌나 아끼시는지 비닐로 여러 번 감싼 뒤 들으셨다. 그리고 아침 청소 때는 당신의 허리에 붙들어 매고 비질을 하면서 뉴스를 들었다. 일대 종사이던 조실스님은 천진무구하기가 마치 아이들 같았다. 미국 케네디 대통령이 암살되었을 때도 제일 먼저 소식을 듣고는 아침공양 시간에 대중에게 알려 주기도 했다.

평소 조실스님의 성정은 좀 급한 편이셨다. 공양방 문을 열고 들어오면서 벌써 말씀의 반은 지나갔을 정도다. 여하튼 그 당시 범어사 대중들은 국내외의 새로운 소식을 조실스님으로부터 들었는데 그때마다 조실스님의 그 천진무구한 표정과 어린아이 같은 꾸밈없는 행동을 보는 것으로 큰방은 온통 웃음바다가 되었다. 몰랐던 새로운 소식을 들어서 즐거웠다기 보다는 조실스님의 천진무구한 일상에서 모든 대중이 다 함께 기쁨을 느끼는 것이었다.

동서남북 원근 각처에서 조실스님을 모시고 살고 싶다며 수좌들이 많이 모여들었는데 바로 그런 힘을 조실스님은 가지고 있었다. 아무튼 그 당시 라디오는 조실스님이 애지중지한 재산목록 1호였고, 입적하실 때도 곁에 있었으니 조실스님의 효상좌나 마찬가지였다.

조실스님이 내가 깐 요 위에 편안히 누우셨다. 그때가 아마 KBS 라디오의 오후 5시 30분부터 시작하는 어린이 시간이었던 것 같다. 라디오에서 어린이 노래가 나왔는데 아이들의 노랫소리가 아주 명랑하게 울렸다. 은쟁반에 옥구슬을 굴리는 것처럼 영롱했다. 어쩌면 조실스님의 천진무구함과 너무나 잘 어울리는 분위기였다. (조실스님의 마지막 순간에 어린이들이 노래를 불러드렸다는 생각이 나중에 들었다.) 가만히 누워 계시던 조실스님께서 다리를 주물러 달라고 하셨다. 내가 다리를 주물러 드리는 동안 조실스님은 어린이들의 노래를 들으면서 함께 놀고 있는 것 같았다. 표정이 온화하고 안정되기 그지없었다. 조금도 어떤 동요가 얼굴에 나타나거나 느껴지지 않았다. 나는 연신 다리를 주무르면서 귀로는 어린이들과 함께 어울려 노래를 따라 부르고 있었다. 아이들이 부르는 노래가 무척 신명나고 즐거웠다. 한참 있다가 조실스님은 다시 신문(「대한불교신문」)을 읽어 달라고 하셨다.

"어디부터 읽을까요?"

"그냥 쭉 읽어 봐."

그래서 나는 신문에만 눈을 박고 틀리지 않도록 또박또박 읽었다. 한참 동안 읽다가 조실스님을 바라보니 잠이 드신 것 같았다. 그래서 나는 읽던 신문을 조용히 접어 한쪽에 밀어두고 다시 조실스님의 다리를 천천히 주물렀다.

그때 거해스님이 조실스님께 문안드리겠다고 들어섰다. 거해스님은 누워 계시는 조실스님께 삼배 인사를 마치고 조실스님의 얼굴을 한참 들여다보더니 긴장된 모습으로 고개를 갸웃하며 말했다.

"아니, 조실스님께서 돌아가셨잖아요?"

그러면서 나를 바라보았다.

"아니, 무슨 소리야? 조금 전까지도 라디오 들으시고, 내가 신문 읽어드렸는데……?"

나는 황급히 "조실스님, 조실스님" 하고 소리쳐 불러보았다. 주무시는 모습은 평소와 같았지만 다른 것은 아무런 대답이 없는 것이었다. 난 또 불렀다. 역시 대답이 없었다. 거해스님 말처럼 열반에 드셨던 것이다. 아니 청정한 조사열반을 순식간에 이룬 것이다. 그런데도 나는 도저히 믿어지지가 않았다. 갑자기 허를 찔린 사람처럼 어이가 없었다. 세상에 이럴 수가, 이렇게 기막힌 일이 또 어디에 있을까? 너무나 감쪽같이 곁에 있는 내가 조금도 눈치채지 못하게 살며시 가시다니…….

사람이 죽을 때는 누구나 고통을 받는다. 아무리 건강한 사람이라 해도 대개는 고통 가운데 떠난다고 한다. 나는 조실스님은 성정이 급해서 돌아가실 때 힘들어하지 않을까 걱정을 한 적이 있었는데 막상 그 순간을 맞이하니 예상치 못했던 정반대의 상황이 벌어졌다.

말 그대로 기상천외였다. 인간의 상식으로는 도저히 이해할 수도 없고, 믿을 수도 없는 일이 눈앞에서 벌어졌다.

　나는 한동안 조실스님의 그러한 입적을 받아들일 수가 없었다. 아무리 애를 써도 실감나지도 않고 믿어지지도 않았다. 어린 나의 감정으로 감당하기 어려운 너무나 창졸간에 당한 일이라 처음에는 울음도 나오지 않았다. 그러다가 문상 온 스님들의 안타까워하는 표정도 보고 훌쩍훌쩍 우는 사람들도 보고 제방(諸方)에서 오신 큰스님들의 아쉬움 가득한 이야기도 들으며 하루 이틀 지나서야 겨우 울먹울먹 울음이 나왔다.

　다른 사람들은 무척 바쁘게 움직였지만 나는 무엇을 해야 할지 몰라 우왕좌왕 했다. 특별히 나를 불러 위로해 주거나 말 한마디 다정하게 해주는 사람도 없었다. 그럴 상황도 아니었지만 말이다. 혼자 울먹거리면서 방향 감각 없이 여기저기 기웃거리며 생각하니 나에게는 오직 조실스님밖에 없었는데, 막상 조실스님은 너무나 무심하게 내 곁을 떠나셨다. 정말 한순간의 일이라 내 기분을 어찌해야 할지 미처 분간이 서지 않았고, 마음을 도저히 안정시킬 수도 없었다. 자꾸 섭섭한 마음만 들었다. 금방이라도 조실스님이 나를 부를 것 같은 생각이 들면 더더욱 서럽고 아쉽고 섭섭했다.

　나는 시자가 된 뒤 조실스님과 잠시도 떨어져 있지 않고 분신처럼 곁에 있었는데 어린 나에게 '잘 있어라, 공부 잘 해라'는 한마디 당부의 말씀도 없이, 아니 마지막 작별의 어떤 낌새도 없이 이 세상을 훌쩍 떠나신 것이다. 너무나 표표히 뒤도 돌아보지 않고 매정하리만치 정을 끊고 가셨다. 나에게 다리 주무르게 해 놓고 당신은 그렇게 소리 없이 머나먼 길을 가셨다는 생각을 할수록 아쉽고 서럽기만 했다. 다시는 돌아오지 않는 길을, 다시는 내 이름을 부를 수 없는 길로 나의 스승 조실스님은 아주 가신 것이다. 마치 내가 어릴 때 잠들면 행여 잠이 깰세라 소리 없이 문을 열고 나가신 어머니같이 그렇게 떠나셨다.

아니, 내가 조실스님 가시는 것을 알면 엎어지며 자빠지며 천리만리 따라갈까 싶어서 내 몰래 살며시 가셨던 것이다. 가시는 것을 내가 알기라도 하면 죽자살자 매달릴까 봐 감쪽같이 자취를 감춰 버렸던 나의 스님, 아니 범어사 조실스님.

나는 어린 나이에 영문도 모른 채 아버지 손에 이끌려 절에 왔기에 언제나 집에 가고 싶었다. 자나깨나 오매불망 집에 가고 싶었지만 조실스님 곁에 사느라고 차츰 모든 것을 다 잊어버렸다. 아니 관세음보살 같은 조실스님만 바라보고 살았다. 그런데 가신다는 말씀 한마디 없이 가시고 난 뒤, 허탈과 안타까움은 도저히 뭐라고 표현할 수가 없었다. 나는 조실스님의 입적이 믿어지지도 않았고 이해되지도 않았다. 나는 스스로 진정할 수 없을 만큼 마음이 헝클어져 있었고, 심술이랄까? 투정이랄까? 아니면 섭섭함이랄까? 매우 복잡한 심정이었다.

'어린 나를 혼자 두고 당신만 해탈해서 가버리면 그만이야, 나는 어쩌란 말이야? 도대체 무슨 말씀이라도 한마디 남기셔야지 세상에 이럴 수가 있나?' 하는 서글픈 비탄과 다시 뵐 수 없다는 아쉬움만 가득했다. 정확하게 그때의 내 심정을 말하면 몹시 슬프기도 했지만 은근히 화도 났다.

입적 며칠이 지난 뒤, 나는 지치기도 하고, 어린 나를 두고 홀로 가신 조실스님께 화가 나기도 해서 소리 없이 청풍당 큰방 지대방으로 들어가 머리를 바닥에 처박고 누워버렸다. 전국의 스님들이 거의

다 모이다시피 했으니 범어사는 그야말로 인산인해였다. 그 많은 사
람들 가운데 내가 숨어 버렸으니 찾기가 어려웠다.

　사실 내가 없으면 조실스님의 수의가 어디 있는지 아무도 몰랐다.
조실스님의 수의는 몇 년 전에 준비해 두었다. 혹시 곰팡이가 날까
싶어서 해마다 꺼내 새로 풀을 먹여 두드리고 다려 바짝 건조시킨
뒤 고이 개어두곤 했다. 그러니 내가 없으면 그것이 어디 들어 있는
지 아무도 알지 못했다.

　그제야 사형들이 나를 찾느라고 시끌벅적 야단이 났다. 그때 사람
들이 너무 많이 와서 잠을 잘 곳이 없었다. 마당에 가마니를 깔고 자
고, 법당마다 사람들로 발 들여놓을 틈이 없을 지경이었다. 그런 인
산인해 속에서 내가 없어졌으니 참 기가 막힐 노릇이 된 것이다. 그
런 소동 속에서 호연스님인가, 일미스님인가 잘 기억나지 않지만 지
대방에 웅크리고 있는 나를 발견했다.

　"야, 계전아. 너 지금 여기서 뭐하고 있는 거야? 도대체 정신이 있
어, 없어, 응? 조실스님 염할 옷 어디 두었나? 지금 수의 찾느라 난리
났으니 얼른 뛰어가 봐. 저런, 미련둥이 같으니라구 여기서 뭐하고
있었나, 이 철부지야!"

　나는 벌떡 일어나 달려나갔다. 조실스님 방 대바구니 함에 고이
간직된 마지막 옷을 두 손으로 꺼내 들었다.

　그러기 직전 내가 지대방에 머리를 박고 있을 때 비몽사몽 중에
조실스님이 평소처럼 나타나 호통을 쳤다.

　"계전아, 이놈아! 장삼을 주어야 내가 법당에 올라가지, 가서 얼른
장삼 가지고 와."

　참으로 묘했다. 아니 너무나 신기하고 놀라웠다. 그 불가사의한 일

을 어떻게 설명해야 할지 사십여 년이 된 지금도 모르겠다.

그 순간 조실스님의 이런 말씀이 내 마음에 전해졌다.

'중 노릇 잘 하고 못 하고는 평소 일상에서 마음으로 전하는 것이지, 어찌 언어문자로 따로 전할까 보냐?'

난 그제야 기분이 좋아졌다. 생시처럼 내게 가사장삼 가져오라고 호통치는 그 말씀이 바로 내게 모든 것을 다 말해 주는 것이라고 믿었다. 문득 조실스님에 대한 은혜로운 생각이 솟아났고 희열이 내 몸을 감싸고 돌았다. 어찌 마음을 말로 다 표현할 수 있을까 하는 심정으로 새 옷 입으시는 조실스님의 법구 앞에 가서 큰절을 올렸다.

'이제 조실스님께서는 당신의 세계로 가시는구나.'

이렇게 생각하니 이상할 정도로 기분이 편안해지고 마음이 밝아졌다. 그리고 마치 춤이라도 출 것처럼 즐거웠다. 내 어린 마음에 조실스님의 입적이 조사열반이라는 믿음이 일었기 때문이다. 조실스님께서는 조사의 일상면모를 하나도 놓치지 않고 우리들에게 다 보여 주셨으니 또 무엇을 더 원하랴 싶었다. 만족이었다. 대만족이었다. 그래서 즐거웠던 것이다.

주변에 있는 종단의 여러 어른들이나 사형님들은 실실 웃고 다니는 나를 보고 "저놈 미쳤다"고 할 정도였다. 그때 성덕이가 옆에 있다가 "니는 조실스님이 돌아가셨는데 왜 자꾸 웃노?" 하고 물었다. 나는 여전히 미소 띤 얼굴로 "아, 그럴 일이 있어. 어어, 우리 스님이 나한테만 하신 이야기가 있어. 니는 몰라, 아무튼 그런 일이 있어" 하고 선문답 하듯이 적당히 얼버무렸다.

조실스님은 생전에 매일 새벽 2시만 되면 기침했다. 일어나면 맨 먼저 입을 소금물로 헹구는데 하루도 빠짐없이 항상 정해진 시간에

했다. 소금물을 입에 물고 '갈갈' 하고 목을 헹궜다. 그 당시에는 치약이 없으니까 누구나 양치를 소금물로 할 수밖에 없었고 또 소금물로 목을 헹구면 목소리가 좋아진다는 말도 있었다. 그것도 자신의 나이만큼 해야 좋다고 하는 말까지 있어서 조실스님은 당신의 연세만큼 소금물을 입에 물고 '갈갈' 하고 소리를 냈다. 매일 아침 소금물 양치를 그렇게 세 번이나 반복했다. 참으로 한 치도 어김 없는 일과의 시작이었다.

그래서인지는 몰라도 조실스님의 목소리는 천상의 소리와 같았다. 경을 읽을 때나, 염불을 할 때나, 보살계 산림 때나 혹은 설법할 때 게송을 읊으면 듣는 사람 모두 한없는 법열을 느껴 자지러질 지경이었다. 아, 저런 목소리가 천상의 소리겠지 하고 탄복하지 않을 수 없게 만들었다. 대중은 조실스님의 목소리에 따라 부처님의 세계에 노닐기도 하고, 간절한 발심이 솟아 금생에 꼭 성불해 마치겠다는 큰 서원을 일으키기도 했다. 아니 신선이 되어 구름 위에 노니는 것 같은 기분일지도 모르겠다. 참으로 묘한 위신력이 아닐 수 없다.

또 집안의 어른으로서나 종단의 어른으로서 대중을 통솔하는 데 특별한 법을 쓰지 않고 무슨 일이든 맨 앞에서 솔선수범 했다. 대중 공양 때든, 아침청소 때든, 대중운력 때든, 또 선방의 정진시간 때든, 조실스님은 어느 때나 앞장섰다. 일흔이 넘은 노인이 때로는 누워서 쉬고 싶지 않았을까? 아마 마음 같지 않는 몸을 일으키느라 남몰래 사지육신을 수없이 추슬러가며 달랬을지도 모르는 일이다. 어찌 젊은 사람들처럼 쉽게 몸을 움직일 수 있었겠으며 또 일을 한다고 해야 얼마나 할까?

그러나 조실스님이 앞장서니까 대중 누구도 빠지거나 게으름을 부릴 수가 없었다. 대중의 일에 모두 다 동참 동행해야 하는 것이다.

그것이 법이었다. 문서에 써 있지는 않았지만 누구나 지켜야 하는 가장 무서운 법이었다. 그러니 지효 사형님, 설봉스님, 또 그 당시 전강스님도 범어사에 있었는데 지금 관조스님 방을 썼다. 전강스님, 자운스님, 당대 큰스님들이 죽 나와 청소를 했다. 광덕 사형님은 그 당시 열중(悅衆, 광덕스님이 맡은 소임으로 전무후무했음) 소임을 맡고 있었는데 일타스님, 도견스님 등과 함께 빗자루를 들고 아침청소를 했다.

이러한 것이 그때 범어사의 분위기였다. 조실스님은 스물네 시간을 그렇게 살았다. 대중 처소에서 조실이라고 또는 연세가 높다고 빠지거나 열외하지 않고 항상 대중 앞에서 솔선수범으로 사표가 되어 주었다. 그야말로 임종 때까지 말이다.

그러하신 조실스님의 법도를 내가 조금 이어받았다고 말해도 될지 모르겠다. 곁에서 보고 들었던 조실스님의 면모가 내 마음에 나도 몰래 담겨 있었다. 마치 이슬 속을 걸으면 자신도 모르게 옷이 젖듯이, 그렇게 소리 없이 나에게 젖어들었던 것이다. 커 가면서, 나이 들면서 조실스님의 은혜가 알게 모르게 나타났고, 오늘이 있기까지 부지불식간에 수시로 작용했다. 또한 내 인생의 고비 때마다 등불이 되고 이정표가 되어 주었다.

7. 광덕스님

내가 조실스님을 시봉할 때 광덕스님은 범어사 열중 소임을 맡고 있었다. 그 당시 나는 어린 나이였기 때문에 어른들이 하는 일을 잘 몰랐다. 그러나 지금도 내 기억에 선명한 것은 조실스님이 광덕스님을 무척 신임했다는 사실이다. 조실스님은 다른 사람들이 하는 일은 불안해 했어도 광덕스님이 하는 일은 뜻밖일 정도로 말씀이 없었다. 사중 일이나 종단 일이나 광덕스님이 계획을 세워 조실스님께 여쭈면 흐뭇하게 바라보며 묵묵히 인가했다. 예를 들어『벽암록』강의를 계획하든가,『범망경』강의를 계획하든가,『선문염송』강의를 계획하든가, 다 그대로 인가해 주었다. 아마 그것은 조실스님이 광덕스님의 인품을 전적으로 믿었기 때문이 아닌가 생각한다.

광덕스님은 정확하고 철두철미하며 또한 남에게는 자애롭고 온유했다. 그리고 어른 모시는 일에는 몸에 밴 분명한 예절이 있었다. 광덕스님은 미처 자신의 몸이 따라주지 않아서 그렇지, 무슨 일이든 하기로 마음만 먹으면 참으로 열성적이었다. 단적인 예로 아침 도량 청소 시간에 조실스님이 앞장서면 그 다음은 광덕스님이 따르는데 강원이고 선방이고 예외가 없었다. 앞에서 빗자루로 쓸면서도 대중 가운데 누구는 나왔고, 누구는 안 나왔다는 것을 다 알았다. 설령 아무개가 안 나왔다고 해도 여럿 앞에서 이름을 거론한다든가 바로 꾸중을 하지 않고 그 방 앞에 가서 청소를 했다. 당사자가 아파서 몸져 눕지 않은 바에야 도저히 안 나오고 배길 수 없게 만들었다.

그렇게 해서 범어사는 아래 위의 질서가 살아 숨쉬는 위의와 체통이 갖추어졌고 어른의 영(令)이 서는 모범도량이 되었다. 광덕 사형님은 무슨 일을 하든 미리 계획을 세워서 대중에게 거론하여 의견을 수렴한 뒤 실행하는 정신, 또한 철두철미했다. 찰중은 강원을 통솔하지만 열중은 전 사중을 대상으로 일을 하기 때문에 항상 무슨 일이든 조실스님께 직접 보고드려 승낙 받은 후에 일했다.

해제하면 무슨 일 하고, 결제하면 무슨 일 한다는 일사불란한 계획을 광덕 사형님은 무릎 꿇고 앉아 조실스님께 하나하나 여쭈어 올

렸던 것이다. 그 당시 나는 어려서 조실스님께 드리는 광덕 사형님
의 말을 다 이해하지는 못했지만 자세하고 치밀한 준비로 브리핑하
다시피 어른께 보고를 드리는 광경은 지금도 눈에 선하다. 그뿐만
아니다. 조실스님과 설봉스님, 조실스님과 전강스님, 조실스님과 경
봉스님, 조실스님과 금오스님 등, 여러 큰스님들 사이를 잘 조절했
고, 종단의 어른들이 범어사에 어느 때나 오실 수 있도록 지극한 배
려와 준비를 사전에 갖추었다. 그래서 효봉스님, 관응스님, 석암스님,
고암스님 등등 거의 모든 큰스님들께서 무시로 범어사를 출입했다.
그런 까닭으로 범어사에는 당대 큰스님들의 발걸음이 끊이지 않았
다.

　사실 큰스님들이 서로 오고 싶고, 또 보고 싶어도 어떤 계기가 없
으면 출입이 용이치 않을 수도 있는데 그런 어른들의 마음과 입장을
미리 헤아려 알고 직접 나서서 주선하고 일을 만들어 범어사에 편히
오시도록 했던 것이다. 그런 까닭에 범어사에서 조실스님을 비롯한
한국 제일의 선지식들이 한자리에 모여 허심탄회하게 법담을 나누고
종단을 염려하고 불사를 의논했다.

　그때는 범어사에 스님들이 많았다. 공부하러 온 스님들, 조실스님
께 인사하러 온 스님들, 부산까지 왔다가 범어사에 참배 온 스님들
등, 참으로 다 헤아리지 못할 만큼 많았다. 또 조실스님 회상에 모여
드는 수행자들은 날마다 늘어났다. 그래서 철야 정진하고, 선어록 강
의하고, 수행정진에 쉬는 날이 없었다. 그래서 공밥 먹는 사람도 없
었다. 그때는 한 달이 멀다 하고 철야 용맹정진을 며칠씩 했으니 뜨
거운 구도열은 참으로 대단했다.

　그런 때는 강원 학인들도 모두 참석해서 대단한 각오로 정진했다.
부득이한 사중 소임자들만 빼놓고 모두 참석했다. 대신 소임자들은

수행대중들 뒷바라지에 골몰했다. 그 당시 대중공양에는 특별히 좋은 것이 없었다. 최고 잘 차린 대중공양이 찰밥, 김, 두부전골, 미역국 정도였다. 그런 범어사 분위기에 가장 즐거웠던 사람들은 부산 신도들이었다. 특히 온천장에 있는 신도들이 신심이 나서 통행금지고 뭐고 상관없이 음식 장만해서 그 추운 겨울에 올라왔다. 스님들은 밤새워 공부하는데 신도들은 공부바라지라도 해야 한다면서 야단이었다.

나도 물론 예외일 수 없었다. 조실스님 시봉하면서도 철야정진에 빠짐없이 참석했다. 그렇게 잠 안 자고 꼬박 일주일이 되는 마지막 날 아침이면, 나는 갑자기 새가 되어 날아갈 것만 같은 기분이 되었다. 가히 하늘을 난다는 기분이라고 하는 말을 실감했을 때가 용맹정진을 끝내는 날이었다.

선방 수좌들은 그렇게 석 달 동안 결제하고 해제가 되면 막상 딱히 갈 곳도 없었지만 신바람이 났다. 그들에게는 온 세상이 모두 자신의 것 같은 기분이 들었기 때문이다. 사실 내 경우는 용맹정진해서 도를 깨닫는 것보다 용맹정진하기 전보다 마음이 훨씬 너그러워진 것을 가장 먼저 느낀다. 남의 말도 깊이 이해하고, 싫은 소리를 주고받아도 내가 먼저 참아야지 하는 지각도 생겼으니 말이다.

그때 광덕스님과 일타스님, 두 분은 참 잘 맞았다. 거기다가 진상스님이 함께 하면 더더욱 기가 막힌 트리오가 되었다. 그리고 세 분 모두 성품이 철저하고 치밀했다. 그래서 세 분이 모이면 안 되는 일이 없었다. 각자의 뛰어난 개성을 발휘하여 범어사의 화합과 발전에 크게 기여했다. 어른이 금정산 고당처럼 우뚝 계시고 대중들 많고 신도들 지극했으니 사실 안 될 일도 없었다. 먹을 것, 입을 것은 천상에서 날아오듯이 절로 올라왔다.

그런데도 큰절에서는 아침마다 죽을 먹었다. 양식이 없어서라기보다는 공부하기 위해서 죽을 먹었다. 아침에 밥을 먹으면 소화에 부담이 되어 좌선하면 졸음이 오는데 죽을 먹으면 속이 편해서 집중이 잘 되고 공부가 순조로웠다. 그러나 강원에는 거의 젊은 사람들만 있었기에 희멀건 죽 한 그릇 먹고 점심공양 시간까지 견딜 수가 없었다. 배가 고파 죽을 판이었다. 금강경 한 번 소리내어 읽고 나면 바로 앉아 있을 수가 없을 지경으로 허리가 휘어지고 구부러졌다.

강원의 학인들은 새벽예불 끝나고 큰방에 모여 경을 읽는데 광덕스님은 강원 어간에 떡 앉아 학인들을 지켰다. 젊은 학인들이 새벽 시간에 잠잘까 봐 감시하기 위한 것이다. 광덕스님이 의연하게 앉아서 정진하면 우리는 묵묵히 금강경을 읽어야 했다. 금강경 한 번 읽는 데 사십여 분 정도 걸리는데 그 사이 얼마나 잠이 쏟아지는지 항상 졸면서 홍얼거렸다. 광덕스님은 저놈들이 저래도 조금 지나면 잘하겠지 하는 바람으로 앉아서 우리를 지켰다. 졸음 반 독경 반으로 읽었어도 다 끝나면 광덕스님은 어김없이 내려가셨다. 광덕스님의 그림자가 마당 끝으로 사라지면 강원 학인들은 일제히 환호성을 지르면서 제각각 벌렁벌렁 나가떨어졌다.

그 당시 분위기는 사중에 소임자가 다 있어도 열중이 소임의 중심이 되었다. 물론 총무, 교무, 재무가 다 있었지만 열중이 사중 전체를 통솔하다시피 했다. 다른 소임자들은 우리 불교의 전거나 행정을 잘 모르니까 자연히 광덕스님을 많이 찾았다. 누가 시켜서가 아니라 소임자들 스스로가 열중인 광덕 사형님에게 물어서 했다. 광덕스님 방에 가면 진상스님이 앉아 있고, 일타스님이 앉아 있지, 기라성 같은 스님들이 죽 둘러앉아 있으니 사실 누가 계획을 따로 만들 필요도 없었던 것이다.

소임자들이 뭐든 광덕스님에게 물으면 "이것은 이렇게, 저것은 저렇게 하면 좋지 않겠어요? 내 생각은 그런데 조실스님께 여쭈어 하세요"라고 대답하곤 했다. 조실스님은 소임자들의 보고를 받으면 늘 "광덕이 오라고 해" 했다. 광덕스님이 곧 달려오면 "자네가 이렇게 했나?" 하고 물으면, 광덕스님은 언제나 절한 뒤 무릎 꿇고 앉아 있다가 얼른 합장하며 "예" 하고 공손히 대답했다. 그러면, 조실스님은 "그러면 한 번 해 봐" 하고 그 자리에서 승낙했다. 광덕 사형님은 같은 절에 살면서 하루에 열 번 조실스님을 뵈어도 그때마다 절하고 앉았다. 그냥 털썩 앉는 법이 없었고 평좌로 앉는 법도 없었다.

아무튼 그때 범어사에서는 『벽암록』, 『선문촬요』, 『범망경』 등을 강의하였다. 전국에 있는 스님들이 그 강의를 듣기 위해 구름같이 몰려들었다. 원응료 큰방에 가득했다. 심지어는 고암스님이나 석암스님까지도 큰방에서 머물렀을 정도였다. 그때는 요즘 같은 이불도 없었다. 모두 좌복 하나 배 위에 얹고 목침 베고 누우면 그만이었다. 강의는 당대의 대도인이었던 설봉스님이 했다. 그분은 범부들이 함부로 흉내낼 수 없는 특출한 면모를 갖추고 있던 분이다.

그때 참석하신 분들은 효봉스님, 금오스님, 경봉스님, 전강스님 등이었다. 특히 이분들이 돌아가면서 법문을 했는데 금오스님은 앉아 있는 모습이 마치 사자 같았고, 효봉스님은 연세가 높아서 발음이 똑똑하지 않아 잘 알아들을 수가 없을 지경이었다. 조실스님의 맏상좌였던 성철스님도 왔는데 오래 머물지 않고 갔다.

8. 범어사 가풍

조실스님은 하루 스물네 시간 일상 중에 삼경이 돼야 방에 들어가 불을 껐다. 그때부터 또 다른 정진을 했다. 언제나 취침시간 전에 대나무 통에 모셨던 원불을 내 모시고 향 한 가지 올린 뒤 무릎 꿇고 앉아서 한 시간 가량 주력을 했다. 능엄주를 하시는 것 같았다. 나는 늘 조실스님 방에 들락날락 하면서 수발을 들어야 하는 시자였기 때문에 조실스님의 일거일동을 너무나 잘 알 수 있었다. 그때 조실스님을 바라보면 몸은 보이지 않고 눈만 형형하게 빛났다. 불을 모두 꺼버리고 무릎 꿇고 앉아서 능엄주삼매에 드셨던 조실스님, 그런 광경을 뭐라고 말할 수 있을까? 아무리 궁리해도 불보살의 현현이었다는 말을 빼고는 감당이 서지 않는다.

조실스님께서는 매일 밤 혼자만의 특별정진 후에야 자리에 몸을 뉘었다. 머리를 꼭 동쪽으로 두시고 머리 쪽에는 반드시 창이 있어야 했다. 창이 없으면 답답해 했다. 아침에는 예불시간 훨씬 전에 기침했다. 주로 새벽 1시 30분이다. 그러니까 조실스님의 취침시간은 불과 세 시간 안팎이었다. 언제나 예불 시작 한 시간 반 전에 일어나서 양치하고 두 시가 되면 딱 꿇어앉아서 기도하다가 큰 종 치면 각단 예불부터 나갔다.

조실스님은 법문을 잘하셨다. 누구나 한 번이라도 들으면 그 즉시 보리심을 발했다. 조실스님의 지극한 신심을 찾아 수많은 구도 납자들이 몰려왔던 것은 앞에서 말했고 재가 불자들도 구름처럼 몰려왔다. 가까이는 동래경찰서장이 스승으로 극진히 모셨고, 김현옥 부산

시장이 마음을 다해 아버지로 스승으로 모셨다. 그들뿐이 아니다. 다 헤아릴 수가 없다. 이런 불가사의한 일은 지극한 설법의 힘 때문이었고 안과 밖이 똑같은 일상의 간절함이 있었기 때문이다.

대중과 함께 사는데 어른이 흐트러지면 통솔은 불가능한 것이다. 그런데 조실스님은 여여한 일상으로 한평생을 지냈다. 말하자면 하루 스물네 시간 모두 당신의 수행시간이었다. 그 힘에 의해서 모든 대중이 무조건 따른 것이다. 대중이 하는 일은 신장님도 못 말린다는 말이 있듯이, 대중을 여법하게 이끌어간다는 것은 지극하지 않으면 불가능한 일이다.

이제 내가 좋아하는 『벽암록』에 나오는 게송 한 구절을 소개하면서 나와 광덕 사형님과의 인연 이야기를 끝맺음하겠다. 어떻게 보면 사형님 이야기라기보다는 내 신변 이야기부터 시작해서 조실스님의 이야기가 주를 이루었다. 이 글을 부탁한 송암스님이 당시의 절 풍속을 이해하는 데 도움이 될 것 같다고 하여 그의 뜻을 따라 기억에 의존하긴 했지만 비교적 세세하게 기술했다.

이제 돌아보면 다행스럽기 그지없다. 내가 과연 무슨 복으로 그런 어른들을 모시고 살 수 있었을까를 생각하니 말이다. 실로 감읍한 마음 주체할 수 없다. 나는 어른 모시고 사는 삶이 최고의 수행이라고 생각하며, 누구나 출가자라면 먼저 어른을 모셔야 한다는 이야기를 꼭 하고 싶다. 그리고 광덕 사형님 입적 후에도 '시봉일기'를 쓰면서 어른을 줄곧 모시고 사는 송암스님의 장한 뜻에 경의를 표해마지 않는다.

이 글은 『벽암록』 37칙에 나오는 반산스님의 게송이다. 이 게송 한 구절을 통해 설봉스님이 강의하시는 광경을 다시 그려보고 그때의 범어사 광경을 떠올려 본다.

三界無性　삼계엔 아무 법도 없는데
何處求心　어디서 마음을 찾을꼬?
白雲爲蓋　흰구름은 일산이 되고
流泉作琴　시냇물은 거문고가 되는데
一曲兩曲無人會　한 곡 두 곡 뜯어도 알아 주는 이 없고
雨過夜塘秋水深　비 지난 밤 연못에 가을 물만 깊구나.

불기 2547년 7월에 금정산 국청사 隅居에서
戒田　焚香拜禮

온유로 엄했던 선지식

송호경암(松湖敬庵) | 대구 팔공사 주지

나는 출가위승(出家爲僧)의 경암보다 군법사(軍法師) 조제우(趙濟佑)로 더 잘 알려졌는지도 모르겠다. 군법사 3기로 군포교에 몸을 담아, 그때만 해도 미개척지기도 한 군에 너무 할 일이 많아 온몸을 태우면서 살고 싶었기 때문이었는지 모를 일이다.

나는 경북 영일에서 태어나 그 당시 이종익 박사가 쓴 『사명대사』를 읽고 발심하여 절에 드나들기 시작했다. 급기야는 고시공부 하러 절에 들어갔다가 아예 출가자가 되었다. 내가 공부하기 위해 몸담고 있던 절의 스님께 수많은 질문을 퍼부어 의문을 해결하다가, 도저히 양이 차지 않아 범어사로 향했다. 어릴 때부터 동네에 탁발승이 오면 뒤를 졸졸 따라다니기를 좋아했고, 그 탁발승이 동네를 다 벗어날 때까지 마냥 바라보고 서 있다가 시야에서 가물가물해진 뒤에야 발걸음을 돌렸던 기억이 지금도 새롭다.

내가 범어사에 처음 갔을 때, 홍교스님이 나보다 3일 먼저 온 행자로 있었다. 1960년대 초였으니까 어느덧 수십 년의 세월이 속절없이 흘렀다. 내 나이 예순을 넘어선 지금, 다시 지난날을 회고하니 내가 살아왔으면서도 내가 산 것 같지 않은 생경함마저 느껴진다. 참 어이없는 인생이다. 존경해 마지않던 조실스님, 광덕 사형님은 이미 입적하시어 고인이 되셨으니 말이다.

그 당시 광덕 사형님은 범어사 열중으로서 참으로 뛰어나셨다. 특히 교육에 무척 관심이 많아서 행자가 처음 들어오면 그때부터 철저하게 가르치려고 노력하셨고, 사미나 초학자들에게도 세세한 지도를 아끼지 않으셨다. 또 그 당시 분위기로는 상상도 못할 일도 하셨다. 사미들과 초학자들에게 외국어를 익히라고 했던 것이다. 최소한 영어와 일어, 이 둘은 익혀야 한다고 이르셨다. 그저 산중에 들어앉아서 염불 잘하고 참선 잘하면 되지 무슨 그런 뜽딴지같은 일을 하느냐는 생각으로 가득한 의식구조 속에서 사형님의 이런 주장은 딴 세상 이야기로 들렸다. 마치 우리 어린 시절에 배고팠던 이야기를 지금 젊은 사람들은 이해하지 못하는 것처럼.

마찬가지로 그 당시 광덕 사형님이 우리 어린 사미들에게 외국어 공부시켰다고 하면 그저 그러려니 할 뿐이다. 사람은 자신이 겪어보지 못한 일은 절실히 알지 못한다. 아무튼 광덕 사형님은 범어사에서나 봉은사에서나, 혹은 종단에서 교육을 위해 불철주야 열중하셨고, 신명을 바쳐 앞장섰다고 생각한다. 그야말로 교육을 통한 한국불교 중흥을 도모하였다.

특히 봉은사 시절, 당시 사회 분위기로 보면 대학생이 무척 귀한 때였다. 대학 들어가기도 어려웠고, 들어가면 학비 대기도 어려웠다. 범어사 같은 사세로도 대학생 한 사람 키우기가 어려웠는데 하물며 일반 민가에서야 더욱 힘든 일이었다. 그런 대학생들을 불러모아 불교를 가르쳤을 뿐만 아니라 심지어 절에서 함께 생활했으니, 이 역시 지금 생각으로는 감당이 서지 않을 일이다. 나는 그 당시 출가자의 신분으로 동국대를 다니고 있던 입장이었지만, 그래도 공밥 먹으면 안 된다고 봉은사 원주 소임을 맡기셨다.

그런 대학생들의 정신적인 아버지 역할을 하신 분이 바로 광덕 사형님이시다. 한국의 앞날을 짊어지고 있던 그들의 스승이셨으니, 어쩌면 광덕 사형님은 교육을 위해 오신 화현보살이 아니신가 하는 생각이 들 때도 있다.

어린 사미들이 외출했다가 자장면을 먹고 들어오면 금방 탄로난다. 예불시작 전이나 좌선 끝난 방선시간에 스님이 뒤에 가서 머리를 쓰다듬어 주기도 하고, 격려해 줄 때 양파냄새를 맡은 것이다. 그러면 아무런 말씀이 없으셨다가 다음 외출을 금지시킨다. 아랫사람들에게라도 절대로 인격을 손상시켜 가며 야단치거나 꾸짖지 않았다. 당신 자신은 계율에 엄하셨고 수행정진에 철저하셨지만 남에게는 자비와 예절과 높은 교양으로 대했다. 남에게는 온유하기 그지없이 너그러워도 스님 자신에게는 더더욱 칼이었고, 불이었다.

스님께서 수술 받고 정양하실 때 보면 얼마나 지독했는지 상상도 못할 지경이다. 그래서 사형님의 처소에서는 대중이 일사불란하게 따랐던 것이라고 본다. 아무리 저녁 늦게 자도, 아니면 힘든 일을 했다 해도 그 다음날 새벽예불 빠지면 벼락이 떨어졌다.

광덕 사형님은 한국불교의 개척자이시다. 남들은 스님을 도심포교의 공로자, 선구자라고 말들 하지만 그것은 일부이다. 오늘의 한국불교를 대표하는 통합 조계종단에 기초를 마련하고 주춧돌을 놓았으며 기둥과 대들보를 올린 분이 나의 사형이신 금하당 광덕 대선사이셨음을 다시 선언하고 싶다. 익히 아는 바와 같이 스님께서는 대학생

불교의 산파이셨고, 군승제도의 틀을 형성해 주셨고, 청정한 승가의 일상정신을 다시 실현하도록 옛 수행전통을 되살리셨다.

여기에서 불광의 여러 운동은 말하지 않더라도 이 세 가지는 오늘의 한국불교에 매우 중요한 토대라고 생각한다. 왜냐하면 내가 사형님이 세우신 제도의 동참자이며 실천자였기에 말이다. 이제 사형님과의 지난날을 다시 돌아보니 사형님은 너무나 큰 산이었고 바다였다. 도저히 따르지 못해 엎드려 절 올리는 것으로 심정을 대신하려고 한다.

바라오니, "사형님, 어서 사바로 다시 오소서."

나무마하반야바라밀.

2547(2003)년 8월 19일

경암 합장경배

범어사에서 광덕 사형님과 보낸 시절

각원선과(覺園善果) | 부산 범어사 법사

1. 옛 인연을 이어서

안성 도피안사 송암스님으로부터 광덕 사형님과의 인연담을 써달라는 원고 청탁을 받고, 나는 불현듯 하던 일을 멈추고 금정산 고당을 바라보았다.

고당은 금정산에서 가장 높은 봉우리이고 그 주위 아래쪽 큰 바위에 금정(金井)이 있다. 범어사 뒷산이 금정산으로 불린 유래가 거기에서 비롯된다. 예전에는 범어사 큰절에서 해마다 빠짐없이 고당에 산신제를 지내기도 했다. 바로 그 고당은 내 어린 시절의 추억이 담겨 있을 뿐만 아니라 범어사의 유구한 역사를 묵묵히 지켜온 증인이기도 하다. 말하자면 금정산에서 자란 나의 정신세계, 범어사의 온갖 일들이 거기 담겨 있다는 말이고, 광덕 사형님의 수행인연도 포함한다는 뜻이다. 광덕 사형님을 생각하는 사이 나는 어느새 지난 시절로 되돌아가고 있다.

나는 황해도 해주에서 태어났다. 1938년에 태어났으니까 어언 내 나이 육십을 훌쩍 넘겼다. 나는 어린 나이에 한국전쟁을 만났고 그로 말미암아 고향산천을 등졌다. 소위 1·4 후퇴 때 남하하는 군인들을 따라 남으로 남으로 내려왔고, 충북 보은에 삼촌이 계셨던 관계로 거기에서 머물며 서당에서 한학을 배웠다. 피난해 내려오던 중 아버지는 돌아가셨고 누님과 그 당시 열세 살이었던 나는 천신만고 속에 목적지 보은에 간신히 도착했다. 우리 남매는 고향과 집과 부모와 형제를 한꺼번에 모두 잃은 전쟁고아가 되었다.

지금 다시 생각해도 전쟁의 고통은 상상을 뛰어넘는 무서운 것이다. 그리고 쉽게 뇌리에서 지워지지도 않는다. 설령 아무리 세월이 많이 흘러갔어도 말이다. 이 고통의 흔적을 말끔히 지울 수 없는 것이 어찌 나뿐이랴! 전쟁을 겪었던 우리 세대들은 모두 이러한 아픔을 안고 지금까지 살아왔다.

나는 어린 나이에 겪은 전쟁과 그 후유증을 바라보면서 나도 모르는 사이 생각하는 기회가 점점 많아졌다. 그래서인지는 몰라도 나이와는 걸맞지 않게 무척 조숙했던 것 같다. 나도 몰래 삶에 대해 깊이 생각하였고, 그때 나이로는 감당이 서지 않는 질문을 가슴에 품게 되었다. 한창 성장하면서 인생에 대한 고뇌가 깊었던 까닭에 결국 산에서 나의 길을 다시 찾았던 것이 아닐까 다시금 생각해 본다.

그러한 고뇌의 터널은 마침내 부산 범어사와 인연을 맺은 뒤 벗어났다. 즉 거기서 내 인생의 새 출발이 시작되었던 것이다. 그것은 새로 태어난 것과 같은 뜻을 지닌다고 해야 할 일이다. 그러므로 나의 고향은 두 곳이다. 황해도 해주와 부산 범어사. 새로운 고향이 부산 범어사인 까닭에 부모도 호주도 모두 부처님과 조실스님이셨다.

그러니까 내 나이 열아홉 되던 1957년 1월 어느 날, 나는 범어사 조실(東山) 스님 품으로 뛰어들어갔다. 숙세의 인연이었던지 아니면 운이 좋았던지 들어가자마자 조실스님을 모시는 시자의 소임을 맡았고, 또한 그로부터 두 달 뒤에 바로 사미계를 받는 특별한 은혜를 입었다. 나는 조실스님 시봉할 때 조실스님께 『서장』을 배웠고, 또 청강생으로 강원 뒷자리에 앉아서 당대 명강사였던 성호스님으로부터 『사집』을 배울 수도 있었다. 강사인 성호스님은 철저하게 공부하고 용맹정진으로 수행하신 큰스님이셨다. 경전뿐만 아니라 선어록에도 공부가 깊어 우리 나라 최초로 『벽암록』을 현토하여 강원에서 강의했다.

사실 강원에서 배우는 공부는 누구나 강원에만 들어가면 가능한 일이지만 조실스님께 나 홀로 무릎 꿇고 앉아서 『서장』을 배운다는 것은 매우 특별한 일이다. 이미 다 아는 사실이지만 조실스님은 언제나 대중들과 함께 동참 동행하신 솔선수범의 지도자시고 당대의 선지식이셨다. 연세가 많다거나 직위가 높다고 해서 동참 동행의 대중수행의 근간에 예외를 두지 않으셨다. 어찌 감히 부처님 앞에서 나이를 세울 수 있으며 직위를 세울 수 있는가 하는 주장처럼 행동했다. 조실스님께서는 비가 오나 눈이 오나 몸이 아프거나 괴롭거나 상관없이 대중과 더불어 하루 세 번 예불 올리고, 운력하고, 공양하는 일상의 평범한 수행자이셨다. 사실 조실스님의 그러한 모습은 세월이 흘러갈수록 더 생생하게 내 가슴에서 살아난다. 비록 나만의 일은 아니겠지만…….

이렇게 신앙심이 지극하셨던 조실스님은 아무리 절 살림이 어렵다 해도 오는 사람 막지 않았고 가는 사람은 애써 말리고 붙들었다.

여기 더 살지 왜 가느냐고 하면서 미련과 아쉬움을 가지고 바라보았다. 그래도 굳이 떠난다면 못내 아쉬운 눈길을 거두지 못했다. 그가 설령 대중에게 피해를 끼치고 떠날 수밖에 없는 말썽꾸러기 괴각이라 하더라도 조실스님의 눈에는 자식이고 동생이고 피붙이와 조금도 다르지 않았던 것이다.

지난 2003년 3월 27일, 송암스님이 이곳 토굴(부산시 북구 화명동 매원, 금정산성 서문 아래)에 몇 가지 일을 확인하러 내려왔을 때 나는 조실스님의 그러한 면모를 신이 나서 큰소리로 말했다.

"송암스님, 조실스님이나 광덕 사형님은 남보다 다르셨어요. 내가 보기에는 인간이면 누구나 가지고 있는 개인의 기분이나 감정을 수행으로 극복하고 오직 참 생명으로 살았던 분들이지요. 그러한 점을 제3자가 굳이 설명한다면 신구의(身口意)가 일치한 청정한 삼업(三業)으로 살았다고 말할 것입니다. 그랬기에 그분들의 일상은 언제나 한결같았어요. 특별하지 않는 평범한 일상 속에서 도를 보였고 청정을 보였고 진실한 수행이 무엇인가를 다 보여 주셨어요. 그런 점 때문에 사람들은 근래의 선지식 가운데 두 분을 가장 모범적인 사표가 되신 분들이라고 말합니다. 내가 이런 이야기를 하는 것은 단지 그분들이 내 스승이고 사형이기 때문만이 아닙니다. 내가 곁에서 직접 보고 느끼고 감화를 입었기에 자신 있게 하는 말입니다.

그분들은 오로지 부처님의 행을 닮았고, 부처님의 마음을 닮았고, 부처님의 삶을 닮았던 분들이며, 또 끊임없이 닮아가려고 노력했던 솔직한 분들이지요. 그것이 그분들의 행주좌와 어묵동정(行住坐臥 語默動靜)의 일상 정진이었어요. 사실 우리 수행자들에게 그런 점이 중요하지 않겠어요. 아무런 기준 없이 자기 멋대로라면 무슨 귀감이 되고 사표가 된다고 말할 수 있겠어요."

송암스님이 어찌 받아들이든 나는 내 이야기에 열을 올렸다. 그러한 면모를 다시 생각하면 조실스님이나 사형님은 오직 법답게 살다 가신 불보살의 화현이라는 생각을 거듭 한다. 그렇게 고맙고 정다운 분들을 모시고 살던 때가 불과 어제 일 같기만 한데 아, 어느 덧 내 나이 예순이 훌쩍 넘었으니 새삼 인생 무상함을 온몸으로 절절히 느낀다. 원효스님은 「발행수행장(發心修行章)」이라는 글에서 수행자들에게 세월이 빠름을 간절히 일깨웠는데 그 말씀이 다시금 뼛속을 헤집고 들어온다.

그렇지만 부처님 은혜 속에서 이렇게 살다 보니 때로는 세속의 덧없는 나이를 잊어버릴 때도 있고, 마냥 흘러가는 무상한 세월 앞에서도 꽤 대범해지기도 했다. 여기에는 확실한 이유가 있다. 왜냐하면 조실스님 모시고 금생을 살아가야 하는 나는 아무리 나이가 들었어도 항상 어린아이이기 때문이다. 조실스님의 제자인 나는 스승이신 그분 앞에 무엇 하나 따로 내세울 것이 없다. 나이도 세월도 자존심도 심지어는 죽음마저도……. 그러한 까닭에 조실스님께서는 오래 전에 입적하셨지만 내 가슴속에서는 영원히 나와 함께 하신다.

이미 말했지만 내 나이 열아홉 살 때, 처음 조실스님을 모셨다. 입적하실 때까지 곁에서 시봉도 하고 글도 배우고 꾸지람도 듣고 무척이나 귀찮게도 해드렸다. 때로는 잠깐씩 다른 곳에 가서 기도나 공부를 하고 돌아온 적은 있었지만 언제나 구심점을 벗어난 일은 없었다. 그리고 회하(會下)에서 원주나 재무의 소임도 보았고 또 조실스님 모시고 울산 문수암을 다녀오기도 했다. 그 당시 문수암에는 조실스님의 사제였던 동헌 사숙님이 주지로 계셨다.

조실스님은 당신이 우리 나라에서 가장 좋아했던 절이 전남 강진

만덕사라고 말씀했다. 자주 이야기하시는 것을 듣고 나는 속으로 조실스님께서 만덕사를 좋아하실 뿐만 아니라 그리워하시는구나 하고 생각하기도 했다. 다행스럽게도 조실스님이 못내 그리워하셨던 그 만덕사에 최근 조실스님의 비를 범어사 주지 성오스님이 세웠다는 소식을 전해 들었다. 비문은 지관스님이 썼다고 하니 이모저모로 감회가 새롭다.

조실스님은 상좌들이나 소임자들, 대중들이 행동하는 것, 공부하는 것을 항상 예의주시 살피셨다. 그런 중에 누가 공부하다 여쭙기라도 하면 아주 자상하게 설명하고 친절하게 지도해 주셨다. 그러나 누구든 잘못하는 일이 있으면 그 즉시 불길처럼 야단을 치셨다. 호령하실 때 보면 마치 번개가 번쩍이고 천둥이 우르릉거리는 것처럼 기세가 대단했다. 오금이 저리고 간이 콩알만큼 오그라들어서 도저히 그 자리에 있을 수가 없어 멀리 달아나곤 했다. 그렇지만 돌아서면 언제 화 내셨는지 모를 만큼 의외였다. 마치 거울이 검은 것이 나타나면 검은 것을 비추고 흰 것이 나타나면 흰 것을 비추듯 했다. 또한 구름 끼었던 하늘에 홀연 청풍이 불어와 구름은 어디로 가고 푸른 하늘이 낭연히 드러난 것처럼 깨끗한 마음으로 무한히 자비로운 마음으로 사람을 대했다. 그러한 광경은 내 어린 마음에도 무척 놀라운 일이었고 또한 그것이 범부와 도인의 차이가 아닐까 하는 생각을 하기도 했다.

지금 다시 생각해도 조실스님을 모실 수 있었던 인연은 내 일생에 가장 은혜롭고 영광스러운 일임에 틀림없다. 가히 그 무엇과도 그 어디에도 비길 데가 없는 무비(無比)의 일이라고나 할까? 사실 조실스님 시봉하면서 배워 얻은 것은 너무나 많다. 너무나 큰 자비의 은혜를 입었다. 청강생으로 강원 말석에 앉아서 성호스님으로부터 『선

문촬요(禪門撮要)』를 배웠고, 당대의 뛰어난 선지식이셨던 설봉 대선
사로부터 『벽암록』 강의도 들었다. 이 모두가 조실스님의 무궁한 은
혜이다. 산 같고 강 같은 조실스님의 은혜가 오늘의 나를 있게 만든
것이다. 아아, 오늘의 내가 있기까지 그 모두 말이다.

2. 기연, 벽암록(奇緣, 碧巖錄)

『벽암록』 이야기가 나왔으니, 우리 나라 해방 이후 최초로 『벽암
록』 강의를 하고 책을 낸 이야기를 해야겠다. 당시 불국사 주지였던
능가스님과 선방 수좌로 있다가 범어사 교무를 맡았던 진상스님과
광덕스님, 이 세 분은 삼총사로 불릴 만큼 서로 절친한 도반이었다.
그 무렵 범어사 강사였던 성호스님이 『벽암록』을 현토하여 강원에
서 강의를 했다. 그러자 선방 대중들까지 모두 강원으로 몰려가서
강의를 들었다. 아무것도 모르셨던 조실스님이 선방에 와 보니 텅
빈 방이었다. 그 다음날 큰방 공양시간에 대중을 대표하여 내가 조
실스님께 죽비 경책을 받았고, 그로 말미암아 『벽암록』 강의는 중도
에 끝나고 말았다. 그때 조실스님께서 대중을 염려하여 하신 말씀은
이러했다.

"나도 여태까지 『벽암록』을 보지 않았어. 내가 이렇게 선방에서
오랜 세월 지냈으면서도 『벽암록』을 보지 않았던 것은 다 이유가 있
어서 그래. 그런데 엊그제 선방에 들어온 사람들이 『벽암록』을 봐서
대관절 무슨 이득이 있겠나."

참선하는 사람들이 오로지 화두정진은 하지 않고 『벽암록』을 본
다면 자칫 알음알이에 떨어지거나 문자에 휘둘릴 것을 염려하여 하

신 말씀이라고 나는 새겨들었다. 이러한 일은 조실스님뿐만 아니다. 일찍이 원오스님의 제자였던 대혜스님은 스승이 강설한 『벽암록』을 책으로 만들자 그것을 몽땅 가져다 불태워 버렸다. 조실스님과 같은 생각에서였고 이와 같은 두 분의 심모원려는 후학들에게 베푸는 지극한 자비였다고 생각한다. 단 한 사람이라도 잘못될세라 어긋날세라 노심초사하셨던 대비의 은혜가 그렇게 후학들을 감싸고 있었던 것이다.

고인의 노파심절이 이렇게 지극하셨음에도 불구하고 굳이 『벽암록』 강설을 실천했던 것은 세 분 스님들의 선에 대한 특별한 이해 때문이었다. 그것은 20세기 문명사회가 안고 있는 인간의 문제(기아·질병·전쟁·소외 등등)를 선이라는 획기적인 방법만이 해결할 수 있다고 굳게 믿었던 까닭이다.

그래서 1961년 동안거 때, 불국사에서 『벽암록』 강설을 준비하였고, 그 결과는 매우 성공적이었다. 그 일을 시작하면서 처음부터 조실스님의 염려를 감안하여 모든 동참 대중들은 불국사 선방에서 철저하게 정진하도록 규칙을 세웠고 거기에 따라 방을 짰다. 즉 참선 정진의 토대 위에서 하루 두 차례씩 『벽암록』 강설을 열었던 것이니, 이것은 전적으로 조실스님께서 이르신 경책의 힘이었다. 조실스님의 말씀을 조금도 어기지 않았던 삼총사 스님들이 의논하고 협력하여 한국 초유의 『벽암록』 강의가 그렇게 막이 올랐다.

장소가 불국사였던 것은 능가스님이 주지인 때문이고, 진상스님은 대중을 모았고, 광덕스님은 강사인 설봉 큰스님을 모시는 일과 교재를 책으로 엮는 일 등, 기타 여러 일을 맡았다.

범어사 강사인 성호스님이 현토한 『벽암록』을 교재로 정하고 그것을 책으로 엮어서 사용하려고 했다. 그러나 그때만 해도 책 한 권내는 데 보통 일 년씩 걸리던 시절이라 막상 강의 때는 미처 책이 나오지 못해 교정본을 가지고 공부하였다. 때는 한겨울 석 달 동안, 무척 추운 엄동설한이었다. 지금 같은 난방시설은 꿈도 꾸지 못할 때였기에 강의실에 앉아 있으면 온몸이 저절로 덜덜 떨렸다. 그렇지만 누구 한 사람 강의에 빠지거나 춥다고 소홀한 사람이 없었다. 아무리 추워도 배우겠다는 열의와 구도심은 활활 달아오른 화로 같았다. 오히려 그 더운 열기에 토함산 바람도 주춤했고 기와 지붕 위의 눈도 녹는 것 같았다. 그때 동참한 대중이 무려 40명이 넘었는데 거의 선방 수좌들이었고, 몇 명의 학인들이 있었지만 그들도 모두 이력종장들이었으니 그 당시의 쟁쟁한 수행자들이 모였던 것이다.

3. 현대선학연구회(現代禪學硏究會)와 대한불교역경원(大韓佛敎譯經院)의 등장

앞에서도 여러 차례 말했지만 이 모든 기획과 준비는 전적으로 광덕 사형님의 몫이었다. 성호스님이 현토한 『벽암록』에 대한 해제도 사형님이 직접 썼고, 그때 '현대선학연구회(現代禪學硏究會)'라는 단체를 만들어 그 모임에서 『벽암록』 강설을 주최, 주관하는 형식을 취했는데 그 모든 일의 시종전말 역시 사형님이 맡아서 추진해 나갔다. 그때 간행한 『벽암록』 말미에 현대선학연구회의 취지문이 실려 있다. 그 글을 보면 당시 주최자들의 생각을 알 수 있다. 그 글 역시 사형님이 대표로 쓰신 것이라고 들었다.

그때 간행한 『벽암록』의 발행소는 '대한불교역경원(大韓佛敎譯經院)'이었다. 주최측에서는 『벽암록』뿐만 아니라 여러 선적(禪籍)들을 계속 번역, 출간해 나가려고 하는 뜻에서 '대한불교역경원'이라는 이름을 내걸었던 것이다. 앞에서 말한 '현대선학연구회'와 마찬가지로 세 분 스님들의 뜻을 담은 명칭이었으며, 여기에 대한 기획과 실행도 사형님이 전담했다고 한다. 즉 선어록을 차례차례 현토하여 강의하고, 또 그것을 번역하여 책으로 묶어내는 작업을 순차적으로 계획하고 있었던 것이니, 이러한 희망과 의지의 피력이 취지문에 담겨 있다.

다시 한 번 그때의 분위기를 되살려 보면 무척 열정적이었다는 것을 확인할 수 있다. 강의하는 큰스님뿐만 아니라 배우는 사람들도 열성이 대단했다. 미처 책이 나오지 않아서 희미한 교정본을 손에 들고 공부를 시작했지만 설두스님의 본칙과 송고, 원오스님의 수시와 착어, 평창에 따른 구절 구절은 여느 책에서도 느끼지 못하는 초출함이 있었다. 거기다가 선지(禪旨) 번뜩이는 큰스님의 종횡무진은 가히 천하 사람들이 다 나서도 감당하지 못할 정도였으니 어찌 나의 필설로 형언할 수 있으랴!

이와 같은 여러 요소가 한데 어울려 참으로 놀라우리만큼 대단했던 모임이 되었다. 수강자들이었던 선방 수좌들이나 강원 학인들의 열정은 그 당시로는 보기 드물 정도의 열렬함이 있었다. 마치 사자굴 속에는 다른 짐승들이 없다는 말과 같이 한 구절도 비켜 가거나 용납하지 않을 정도로 치열했다. 나는 그때의 모임이 저 신라의 백고좌를 능가하는 영산회상과 버금가는 모임이 아니었을까? 그도 아니면 서방불국의 미타회상이었을까? 하는 회상을 해본다.

당시 보살계의 오랜 전통을 자부하고 있었던 범어사의 계율정신은 섬뜩할 정도로 삼엄했다. 그러한 계단의 단주였던 조실스님은 설봉스님만은 일상 생활에서 특별한 예외를 두었다. 그분의 선지가 높앉음을 인정하는 것이었고 또 기회 있을 때마다 설봉스님의 안목에 대해서 말로 전하지 못할 극찬을 했다.

설봉스님께서는 강의할 때 『벽암록』 현토를 읽어 내려가며 자주 성호스님의 안목을 높이 평했다. 나는 그때, 범어사 강원 강사이신 고봉스님께 능엄경을 듣다가 홍원, 선래, 정달 등 도반들과 함께 『벽암록』 살림에 동참하기 위해 불국사로 향했다. 내 나이 불과 스물셋 무렵이었다. 『벽암록』 강의는 하루에 두 차례씩 꼬박 3개월이 걸렸으니, 1961년 동안거는 그렇게 뜨겁고 숨가쁘게 지나갔다. 당시 동참 대중들은 모두 불국사 선방에 방부를 들여서 소임을 정하여 대중생활을 여법하게 했고, 참선정진에 소홀함 없이 하루 두 차례, 오전·오후에 열리는 강의에 참석하는 빈틈없는 일과가 결연히 진행되었다.

1961년 불국사 동안거 해제 때, 『벽암록』 강의를 마치고.

내가 알기로는 『벽암록』이 근래 우리 나라에서는 책 발간도 그때가 처음이었고 강의도 처음이었으며 현토도 처음이었을 것이라고 본다. 종문 제1서(宗門第一書)라고 칭송하는 『벽암록』 살림이 불국사에서 한겨울 내내 뜨거운 열기 속에서 진행되었다. 나는 그때 비록 어린 나이였지만 딴 세상에 사는 것 같았다. 어쩌면 제불회상에 있는 듯 넘쳐 오르는 법열로 잠을 덜 자도 피곤하지도 않았고 졸립지도 않았다. 어떻게 하든 도인이 되겠다는 옹골찬 결의로 순식간에 석 달을 보냈다.

나중 책이 나오고 보니까 서문은 조실스님께서 친히 붓을 들어 써 주셨고 제호는 당대 명필의 단아하고 묵직한 글씨였다. 그리고 무엇보다 우리 선불교의 종문에서 『벽암록』 살림이 불국사에서 최초로 이루어졌던 것은 지효·능가·광덕 세 분 사형님들의 막역한 우애와 진상스님의 뜨거운 응원, 성호스님의 정성, 설봉 대선사의 안목 때문이었다고 본다.

4. 광덕스님의 어른 모시기

지금 가만히 생각하면 광덕 사형님은 화합의 견인차였다. 사형님이 계시는 곳에는 어디든 질서가 있고 자애가 있고 위엄이 있어서 모든 법도가 살아 숨쉬었다. 그러한 사형님이 범어사에 계실 때는 상하좌우로 막히는 곳이 없었다. 어른의 뜻을 받들 줄 알았기에 어른의 영(令)이 섰고, 어른을 모실 줄 알았기에 집안의 질서가 섰다.

또한 아랫사람들에게는 자애와 책임감으로 출가의 바른 길을 제시했고 그래도 안 되면 손잡아 이끌어 주었다. 도를 닦기 위해서 모인 특수한 집단이 바로 출가대중들이다. 그들은 자칫 과격해지기도 쉽고 어긋날 수도 있고 개인적 성향으로 흐를 수도 있다. 그들을 한 데 묶어 원만한 화합을 이루기란 결코 쉬운 일이 아니다. 오죽하면, '벼룩 세 말은 몰고 가도 중 셋은 몰고 가지 못한다'는 우스개 말이 있을까!

그런데도 사형님은 범어사의 화합을 위해 밤낮으로 도량을 뛰어다니다시피 살았다. 부목방에서 처사방으로, 대중방으로, 독방으로, 소임자 방으로, 조실스님 방으로, 바쁘게 아래 위를 오르내리면서 경책하고 의논하고 모범을 보이고 또 문안을 드렸다.

그런 사형님의 노고 덕분으로 범어사 대중들은 일상의 법도를 따로 세우지 않아도 법도가 섰고 청규를 말하지 않아도 청규대로 살았다. 사형님은 그때도 몸이 몹시 허약했지만 도무지 아랑곳하지 않고 오직 대중을 위해 범어사를 위해 온갖 헌신을 마다하지 않았다. 그런 정진력과 수행 분위기가 어울려 그 당시 범어사는 한국불교 청백가풍의 법도가 살아 있는 체통 높은 수행도량이 되었던 것이 아니었나 생각해 본다.

그렇다고 대중들이 마냥 가위눌리듯 억눌려 산 것도 아니다. 특히 젊은 사람들이 기를 못 펴고 눈치껏 산 것이 아니라는 이야기다. 왜냐하면 그때 범어사는 일상의 수행을 누가 시켜서 마지못해 하는 그런 억눌리고 시시한 분위기의 도량이 아니었다. 당시 출가자라면 누구나 범어사 도량에 한 철 살아보고 싶다는 소망을 가진 모범 수행처였다. 그것은 일상 생활 언제나 무슨 일에나 어른께서 앞장섰고 매사에 솔선수범하셨기 때문이다. 삼천위의(三千威儀) 팔만세행(八萬細行) 어느 한 가지에도 선지식은 예외를 두지 않으셨던 것이다.

범어사에는 그러한 어른이 계셨고, 그 어른을 예경하고 따르는 일에 사형님이 대중의 전범(典範)이 되어 주셨으니 어찌 아래 위의 법도가 자연히 서지 않겠는가. 상경하애의 수행질서가 이루어지고 화합이 구름을 벗어난 달처럼 저절로 도량 내에 그 빛이 낭연하였다.

사형님의 이러한 어른 모시기의 일은 비단 범어사에서만이 아니었다. 어디를 가든 그러한 정신은 충일하였다. 말하자면 그것이 사형님의 본색이었다. 우리 나라의 뛰어난 고승대덕을 청하여 범어사에 주석하시게 했고, 또 조실스님과 담소를 나누고 법거량을 하도록 자리를 만든 것도 바로 사형님이셨다.

당대의 큰어른이셨던 효봉 큰스님, 금오 큰스님께서 범어사를 다녀가셨고, 전강 큰스님께서는 범어사에서 한 철을 주석하셨고, 석암 큰스님께서는 이웃 선암사에 계셨기에 무시로 오셨다. 문중의 어른이신 자운 사숙님과 고암 사숙님께서도 빈번히 다녀가시기도 하고 주석하시기도 했다. 이러한 여러 어른들에 대한 공경과 시봉은 바로 조실스님을 모시는 일이라고 생각한 사형님께서 주선했던 것이다. 조실스님께나 범어사로 본다면 이보다 더 바람직한 일이 또 있을까 하는 생각마저 든다.

이런 일보다는 나중의 일이지만 사형님께서는 석주 큰스님이나 청담 큰스님도 두 손으로 연꽃을 받들고 걷듯이 모셨다. 사람들은 그러한 모습을 보고 광덕스님은 우리 불교계에서 참으로 보기 드문 원력과 신심의 보살화현이라고 말하기도 했다. 그렇다, 실로 그렇다고 말하지 않을 수 없다. 내가 사형님과 같이 살면서 그 모든 것을 다 보았으니, 그러한 사실을 눈으로 다 보고도 어찌 아니라고 말할 수 있겠는가!

사형님은 남에게 도움되는 일이라면 자기의 일신을 돌보지 않았고, 다른 사람이 기뻐할 일이라면 밤낮의 구분도 없었고, 부처님 가르침을 펴는 일이라면 목숨도 초개같이 여겼다. 나는 그러한 사형님을 한국불교의 위법망구(爲法忘軀)의 보살이라고 서슴없이 말하고 싶고 주장하고 싶다.

내가 이렇게 망설이지 않고 사형님의 인간적인 특장을 말하는 것은 그분이 절에서 수행하면서 억지로 살거나 눈치보며 살거나 또는 계산하여 살지 않았다는 것을 잘 알기 때문이다. 오로지 자신의 수행에서 드러난 덕성과 천성에서 비롯된 꽃처럼 아름다운 양심, 거기에서 우러나오는 천연의 삶을 살았다는 것을 알기에 이렇게 증언하는 것이다.

누구나 스스로의 체험에서 비롯된 삶은 무척 자연스럽고 또한 자비스러운 것이며 무엇과도 비교할 수 없는 평범 가운데 빼어남이 될 것이다. 그래서 보통 범부들은 이것을 느끼지 못하거나 또는 아득하게 생각하여 그냥 세월 속으로 밀어 넣고 마는 것이다.

5. 범어사 열중(悅衆)

그날이 언제인지 날짜는 정확하지 않지만 분명한 사실이 하나 더 있다. 아마 1960년대 초가 아닌가 생각한다. 그때까지 범어사 용상방(龍象榜)에 없던 열중(悅衆) 소임이 홀연히 생겨났다. 그때 대중들은 열중이 뭐 하는 직책이며 무슨 소임인가 하고 궁금해 했다. 미리 말하자면 이 소임은 조실스님께서 주세(住世)하실 때 광덕 사형님께 맡긴 소임 명칭이다. 이 열중이라는 소임은 일찍이 총림이나 대중 처소에 없었던 이름이고 직책이었다. 그 당시 범어사에서 처음으로 열중이라는 소임이 등장했다. 조실스님이 열중 소임을 처음 만들어 다른 사람도 아닌 광덕 사형님께 맡기신 것이다.

나중에 그 자세한 내용을 알고 보니 열중은 대중을 감독하거나 잘못을 경책하는 군림(?)하는 소임이 아니라 오로지 대중을 기쁘게 하는 헌신과 봉사의 소임이었다. 그러한 역할의 필요성과 명칭을 오래 전부터 생각한 사형님은 조실스님께 그런 뜻을 건의했고 조실스님께서는 사형님의 뜻을 그대로 받아들였던 것이다.

조실스님께서 평소 상좌인 광덕 사형님의 마음 씀씀이나 행동거지를 살펴보았을 때, 대중의 일에 매우 헌신적이고 남과 화합을 잘하며 일상의 생활이 진취적이고 창의적이었기에 사형님의 의견을 그대로 수렴했다고 본다. 그리고 다른 사람들에게 영향을 줄 수 있는 교훈적인 면도 충분히 고려했을 것으로 본다. 즉 범어사 대중 누구라도 사형님처럼 대중을 위해 헌신하고 기쁘게 봉사하라는 교훈 말이다. 이 열중 소임의 뜻을 한마디로 말하면 바로 보현보살의 만행무궁이다. 그 당시만 해도 제방의 선방에서는 오직 자기 공부만 강조하던 때여서 남을 위해 봉사한다는 분위기와는 거리가 사뭇 멀게 느껴졌던 때이며 해방 이후 한국불교 전반적으로도 일찍이 유례가 없는 일이었다.

이제 다시 생각해도 열중은 범어사만의 소임이었고, 평생 보현행자를 자처했던 광덕 사형님에게 너무나 잘 어울리는 일이었다. 아무튼 이 전대미문의 소임은 조실스님의 새로운 가풍을 내세운 일이 되었으며 그 당시 범어사만의 자랑이기도 했다.

앞에서 이미 말한 대로 사형님은 어른들께는 더할 나위 없이 극진했고 후학들에게는 지극한 배려와 자상한 가르침을 베풀었다. 사제들이나 젊은 사람들에게 세련된 감각과 재치 있는 유머로 채찍과 사탕을 골고루 잘도 썼다. 그리고 신도들에게는 자비와 지혜로 항상 올바른 신앙의 길로 이끌어 갔으니 이런 경우를 뭐라고 표현해야 적절할지 아직도 잘 모르겠다.

사형님이 모신 어른들은 매우 많았다. 사실 사형님 본인 외에는 모두 어른들로 여기고 대했으니 말이다. 그러나 사형님이 받들어 모신 어른들을 생각하면 종단적으로는 더욱 많겠지만 범어사만 따로 떼어서 보더라도 조실스님, 설봉스님, 소천스님을 비롯하여 성철스님, 지효스님 등등을 거론할 수 있다.

첫째로는 한국불교의 중흥조이신 조실스님, 그 다음이 운수행각승으로 당대의 대도인으로 일컬었던 설봉(雪峰) 스님, 또 그 다음이 구국구세의 선지식 소천(昭天) 선사이셨다. 이 세 분 어른들에 대한 사형님의 극진함이란 도저히 인간의 일로 느껴지지 않을 정도였다. 내가 조실스님 시봉할 때 보면 사형님은 아침저녁으로 조실스님께 문안을 올렸고 사중 일이나 자신의 공부에 대해 낱낱이 여쭈었다. 항상 어른의 뜻을 묻고 따르며 종문의 법통을 지켜가고자 각별한 노력을 했다. 추호라도 선문 고래의 가풍에 어긋나지 않으려고 모범적인 처신을 보였다. 그랬기에 그 당시 선찰대본산(禪刹大本山) 범어사의 수행가풍 진작과 가람수호와 전법도생, 그 어느 한 가지에도 소홀함이 없었다. 그 시절 사형님은 모든 대중들의 생활기준이고 잣대였으며 전범(典範)이었다는 생각을 다시금 한다.

어느 추운 겨울, 탈속무애하신 설봉 큰스님께서 곡차를 과히 드시고 올라오다가 그만 범어사 입구 도랑에 빠졌다는 급한 전갈이 대중방에 전달되었다. 사형님은 그 소식을 듣자마자 부리나케 달려가서 가장 먼저 큰스님을 부축해 모셨다. 걱정스런 얼굴로 사형님은 큰스님께,

"아니, 이것이 도대체 어쩐 일입니까? 연세 높으신 어른이 밤중에

이런 일이 일어났다면 어떻게 될 뻔했습니까? 큰일날 뻔했습니다. 그리고 남이 보면 또 뭐라고 하겠습니까? 혹시 이상한 사람으로 여기지 않겠습니까? 정말 잘못하면 큰일날 뻔했습니다.”

이에 큰스님께서는 당신의 몸은 비록 개울에 빠졌지만 조금도 정신 흐트러지지 않고 말씨 하나 어눌하지 않게 또박또박 대답하시기를,

“야, 이 사람아! 미치지 않고 이 세상을 어떻게 살아.”

사형님은 설봉 큰스님을 마치 부모님처럼 받들었고 자식으로 봉양하여 섬겼다. 일찍이 부산지역에서 고 처사(高處士, 사형님의 수계 전 호칭)를 율(律) 처사라고 부를 만큼 계율을 칼같이 지켰던 사형님이 큰스님의 곡차 일탈에 대해서는 눈살 한 번 찌푸리지도 않았고, 못마땅한 기색 한 번 짓지 않았다. 아무리 어른이라 해도 싫은 일이 있으면 앞에서는 말하지 않아도 속으로는 얼마든지 못마땅해 할 수도 있는 일이었다. 그렇지만 사형님은 어느 때나 지극정성으로 모셨다. 그뿐만 아니라 한 걸음 더 나아가 시중까지 드셨으니 알지 못할 일 가운데 하나였다. 아마 두 분 사이에는 모든 것을 초월한, 아니 계율마저 넘어선 그 무엇이 분명 있었지 않나 생각해 본다. 그것은 아마 두 분만의 본분사였을 것이다. 세간의 눈으로 보는 흉이 어쩌지 못하고 허물이 어쩌지 못하고 계율도 어쩌지 못하는, 그 일 말이다.

사형님께서 소천스님 모시고 다닌 이야기는 이미 다른 분들의 증언이 있었기에 굳이 나까지 나서야 할 필요가 있을까 하는 생각이 든다. 다만 나는 소천 사숙님의 상좌 창봉스님과 무척 가깝게 지냈기에 그분의 이야기를 잠시 하겠다. 창봉스님이 사형님께 대하는 것을 보면 사형님과 소천 사숙님의 관계를 미루어 짐작할 수 있어서다.

창봉스님과 사형님의 관계를 말하면, 창봉스님은 잠을 자다가도 누가 '광덕스님'이라는 말만 하면 벌떡 일어나 앉아 눈을 밝게 뜬다. 이뿐만 아니다. 여러 일들을 종합해 볼 때 창봉스님은 사형님에 대해서는 참으로 지성이다. 어느 한순간, 몇 가지의 일만이 아니라 모든 일에 있어서 평생을 한결같다. 그러한 창봉스님의 모습을 보면서 때로는 '아, 인간으로서 저럴 수도 있구나!' 하는 감탄을 나도 몰래 하기도 한다.

이런 일들을 살펴보더라도 범어사 열중이라는 소임의 뜻을 잘 알 수 있으리라 본다. 실로 사형님은 열중이라는 이름으로 보살행을 끊임없이 닦아갔다. 그랬기에 범어사 대중은 평화스러웠고 안락했다. 가만히 있어도 공부는 저절로 되는 것처럼 느껴졌다. 상경하애의 질서는 구석구석 넘쳤고 도량 내의 분위기는 온화하여 그 어디에서도 큰소리가 나올 일이 없었다. 이로 말미암아 조실스님의 덕화는 범어사나 부산뿐만 아니라 전국 방방곡곡으로 넘쳐 세상으로 뻗어갔고, 선찰대본산의 위엄은 한국불교계의 리더가 되고 구심점이 되었다.

그 당시 나는 비록 어린 나이였지만 한 사람의 힘이 저렇게도 대단하구나 하는 것을 직접 피부로 느끼고 몸으로 체험하면서 나도 저처럼 훌륭한 수행자가 돼야지 하고 다짐하기도 했다. 그때 우리들은 사형님을 '광덕스님'이라고 이름을 부르지 않고 '열중스님'이라는 직책으로 불렀다.

이제 다시 그 시절을 회상해 보면 대사형이신 지효, 능가, 광덕스님들과 도광, 도견, 일타 등등의 당대 일등 선객들이 모여들어 청풍당, 원응료를 좌복으로 가득 메워 선찰대본산의 위세를 마음껏 드날렸던 때였고 범어사 전성기였다는 생각마저 든다.

열중스님이 대중화합을 이루어 낸 솜씨는 앞에서 말한 것과 같다.

그러나 사형님은 사람과 사람의 감정을 달래어 서로 편안하게 하는 일에만 머무르지 않았다. 단순한 사람 관계의 무사와 안일만으로 화합을 삼지 않았고, 또 그것만으로 열중 소임을 다하려 하지 않았다. 대중을 발심하게 하고 큰 신심을 갖게 하여 저절로 화합이 우러나오게 했으며, 또한 각자 스스로 안에서 화합이 터져 나오게 하여 사람의 근원을 깨닫게 했다. 참으로 멋진 화합이고 장한 불사라는 생각이다. 고무풍선처럼 내외명철(內外明徹)의 법열을 터트린 일이다.

그것은 바로 그 해 하안거 중에 열렸던 일타스님의 『범망경』 강의였다. 참선 여가에 대중 모두가 보제루에 모여서 천하에 둘도 없는 『범망경』 강의를 듣고 무진 법열에 무한 환희심을 냈다. 이 일을 계획하고 주선했던 장본인이 또한 범어사 열중이었던 사형님이셨다. 나는 그 당시 일타스님의 『범망경』 강의를 들으면서 내가 출가한 일이 얼마나 고마웠는지 말로 이루 표현할 수 없었다.

사실 그때는 대중 모두가 공부하겠다는 생각만 가득했다. 가끔 비는 시간에 여럿이 둘러앉으면 으레 공부 이야기로 시작하여 공부 이야기로 끝을 맺었다. 먹는 이야기 입는 이야기는 서로 약속이나 한 듯 없었고, 오직 출세간의 수행 이야기로 웃음꽃을 피우기도 했고, 새로운 발심이 일기도 했다. 바로 발 밑 산 아래가 이 나라의 제2의 도시 부산인데도 마치 딴 세상 같기만 했다. 비록 물질은 가난했어도 뜻은 풍족하기 이를 데 없었던 때였다고나 할까. 이와 같이 범어사 구석구석 도의 향기는 넘쳤고 수행의 열기는 가득했다.

마치 금정산의 돌 하나 나무 한 그루도 도 닦는 수행자처럼 보였다. 구도의 기운은 사람들뿐만 아니라 금정산마저 팽팽하게 부풀렸다. 관조스님께서 시봉일기에 쓴 사형님에 대한 시를 보니 금정산을 높였다고 하는 구절이 있었는데 참으로 적절한 말이고 근거 있는 찬사였다고 생각한다.

강조하고 싶은 말이지만 그때는 너나 없이, 또 이절 저절 구분 없이 거의 굶주리고 허기진 삶이었다. 그랬어도 공부에 대한 열의는 물질이 풍족한 지금보다 훨씬 간절하고 열렬했다. 어쩌다가 대중공양이 들어온다든지 한 달에 한 번씩 있는 지장재일이나 관음재일이 다가오면 며칠 전부터 군침을 삼켜가며 은근히 기다렸다. 그런 날은 신심 있기로 소문난 부산 신도들이 미역국 끓이고 김 굽고 찰밥하여 대중공양 하는 날이기 때문이다.

사실 출가자들에게는 따로 생일이 없다. 절에서 누가 따로 생일 챙겨주는 사람도 없지만 설령 챙겨준다고 해도 오히려 쑥스럽게 생각한다. 그런 일은 세속에서나 하는 것으로 여기기 때문이다. 대신 신도들이 대중공양을 오면 그날이 바로 생일날이 되는 것이다. 말하자면 보통 때보다 좀 다른 음식을 먹는 날이 있으면 그날이 대중들 각자의 생일이 된다는 이야기다.

아아, 김 한 쪽 받아들고 좋아하며 행복해 했던 때가 바로 엊그제 같은데 벌써 세월이 이렇게 흘렀다니……. 무정세월 약유파(無情歲月若流波)런가!

6. 아, 세월은 덧없이 흘러가고

즐겁던 한 시절 자취 없이 가버리고
시름에 묻힌 몸이 덧없이 늙었어라.
한 끼 밥 짓는 동안 더 기다려 무엇하리
인간사 꿈결인 줄 내 인제 알았노라.
(『삼국유사』 권3 「洛山二大聖 觀音·正趣 調信」條)

이 시는 경북 군위 인각사 입구 시비(詩碑)에 있는 내용이다. 위에 있는 『삼국유사』의 기록을 쓰고 일연스님이 자신의 소회(所懷)를 표현한 것이다. 그것을 황패강 교수가 번역하여 인각사에 비를 세웠다고 한다. 『삼국유사』 조신조에 대해서는 춘원 이광수 선생의 「꿈」이라는 소설로 너무나 잘 알려져 있기에 설명은 약하기로 한다.

인생을 한바탕 꿈이라고 생각하는 것은 예나 지금이나 다르지 않는 것 같다. 그래서 인생은 살아보아야만 그 참 맛을 아는 것이 아닌가 하고 다시금 생각해 본다. 그래서 이 시 한 구절로 다 말못한 내 심정을 대변해 본다.

옛 일을 생각하며 기억을 더듬다 보니 이야기가 두서가 없이 자꾸만 들쭉날쭉해진다. 그러나 도저히 빼놓을 수 없는 이야기 한 가지만 더 하고 끝맺음을 해야겠다.

그러니까 조실스님 주세시(住世時)로 기억되는데, 그때 이런 일이 있었다. 사형사제간이었지만 막역한 도반이기도 했던 능가 사형님과 광덕 사형님은 범어사 산내 암자인 안양암에서 범어사 대중 20여 명에게 특강을 했다. 출가 수행자들이 세상 학문에 너무 어두워서는 앞으로 포교하기가 어려우니까 세상공부를 좀 해야 한다는 뜻으로 두 분이 계획하여 시작한 일이다.

사실 이미 지나간 일이라고 말은 이렇게 쉽게 전하지만 우리 절집의 변화로 본다면 그때와 지금과는 격세지감(隔世之感)이 느껴질 정도로 다르다. 그 당시 범어사를 포함한 여러 절집 분위기로는 세속공부에 대한 생각조차 하기 어려웠던 때였고, 설령 그런 생각을 속으로 했다 하더라도 말로 꺼내기 힘들었던 시절이었다.

왜냐하면 세속공부는 곧 속퇴라는 등식으로 인식하고 있었기 때문이다. 출가자는 세속에 대해서 무지할수록 좋다고 믿었던 때였으니 더 말해 무엇하겠는가 말이다. 출가자가 세속에 대해서 잘 알면 환속하기에, 출가자는 세속에 대해서 모를수록 환속하지 않는다는 것이 그 이유라면 아마 지금 사람들은 참 무지한 일이라고 생각할지도 모르겠다. 아무튼 그러한 때 두 분이 의논하여 이런 계획을 했다는 것과 또 그것을 과감히 실천했던 것을 생각하면 두 분은 범어사의 선각자가 아니라 우리 한국불교계의 선각자라는 생각마저 든다. 그때 절에서 세속공부 한다는 것은 생각하기조차 어려운 거의 불가능한 시기였음을 당시 사람은 다 안다.

강의 과목으로는 능가 사형님이 불교학개론과 심리학·논리학을 담당했고, 광덕 사형님은 윤리학·철학·법학을 강의했다. 두 분이 비록 세속 학문을 강의했지만 세속 학문에 머물지 않고 강의 때마다 불교와의 관계를 지어 설명했으며 또 결론과 회통은 항상 부처님 가르침으로 맺었다. 그때 대학에서 사용하는 개론서를 교재로 사용했으니 상당히 수준 높은 공부였다. 수강생은 전부 범어사 산내 대중이었다. 강제로 모으지 않고 자원자로만 받았는데 무려 20여 명이나 되었다. 두 분의 그 불사를 생각하면 어느 시대나 지도자가 대중을 잘 이끌어 주기만 하면 그 가운데 용상대덕(龍象大德)이 속출하여 부처님의 혜명을 계승하고 길이 법륜을 굴려가는 대불사를 성취할 것이라는 신념을 가진다.

이제 이 글을 끝맺으면서 다시 지난날을 곰곰 생각하니 참으로 행복한 시절이었다는 감회가 사라지지 않는다. 늙은 내 얼굴에 주름이 잡힐 정도로 미소가 떠오르고 마음은 어린 시절로 달려가 조실스님을 만나고 사형님을 만난다. 그렇다. 그때는 집안의 어른이셨던 조실

스님이 금정산 고당처럼 우뚝 앉아 계셨고 천리 준마 같은 사형님들
이 앞장서서 집안을 일으켰으니 당연히 천하제일 동산가풍이 크게
떨칠 수밖에 없었다.

　아, 소년시절 청년시절은 이미 다 지나가고, 어느덧 내 나이 일흔
을 바라본다. 그렇게 존경해 마지않던 선현들은 아무리 찾아보아도,
그 어디에서도 찾을 수가 없구나.

　나무마하반야바라밀.

불기 2547년(癸未) 부처님 오신 날을 앞두고

釜山 金井山城 西門下 華明洞 梅園에서

不肖 善果 焚香拜禮

천진불(天眞佛), 광덕 큰스님

학연 심재열(學然沈載烈) | 원효사상연구소장

과례(過禮)는 비례(非禮)라는 말이 있다. 지나친 예는 오히려 예가 아니라는 뜻으로 하는 말이다.

옛날에 어떤 집에서 부친이 세운 가풍을 지키고 있었는데, 그 가풍이 번거롭지 않아 간략하고 평범한 내용이었다. 그런데 부친이 돌아가신 뒤 어머니로 말미암아 가풍이 아주 번거롭게 되었다. 드디어 어머니가 돌아가시자 상주와 후손들은 어머니가 정한 과도한 상례(喪禮)를 지키느라 그만 병을 얻고 몸을 지탱할 수 없는 지경에 이르렀다. 이에 과례를 함으로써 부친의 뜻을 어겼고 불효를 저질렀다.

이것을 우리 불교의 경우로 말하면 만일 수다원과를 얻은 이에게 사다함과를 얻었다고 하면 이는 곧 과례가 되고 비법(非法)이 되는 것과 같다. 찬탄한다 해도 근거가 있어야 찬탄이지 근거가 없는 찬탄이라면 자칫 망어죄를 짓는 것이며, 또한 비법(非法)이 될 것이다.

필자가 추모하고자 하는 광덕 대선사에 대해서는 행여 누가 그릇된 평가를 하더라도 독자들께서 너무나 잘 알고 그 시시비비를 십분

가려 주시겠지만, 그러나 과례의 지나침이나 결례의 모자람에 떨어지지 않기 위해, 큰스님과 내가 직접 체험한 사실만을 가지고 존경하고 추모하는 마음의 일단을 표하고자 한다.

종단의 정화불사가 한창 진행되고 있던 1956년, 광덕스님과 능가스님이 주동이 되어 서울 종로 3가 대각사에서 지성인을 위한 불교사상강좌를 개최했는데, 이종익·안병욱·황산덕·노정일 제 선생 등을 강사로 하여 참석인들의 큰 환영을 받았다. 이때, 광덕스님을 비롯하여 황이선(黃利善)·최종화(崔鍾和) 씨 등이 발기하여 대각회(大覺會)가 발족했는데, 그 초대 회장에 만장일치로 광덕스님이 추대되었다. 그 뒤 광덕스님은 부산 범어사 등에 일이 있어 1년 만에 떠나시고 이종익 박사를 제2대 회장으로 모셨다. 최종화, 이호식(李浩植), 김경만(金慶萬), 심재열(沈載烈) 등이 총무를 이어받으면서 대각회(얼마 후 원각회로 개칭)를 이끌었다.

필자는 그때부터 스님을 알았고 가끔 친견할 기회가 있었는데, 그러나 당시에는 스님께서 서울에 오래 주석하시지 않아 그야말로 몇번의 친견에 그쳤을 뿐이었다. 그로부터 10여 년이 지나 스님께서 「대한불교신문」 주필로 계실 때였다. 스님의 집무실을 예방했을 때 스님은 이일 저일 결재를 하고 있었고, 사내 외의 내방인과 대화를 하는 등 분주한 때였다. 그런데 원고마감 시간이 되어 신속하게 판단하고 여러 일을 결정하는 과정에서 스님이 일처리 하는 집중력을 보았다.

나는 그때 짧은 시간에 처리하는 스님의 여러 업무능력을 보고 매우 놀랐다. 그때까지 모르고 있었던 분야에 대해 새로운 인식을 하였다. 말로만 들었던 스님의 투철한 신심, 선·교에 대한 탁월한 이

해, 생사를 돌아보지 않는 수행실천의 의지를 목전에서 한꺼번에 목
도할 수 있었기 때문이었다. 그리고 또 느꼈다. 저 초인적인 정신력
과 능력, 커다란 원력이 성취되는 날, 많은 사람들의 이목을 집중시
키고 감탄시키는 날이 반드시 있을 것이라는 예감이 들었다. 나는
스님의 바쁜 시간을 피해 간단히 용무를 말씀드렸고, 이런 내 느낌
은 무척 바쁜 스님께 발설할 수가 없었다.

　그리고 그 뒤, 스님께서 대각사에 주석하시면서 불광회 불사를 기
획하시고 월간 「불광」을 간행하는 한편 불광법회를 키워 나가는 등
의 일로 한창 바쁠 때였다. 나는 원효스님의 「보살계본사기(菩薩戒本
私記)」의 연재 문제로 스님을 오랜만에 참방하여 청을 했다. 스님께
서는 은사이신 동산 큰스님으로부터 계율에 대한 전수가 있었던 관
계로 이를 십분 이해하고 쾌히 승낙하셨다. 그 자리에서 나는 스님
을 통해 희유하고 부사의한 체험을 한 가지 하였다.

　때마침 나와 같이 삼십대 젊은 불자 내외가 스님을 친견하고 있었
는데, 그들의 얼굴은 환희용약하는 모습과 즐거운 불심으로 가득해
있었다. 그리고 스님께서 해 주시는 ‘감사’의 법문을 아주 열심히, 지
성으로 듣고 있었다. 잘못 들으면 그들이 새로 지으려는 불광사 불사
의 한 몫을 담당할 만한 큰 시주인가 하고 오해할 정도로 스님은 고
마워 하셨다. 그러나 그들의 외모로 보더라도 그렇게 할 능력은 전혀
없어 보였고, 내가 곁에서 가만히 보니 그들이 시주한 금액은 지극히
미미했다. 요즘 돈으로 말하면 5만원에도 미치지 않는 작은 시주였다.
그러나 스님은 시주금의 많고 적음을 떠나 시주의 신심과 정성을 보
실 뿐이었다. 스님은, “이렇게 불심으로 동참해 주셨으니 우리가 함께
바라던 불사가 원만 성취될 것이며, 이 불사가 성취되는 공덕으로 불
자님 내외분의 소구소망도 성취될 것입니다”라고 하셨다.

스님의 이런 축원을 곁에서 들으며 문득 이런 생각이 떠올랐다. '내가 지금 천진불(天眞佛)을 친견하고 그의 천진불사를 보는구나. 마음에 조금도 꾸밈이 없고 가리움이 없으며 사사로움이 없으며 정성과 불심으로만 가득한 천진, 거룩하고 진실한 모습을 그대로 다 나타내 보이셨도다. 스님 본래의 마음이 저와 같이 천진하셨는데, 오늘에 이르러 스님의 진면목을 보는구나.'

금강경에 수보리 존자가 부처님께 사뢰되 "세존이시여, 자못 중생들이 이러한 말씀과 글귀를 듣고 과연 실다운 신심을 낼 수 있겠나이까" 했다. 부처님께서 수보리에게 말씀하셨다. "그런 말을 하지 말라. 여래가 멸한 뒤, 2천 5백년이 지난 때에도 계를 지키고 복을 닦는 자가 있어서 이 글귀에 능히 신심을 내어 참으로 실다운 법을 알았느니라. 마땅히 알라. 이 사람은 한 부처, 두 부처, 셋, 넷, 다섯 부처님에게 선근을 심었을 뿐 아니라, 이미 한량없는 천만 부처님 처소에서 모든 선근을 심었느니라."

금강경의 이 말씀이, 바로 그 자리의 천진불, 천진불자의 모습으로 재현한 것 같았다. 그때 스님의 법문은 바로 천진불의 법문이었기에 나나 젊은 부부의 마음속에 깊은 감명을 주었다.

나는 가만히 마음속으로 그려보았다. 천진불인 광덕 큰스님의 불사는 진실하여 조금도 거짓이 없다. 많은 불광 불자들이 천진불 광덕스님의 법문에 깊이 계합하여 마침내 이 시대의 대불사가 원만하리라는 것을.

한편 불광사 건축불사 이전부터 손수 집필하고 간행해 오시던 월간「불광」은 불교계의 대표적인 교양지로서 자리하고 있었다. 그 힘 또한 스님의 사상운동에 적지 않은 힘이 되었다고 생각한다.

근세 한국불교의 큰 선지식으로 이름 높은 혜월(慧月) 스님은 한

때, 사미 천진불을 키우고 있었다고 한다. 혜월스님은 어린 사미에게 조석문안을 하고 큰스님을 모시고 섬기듯 모든 것을 그대로 실행했다. 어린 사미는 아무것도 몰랐다. 그저 혜월스님께서 하는 대로 가만히 있을 뿐이었다. 그런데 어느 날 혜월스님을 극진히 존경하는 한 선객이 참방해 옴으로써 이 일은 무산되고 만다. 혜월스님이 출타하여 계시지 않았을 때, 그 선객이 사미의 무례함을 꾸짖었다. "버릇없는 놈, 감히 큰스님에게 그런 무례한 짓을 할 수가 있단 말이냐? 앞으로는 그런 버릇을 해서는 안 된다"라고 호통을 치고, 인사법을 단단히 가르쳐 주었던 것이다.

혜월스님이 돌아왔을 때는 천진불은 이미 천진불이 아니었고 전혀 딴 사람이 되어 있었다. 혜월스님은 선객을 물끄러미 바라보며 말했다. "이제, 이 아이는 나와는 연이 없으니 그대가 데려 가게." 이렇게 보면 혜월스님의 천진불 실현은 중단되었는데 광덕스님의 천진불사는 불광사의 실현으로 성취되었다고 할 것이다.

스님을 체험한 것 한 가지를 더 소개한다. 스님께서 불광사에 주석하신 지 꽤 오래 되었을 무렵. 어느 해, 초파일을 며칠 앞두고 스님을 친견한 일이 있었다. 그때 스님께서는 몸 상태가 아주 좋지 않아 보였고 저런 몸이라면 당연히 요양을 하고 쉬시는 것이 옳다는 생각을 했다. 나는 원래 예정보다 내용을 줄여 말씀드리고 빨리 귀가했다. 그리고 마음속으로 이번 부처님 오신 날 여의도 제등행렬에는 큰스님께서 앞장서지 못하시겠구나 하는 아쉬움을 미리 느꼈다.

그런데 초파일 저녁에 제등행렬이 여의도에서 출발하여 종로 종각을 향해 들어오고 있는데 그 선두 대열에 불광회의 큰 플래카드와 함께 앞장서 오는 스님의 모습이 뚜렷이 보였다. 나는 순간 내 눈을 의심하지 않을 수 없었다. 불과 며칠 전에 불광사에 가서 그렇게 신고(苦품)하던 큰스님을 보았기 때문이었다. 그 몸으로 어떻게 제등행렬에 동참을 하셨단 말인가? 나는 믿어지지 않아서 한참을 보고 또 보았다. 이것은 큰스님의 일 중에서 믿을 수 없는 또 하나의 일이구나 하는 생각을 했다. 그리고 나서 나는 스님의 걷는 모습을 자세히 볼 수가 있었다. 가시거리가 점점 가까웠기 때문이다. 그런데 스님의 걸음걸이는 사람의 발걸음이 아닌 것 같았다. 사람의 걸음이라면 한 쪽 발을 힘들게 들어 올려 앞으로 내디디고, 그런 다음 또 다른 발을 옮기고 할 텐데 말이다.

스님의 경우에는 그런 모습이 아니었다. 그 불편한 노구를 이끌고 여의도에서 종로까지 왔다면 몹시 힘들 텐데 그렇지 않았다는 말이다. 좀 묘한 걸음걸이였다. 휘청할 듯 한 발 내디디고 또 휘청할 듯 한 발을 내딛고 하는데, 몸의 중심이 제대로 지탱되는 것 같기도 하고 그렇지 않은 것 같기도 했다. 그 걸음이 놀랍게도 거침없이 전진하고 있었다. 그것은 걷는 것이 아니라 무슨 힘에 의해서 앞으로 나아가는 듯한 이상하고 신비한 걸음걸이였다.

나는 속으로 생각했다. 이것은 또 어찌된 것인가. 저런 걸음의 보법이 있을 수 있는 것인가? 사람의 걸음걸이는 결코 아니다. 도저히 걸을 수 없는 육신을 일으켜 걷게 하는 신비한 보법이라고 해야 할 것이다. 어떻게 사람의 힘으로 저렇게 걸을 수 있단 말인가, 그것도 여의도에서 종로까지. 큰스님께서는 스스로 다짐하셨으리라. '부처님 오신 날 내가 아프다고 자리에 누워 있으면 누가 나설 것인가, 설령 걷다가 쓰러지는 한이 있어도 제등행렬에 나가서 우리 불광 불자들과 제등행렬을 함께 하리라.' 큰스님께서는 평소의 신심과 보현보살의 행원력으로 걷고 계시구나 하는 생각이 들어 나는 큰스님을 향해 합장하고 절했다. 몇 해가 지난 뒤에도 스님의 그 걸음이 때때로 떠오르곤 했다.

큰스님께서 입적하신 지 3년이 지나서, 생전에 체험하고 감격했던 일들을 다시 생각해 보았다. 외람되이 생존하신 때의 큰스님을 그리면서 뒤늦게 추모의 간절한 마음에 젖어 본다.

불기 2547년 7월 17일
元曉思想研究所에서 學然居士 沈載烈 삼가 씀

아, 광덕 큰스님

하산 박충일(荷山朴忠一) | (주) 신흥인쇄 회장, 불광법회 명예회장

1. 큰스님과의 인연

돌아보면 긴 세월이다. 1962년 스님께서 조계종 총무원 서무국장 시절, 종단의 종헌·종법·재산관리법 등, 제반 법령과 제도개혁을 한창 준비하고 있을 때였다. 나는 이때 갓 대학을 졸업하고 동국대 구내 인쇄소에서 수습사원 근무를 마치고 공장장 서리로 있었다. 인쇄소는 대학 구내에 있었지만 동국대학의 직영이 아니고, 학교법인의 재단직영 인쇄소였다. 당시의 재단이사장은 경산스님이었고, 이사로는 석주스님, 서운스님 등과 법인 사무국장은 법안스님이었다.

그 무렵, 이사장 대리로 있던 모씨의 부정으로 인하여 재단에 뜻하지 않은 분란이 생겼다. 결국은 나의 주도로 수천 명의 학생을 동원하여 물리적인 방법에 의해 해결을 보았다. 나는 그 일로 인해 스님께 무척 죄스러운 마음을 가졌다. 스님께서는 평소 종단정화불사를 매우 당연한 일로 여기면서도 방법이 과격해서 안타깝다는 표현을 몇 번이나 하셨다. 그런 합당하고 온건하신 스님이 내가 주도한

물리적인 방법을 절대 좋아하실 리 없다는 것을 알고 있었기에 말이다.

지금은 어떤지 모르겠지만 내가 동국대 재학생 시절에는 『불교학개론』, 『불교문화사』가 교양필수과목이었다. 대한불교조계종의 종립대학인 동국대학에서는 누구든지 교양필수과목인 앞의 두 강좌를 이수해야 했다. 이처럼 학교에서 불교에 대한 학점도 땄지만 나는 그 당시 선무부(禪武部)에서 특별활동을 했다. 즉 우리는 매일 학교 수업이 끝난 뒤 과외활동으로 무술을 했던 것이다. 그 덕분에 태권도 2단(현재는 국기원 명예5단)이 되었고, 그로 말미암아 우리 선무부 단원들은 방학 때마다 단체로 절에 가서 수련을 하며 사이사이 스님들께 법문도 듣고, 참선도 했다. 나는 동국대를 다니면서 일반 학생들처럼 착실하게 학점만 땄던 것이 아니라, 젊은 혈기와 정의감으로 학교와 종단을 위한답시고 이것저것 참견하는 일이 많았고, 그런 인연으로 여러 스님들을 알았고 가까이서 모셨다.

일찍이 스님은 대학생 포교를 위해 봉은사 주지를 맡으셨다. 뿐만 아니라 불교의 가르침으로 사회와 나라에 보탬이 되고자 다방면에 관심을 가지고 무던히 노력하셨다. 스님은 세속에서부터 사회과학 공부를 하셨던 터라 법률과 행정에 무척 밝으셨다. 당시 출가한 스님들 세계에서 우리 스님만큼 여러 방면에서 골고루 갖춘 분은 거의 없었다. 스님은 그런 탁월한 실력을 토대로 정화불사의 후유증으로 인해 어수선하기 그지없는 종단에서 불교 발전과 사찰재산 보호에 온 정열을 쏟았다.

그런 종단의 호법보살이셨던 스님이 봉은사 땅 파는 일을 겪었으니 그 심고는 이루 말할 수 없었을 것이다. 스님 혼자서 아무리 애쓰고 노력해도 도저히 불가항력적인 상황 앞에서 더 이상 어쩔 수 없었기에 고뇌와 절망은 더욱 깊었으리라.

스님께서는 대학생 포교를 위해 봉은사 주지를 맡고 있을 때, 혼신의 힘을 기울여 봉은사를 가꾸었다. 그 후 총무원 총무부장 소임을 볼 때, 과거 봉은사 어느 주지가 봉은사 토지를 모 기업체에 매도했는데 그 사실을 까맣게 모르고 있다가 갑자기 그 사실이 밝혀지자 종단이 발칵 뒤집히고 세상이 떠들썩했다. 이 큰 사건을 스님이 맡아서 정리했다. 그 당시의 불법계약을 해약시키고 원상복구하여 무사히 마무리를 했다. 사실은 땅을 샀던 모 기업체에서도 그 일을 숨기고 쉬쉬했던 것은 본인들이 위법이라는 사실을 잘 알고 있었기 때문이었을 것이다.

그러나 스님의 필사적인 반대에도 불구하고 종단에서 봉은사 땅을 팔고 장충단 공원 뒤에 있는 공무원교육원 건물을 구입하여 잠시 총무원으로 사용하다가 다시 동국대학에 넘겨주고 말았다. 말하자면 봉은사의 그 넓은 땅이 건물 한 채로 오그라들고 말았다. 지금 계산하면 공무원교육원은 불과 수억이지만 봉은사 땅은 수조 원에 해당된다고 할 것이다. 스님이 목숨걸고 저지했지만 결국 봉은사 땅은 넘어가고 말았다. 재가불자의 한 사람인 나도 그 일을 생각하면 너무나 애석하고 원통한 생각을 금할 수 없는데 하물며 스님의 심정은 어떠하셨을까, 짐작하고도 남음이 있다. 스님은 열반적정의 세계로 드셨겠지만 아마 이일만은 잊을 수가 없을 것이다.

2. 큰스님의 모습

스님께서 번역하신 『보현행원품』 서문에 종정 성철 대종사께서는

"자기는 아주 잊어버리고 오직 일체 중생을 위해서만 산다"라고 하신 구절이 있다. 나는 그 구절을 대할 때마다, 보현보살의 면모에 대한 말씀이 아니라 바로 우리 광덕스님을 두고 하신 말씀이라는 생각을 한다. 스님은 한마디로 무아의 헌신으로 일생을 사신 참으로 보기 드문 우리 시대의 선지식이시다. '나'라고 하는 생각을 아예 잊어버리고 끝없는 무아행, 중생성숙·국토성취의 대원으로 살다 가신 분이라는 생각을 한다.

내가 평생 곁에서 바라본 스님의 언행과 위의는 그야말로 범부들은 흉내내기도 어려운 뛰어난 면모를 가지고 계셨다. 당신 스스로에게는 지극히 엄격하고 철두철미하고 추상 같은 분이셨지만 우리 일반 불자들에게는 한없이 자비롭고, 인간적으로는 의리가 깊고, 부처님 법 아닌 말씀은 한 번도 입에 담은 적이 없으셨다. 스님의 행은 그대로 부처님 법이고 가르침이었다.

3. 봉은사 땅

짐작컨대 아마 1965년 무렵이 아니었을까 한다. 왜냐하면 나의 장남 한수(法光)를 아내 대륜성 보살이 임신하여 남산 같은 배를 안고 뚝섬에서 나룻배를 타고 가끔 봉은사로 갔기 때문이다. 그 일이 엊그제 같은데 벌써 그 아이가 마흔을 바라보니 실로 세월의 빠름을 무엇에 비유해야 할지 모르겠다.

봉은사 땅에 대한 이야기는 무척 예민한 일이기 때문에 자세한 상황을 언급하기는 어려운 사정이 많다. 다만 내가 옆에서 본 바로는 봉은사 땅을 팔 그 당시 스님은 무척이나 안타까워했다. 평소 스님

은 종단의 재산 보호에 그 누구보다 적극적이어서 재판을 통해 찾아
낸 땅도 부지기수였다. 종단재산 관리에 그토록 철저한 분이 그 엄
청난 봉은사 땅을 판 광경을 하나도 빠짐없이 다 보고 겪었으니 스
님께는 고문 중에도 가장 큰 고문이었을 것이다. 처음에 스님은 발
버둥치고 결사반대 했지만 결국 중과부적이라 눈을 번연히 뜬 채 바
라보아야만 했다.

　나중 스님이 총무원 총무부장을 할 때 분신을 각오하고 백방으로
뛰어서 그나마 봉은사 면모를 겨우 갖출 만큼 일부라도 되찾았으니
큰 다행이라 하지 않을 수 없다. 만약에 그 당시 스님이 목숨 걸고
나서지 않았다면 오늘의 봉은사는 사라졌을지도 모를 일이고 설령
남아 있다 해도 아주 초라한 사찰로 근근히 명맥만 유지하였을 것이
다. 이 점을 지금의 종단 스님들이나 봉은사 주지들이 안다면 스님
을 봉은사 중흥조로 모시고 해마다 제사라도 올려야 마땅할 것이다.
그때의 슬프고도 기막힌 사실을 절대로 잊어서는 안 된다고 생각한
다. 그 당시 절박하고 비장했던 스님의 심정을 사람들은 몰라도 우
뚝 솟은 백운대와 도도히 흐르는 한강수는 알 것이다. 결국 조상들
이 물려준 그 귀한 봉은사 땅을 거의 다 팔아서 동국대 앞의 공무원
교육원 하나 덜렁 사고 말았으니, 불자의 한 사람으로서 가슴 아프
고 애석한 마음 금할 수 없다.

4. 담배를 삼킨 스님

　스님께서 위 절개수술을 언제 했는지 정확한 연도는 떠오르지 않
는다. 그러나 그 과정은 내가 정확하게 다 알고 있다. 스님은 모든

일에 합리적이고 사리에 무척 밝은 분인데, 당신의 몸만은 그렇지 않고 오히려 몸을 학대하는 것처럼 느껴졌다. 참선정진이나 종단 일을 하실 때 보면 조금도 몸을 아끼거나 위하는 느낌을 받지 못했다. 일에 있어서 먼저 몸부터 던졌다. 무슨 일이고 몸 생각하느라 주저하는 빛은 스님과는 거리가 먼 이야기다.

그 당시 나는 시내 어디를 가다가 종로 봉익동 대각사 주변을 지나고 있었다. 그렇지 않아도 스님 뵌 지도 무척 오래되었다는 생각을 하던 참이라 자연스레 발길이 대각사로 향했다. 대웅전 참배를 마치고 바로 스님의 거처인 법당 뒤 골방으로 향했다. 어느 때나 어둑한 방에 홀로 앉아서 글을 쓰거나 좌선을 하거나 책을 읽고 있었는데 그날 따라 방이 비어 있었다.

이상하다는 느낌이 들어 밖으로 나와 대각사 큰방 문을 열어 보니 스님이 거기서 허리를 구부리고 배를 움켜쥔 채 몹시 고통스러워하고 있었다. 나는 깜짝 놀라 얼른 뛰어들어가 스님을 부축하여 안았다. 스님은 안색이 몹시 창백한 채 땀을 뻘뻘 흘리며 배를 움켜쥐고 고통을 참느라 입을 악물고 있었다.

순간 주변을 훑어보니 난데없이 담배 곽이 찢어져 있었고 몇 개비가 방바닥에 어지러이 흩어져 있었다. 나중 들은 이야기지만 스님은 갑자기 배가 아파 오자 횟배인 줄 알고 담배를 까서 씹어 먹었다는 것이다. 스님은 담배를 씹어 삼키기 전, 처음 배가 아플 때 혼자 아픈 배를 움켜쥔 채 밖으로 나가 약방을 찾았다고 했다. 그렇지만 그날이 일요일이어서 약방마다 문을 닫아 약을 구할 수가 없었던 것이다. 간신히 대각사로 돌아와 배를 감싸 안고 참아보려고 해도 시간이 지날수록 점점 더 심해져 견딜 재간이 없었던 것이다. 위낙 고통이 심해지자 민간에서 들었던 대로 회충에는 담배가 좋다는 말을 떠올려 그만 담배를 씹어 삼켰던 것이다.

내가 대각사에 도착했을 때는 담배를 씹어 삼킨 뒤 혼자 큰방에서 뒹굴고 있을 때였다. 나는 이런 상황을 몰랐으므로 고통스러워하는 스님을 방바닥에 눕혀 놓고 밖으로 뛰어나가 약방을 찾았다. 스님께 물어보고 말고 할 경황이 아니어서 냅다 뛰기부터 했던 것이다. 그러나 인근 약국의 문은 모두 닫혀 있었다.

다시 돌아와서 스님께 어떻게 하면 좋겠느냐고 여쭈었더니 더듬더듬 대답하시길 중부경찰서 앞 잘 아는 한의원으로 가자고 하셨다. 스님을 들쳐업고 거길 갔지만 역시 일요일이라 한의사가 등산을 가고 없었다. 나는 그때부터 스님께 의논하지도 않고 내 생각대로 했다. 바로 서울대 응급실로 가기로 작정했다. 그런데 아픈 스님을 모시고 갈 차가 없었다.

나는 무작정 차도로 뛰어들어가 지나가는 자가용 승용차를 세웠다. 스님이 배를 움켜쥔 채 길에 쓰러져 있었으니 그때의 다급함이란 이루 말로 다 표현할 수가 없다. 소리를 버럭 지르다시피 운전사에게 상황을 대강 말하고는 서울대 병원만 되뇌었다. 고맙게도 그 운전사는 나의 요청에 순순히 응해 주었다.

스님을 뒷자리에 모시자 차는 서울대 병원으로 내달렸다. 응급실에서 진찰한 결과 급히 위 절개수술을 해야 한다는 것이었다. 그러나 당장 계약금 낼 돈이 없어서 또 난관에 처했다. 급히 수술을 해야 하는데 바로 하지 못하고 계약금을 구하기 위해 이리저리 뛰어다녀야 했던 것이다.

사실 그때의 다급했던 심정을 지금 무엇으로 표현하기도 어렵다. 우직한 마음에 절차나 규칙은 생각지 않고 우선 의사들이 원망스럽고 병원이 이런 곳인가 하는 실망감만 들었다. 일요일이 그때처럼 안타깝고 야속했던 때도 없었다. 여기저기 알 만한 곳은 다 연락해 봤지만 거의 사람들이 없었다. 대부분 야외로 나갔거나 친지들 만나러 집을 비웠다. 나는 아내인 대륜성과 대각사에 계시는 능가스님과 돈암동 이번광 거사에게 위급한 사정을 전했다. 모두가 깜짝 놀라 달려왔다. 그제서야 수술에 들어갈 수 있었다.

막상 수술을 시작하고 보니 조금만 더 늦었어도 위의 일부가 툭 튀어 나와 파열할 뻔한 지경이 된 것을 나와 능가스님이 수술실에 들어가 확인했다. 그날 스님의 수술 장면을 능가스님과 나는 수술실의 유리창 상단에 매달리다시피 하여 초조하게 지켜보며 걱정을 했다. 그때의 안타까운 광경은 지금도 잊혀지지 않고 나의 머리에 생생하다. 그날 수술실 밖에 모였던 우리들은 염려와 걱정도 컸지만, 급하니까 모두들 관세음보살을 찾느라 여념이 없었다. 수술실을 바라보며 불보살님의 가호를 간절히 기도했다.

누구라도 수술 시작하기 전에 보호자가 있어야 하는데 출가한 스님께 보호자가 따로 있을 리가 없었다. 거기에 있던 우리 모두가 뜻하지 않게 스님의 보호자가 되었다. 그것도 무슨 인연일까? 송구한 말이지만 스님은 수술대에 누워 고통에 처해 있었지만 우리는 가없는 영광을 입었다. 이런 일이 없었다면 하물며 어찌 큰스님의 보호자가 될 수 있었을까 말이다.

스님의 법력 덕분인지 우리의 기도 덕분인지 수술 결과는 좋았다. 그러나 위를 한꺼번에 너무 많이 잘라내서 스님은 입적하실 때까지 음식을 조금씩 자주 드셔야 했다. 천만 다행스럽게도 그때는 스님께서 본격적으로 포교에 나서기 전이었다. 만약 불광법회를 시작한 뒤에 그런 일이 있었다면 아마 큰 곤란을 겪지 않았을까 하는 생각도 했다. 건강을 어느 정도 회복하신 스님께서는 그 당시의 일에서 어떤 고마움을 느끼셨는지 우리 집이 중구 필동과 서대문구 응암동에 있을 때 가끔 방문하시기도 했다.

5. 불교신문 폐간을 막아내다

「대한불교신문」(불교신문)은 조계종단의 기관지이자 포교지로서 불교 유일의 신문이었다. 1972년 군사정부 때 언론 탄압정책으로 신문사는 인쇄시설을 갖추지 않으면 폐간하기로 법을 제정하여 불교신문사가 수차례 폐간 통보를 받았다.

당시 총무원 재정으로는 신문사 운영도 겨우겨우 했는데 일주일에 한 번 발간하는 주간신문을 위해 방대한 인쇄시설을 구비하여 50여 명의 인원을 채용한다는 것은 거의 불가능한 일이었다.

당시 스님이 총무원 총무부장으로 재임하실 때였는데, 스님께서 신흥인쇄 간판을 내리고 '대한불교신문사 공무국'으로 현판을 하여 불교 유일의 포교지인 「대한불교신문」의 폐간을 막아 달라고 요청하시어, 나는 사실 종단을 위해서라기보다는 스님의 말씀을 거절할 수가 없어서 부득이 응낙을 했다. 총무원장인 석주스님, 총무부장인 스님과 교무부장인 월주스님, 동국대 총장 서돈각 박사, 그 외의 여러 분이 오셔서 현판식을 올렸다.

이 일로 인해 (주)신흥인쇄는 '대한불교신문사 공무국'으로 바뀌었다. 거기에 따른 후유증으로 신흥인쇄 운영에 곤란을 겪었고 간신히 위기를 넘기기도 했다. 자랑이나 변명 같지만 다른 인쇄물을 부지런히 인쇄해야 하는데 어느 날 간판이 느닷없이 바뀌어 버렸으니 그동안의 고객, 특히 종교적인 입장이 다른 경우에는 고개를 돌렸던 것이다.

그러나 결과적으로는 부처님께서 우리 신흥인쇄를 잘 지켜 주셨다. 그 후로도 스님과 나는 항상 그때의 일에서 자부심과 긍지를 가졌다. 설령 누구 알아주든 알아주지 않든 별개의 일이었다.

6. 범어사를 지킨 호법보살

범어사 뒤편 넓은 개활지를 개발하여 농장을 만들 때 일이다. 그 당시 모(某) 인사가 불심으로 그 일을 시작한다고 하여 세속 법을 잘 모르던 범어사 스님들이 얼떨결에 승낙을 했다고 했다. 그런데 나중에 그 인사가 범어사에 과다한 금전적 요구를 해 와 도저히 감당할 수 없는 상황까지 악화되어 갔다. 상대의 지나친 요구로 인해 그 일은 마침내 법원까지 가게 되었다. 이 곤란한 문제 해결을 위해서 스님은 많은 노심초사의 걱정과 심려를 쏟았다.

뿐만 아니라 이름만 거명하면 모두가 알 수 있는 부산의 유력 인사가 평소의 감정으로 돈과 권력을 이용해 스님을 강제 연행했던 일이 있었다. 사필귀정으로 모든 일은 명명백백하게 밝혀져 스님은 무사했지만 이러한 일들은 스님의 개인적인 일 때문이 아니라 모두 범어사나 종단과 관계된 일이었다. 스님을 위해(危害)하기 위한 음모에서 비롯된 일들이었음은 두말 할 필요도 없다. 그런 여러 일들이 있을 때마다 스님은 불보살의 가호와 인도하심으로 무사할 수 있었고, 또한 스님 자신이 여법하게 대처하여 당당하게 풀어 나갔다. 수행자로서 금도(襟度)를 지켜 상대에게 조금도 원심을 갖지 않게 매듭을 잘 지었다. 돌아보면 스님은 역시 대의와 명분으로 일생을 산 분이었다는 생각이 든다. 철저하게 수행자의 자세를 시종일관 유지했던 모든 이들의 사표였다는 생각을 해본다.

왜냐하면 범어사를 자신들의 뜻대로 하기 위해서는 스님이 제일 큰 걸림돌이 되었기 때문에 항상 스님이 표적이 되었다. 나는 그러한 스님을 보고 범어사의 호법보살이라고 생각한다. 스님은 부산 신창동에 있는 사유화된 범어사 말사가 반드시 종단의 사찰로 회복되어야 한다고 원칙을 강조하면서도 거기에 따르는 보복이나 분노 등 거친 언행을 한 적은 한 번도 없었다. 어느 때나 수행자로서 지혜와 자비를 가지고 대하고 일을 풀어가고자 노력하셨다. 이런 일은 하나둘이 아니었다.

7. 사람을 무척 아꼈던 스님

1974년 11월, 스님은 월간 「불광」 창간호를 세상에 내보였다. 이것은 당연한 일이었고 이미 예정된 불사였는지도 모르겠다. 일찍이 거사의 신분으로 전법과 구법을 하나로 보았으며 구국구세운동에 앞장섰던 스님이 어찌 이 시대의 등불이 되지 않을 수 있겠는가 하고 생각하니 말이다.

세상이 다 알다시피 스님이 불광회를 창설하셨고, 불광회가 다시 월간 「불광」을 탄생시켰고, 월간 「불광」이 또 불광법회를 창립했고, 불광법회가 마침내 불광사를 탄생시켰다.

불광법회가 창립된 뒤, 어찌나 신도들이 많이 찾아오는지 대각사 법당으로는 도저히 수용할 수 없었다. 그렇지만 스님은 절 지을 생각을 조금도 하시지 않았다. 웬만한 스님이라면 사람들이 그렇게 모이면 당연히 절 짓자고 했을 터인데도 스님께서는 한마디 언급도 없으셨다. 오히려 신도들이 앞장서서 절 짓자고 난리를 쳤다.

그도 그럴 것이 당시 불광법회 신도들에게 절 짓기 불씨가 점화되었다. 신심의 불길이 활활 타올라 서울을 다 태우고도 남을 지경이었다. 훌륭하신 스님 모시고 수행을 제대로 할 수 있는 우리 절이 필요하다고 신도들이 느꼈기 때문이다. 그랬으니 자연 신도들이 앞장서서 절 짓자고 아우성이었다. 절 짓는 것을 완강하게 반대하던 스님께 몰려가 수십 번도 더 떼를 쓰고 고집을 부리며 스님을 설득하고 졸랐다. 마침내 간신히 스님의 허락을 얻어 환호성을 지르면서 절 짓는 일에 발벗고 앞장섰다. 회원 제각기 화주보살을 자담하여 어느 곳이든 달려가 인연을 맺었다. 시주를 받기 위해서는 시간과 거리의 멀고 가까움을 염두에 두지 않았던 것이다. 아니, 사람들에게 불법과 인연을 맺어 주기 위해 불철주야 동분서주로 뛰었다고 하는 표현이 더 잘 어울릴 것 같다.

그때 나의 아내 대륜성 보살이 불광법회 재무를 담당했다. 그런데 1981년 8월 6일, 서울 잠실 (송파구 석촌동 160-1)의 부지를 매입하려고 했는데 예기치 않던 문제가 발생했다. 그때 절 지을 부지 매입 불사금을 신심 깊은 형제가 사업을 하여 이익금으로 불광사 건축불사를 도와 준다고 잠시 차용하여 갔는데 그만 차질이 생긴 것이었다.

이 문제를 처리하면서 스님께서는 "하산은 바위처럼, 아니 바위가 입을 꽉 누른 것처럼 굳게 다물고 극비리에 잘 수습하라"고 당부하셨다. 이 일의 처리 과정을 죽 지켜보면서 나는 스님께 또 다른 인생의 교훈을 받았다. 스님은 시종 철저하게 사람을 아끼고 보호하는 쪽으로 가닥을 잡아서 일을 처리하고 해결해 나갔다.

나는 세속에서 조그만 사업을 하기 때문에 그런 경우를 많이 보았고, 또 그 경우의 끝은 무엇인가도 알고 있었다. 그런데 절에서 처리하는 스님의 방침은 세속과 너무나 달랐다. 그 모든 과정을 곁에서 보며 만약 이 일이 우리들 세속 사람 같았으면 인정사정 보지 않았을 텐데 하는 생각을 여러 번 했다.

8. 월간 불광의 출현

순서가 좀 바뀌었지만 문서포교에 대한 이야기를 하지 않을 수가 없다. 불광법회의 대각사 시절, 법당이 좁아서 불광 회원들이 들어설 자리가 없었다는 것은 이미 말했다. 법에 목마른 전국의 불자들이 스님의 높은 법문을 전해 듣고 또는 월간 「불광」을 보고 구름처럼 모여들었기 때문이다.

스님께서는 1956년에 벌써 대각회를 창립하여 행자〔居士〕의 몸으로 새 불교운동에 앞장섰던 분이니, 가히 원력보살이라고 말하지 않을 수 없다. 어느 때 떠올려 봐도 스님께서는 입적하실 때까지 한평생을 오직 전법일념으로 사셨다는 것을 조금도 부정할 수 없다.

당시 국민소득 불과 50불 정도, 언제 다시 전쟁이 재발할지 모르는 불안한 시절이었다. 그때만 하더라도 불교는 점쟁이나 무당 정도의 수준으로 대접받을 때였다. 불교가 기껏 기복신앙 단계에 머물고 있을 때, 스님께서는 불교야말로 나라를 구하고 인류를 이끌어 갈 영원한 등불임을 세상에 외친 분이었다. 스님 연세 불과 30세 때였다. 그 당시 사회적으로나 불교적으로나 참으로 간난의 시기였다. 지금의 삶의 기준으로 미루어 본다면 상상하기조차 어려운 때였다.

스님은 "출가자라고 하여 출세간적인 곳에만 머물러서는 안 된다.

장소와 시간을 떠나 적극적으로 불법을 전하고 보현행원을 실천해야 한다. 구도의 행위가 따로 있어서는 안 된다. 오로지 전법이 구도다"라고 항상 말씀하셨다.

스님은 전법을 위해 구두포교인 설법과 문서포교인 역경과 불교 잡지 발간에 온 힘을 쏟았다. 스님의 전 재산은 평소 입고 계신 옷 한 벌, 신발 한 켤레와 펜과 원고지가 전부였다. 숙식은 대각사에서 해결했다. 나는 그러한 스님이 하도 안타까워서 어느 하루는 외람된 말씀을 드린 적이 있다.

"스님께서도 다른 스님들처럼 종단 내의 좋은 본사를 한 곳 맡으셔서 거기를 근거로 하여 일을 하시면 훨씬 수월하지 않겠습니까? 스님 혼자 힘으로는 전법에 한계가 있으니 큰 사찰에서 포교 재원을 확보하여 법회를 조직하고 연구소를 만들어서 거국적으로 펼쳐 나가면 좋지 않겠습니까? 그런 터전이라면 후세를 위해 상좌스님들을 해외 유학도 보내고 학문에 전념할 수 있도록 뒷바라지해 줄 수도 있고 말입니다. 그러면 스님의 반야사상을 계승 발전시키는 데 큰 힘이 되리라고 봅니다"라고 했다.

가만히 들으시던 스님은 미소 띤 모습으로 나를 바라보시면서 "그런 방법은 사업을 하는 박 사장 같은 분들이나 하지, 나 같은 사람은 못하는 일이야"라고 하면서 웃으셨다.

스님의 뜻은 비록 전법하는 일이라고 해도 사찰의 공금을 개인의 불사로 사용할 수 없다는 뜻이었다. 나에게는 스님의 말씀 한마디가 법이었고 인생의 지침이었다. 스님의 법문이 너무나 가슴 깊이 닿아 어찌할 바를 모를 때가 많았다. 나 혼자 듣고 흘려 보내기가 아까워 스님의 법문을 책으로 엮고, 또 월간지를 발행하여 전국의 불자들에게 스님의 설법과 사상을 널리 전했으면 좋겠다고 생각했다.

나는 당시 '신흥인쇄주식회사'를 운영하면서 월간지를 매월 30여 종 인쇄 제작했고, 또 수백 종의 단행본을 제작하고 있었기에 그 분야는 비교적 잘 알고 있었다고 해도 과언이 아니다.

나는 경남 거창 연수사에서 아들을 낳지 못해 애썼던 어머니의 지극한 기도와 부처님의 감응하신 은혜를 입고 태어났다. 스님께서는 그런 나를 자비로 감싸 주시어 부처님 법을 깨우쳐 주셨다. 또 나의 둘째 아들의 생명을 구해 주신 은인으로도 항상 존경하고 가슴에 새겨 잊지 못했다. 나는 스님의 고마우신 은혜에 보답할 것을 생각하던 중, 내가 할 수 있는 것은 스님의 가르침을 문서로 전하는 일로 생각되었다.

월간 「불광」이 세상에 출현했던 가장 큰 인연은 스님의 서원이고, 또 교계 명망가 여러 분들의 조언도 있었을 것이다. 나 혼자의 발원이나 노력으로 출현했다는 말은 결코 아니다. 그러나 그 당시 나의 생각을 드러내자니 내 이야기가 마치 나의 공로를 내세우는 것처럼 들릴 것 같아 미리 양해를 구하는 것이다.

그래서 나의 생각이 '만약 스님께서 원고만 써 주신다면 인쇄하고 제본하면 손쉽게 월간지가 나오지 않을까' 했던 것이다. 내 생각이 거기까지 미치자 나는 스님께 불교 월간지 창간을 건의했다. 그리고 월간지가 어느 정도 자립할 때까지는 인쇄는 무상으로 하겠다고 말씀드렸다. 스님은 내 말을 들으시고 기뻐하시면서 인쇄를 무상으로 하는 것이 어쩌다가 한두 번 내는 단행본도 아니고 매월 발간하는 월간지를 전적으로 무상으로 한다는 것을 부담스러워하시면서 나의 사업이 좀더 성장하면 그때 하자고 하셨다.

그러나 나는 이미 생각했던 바가 있던 터라 스님의 말씀에 물러서지 않고 스님을 계속 설득했다. 비록 신흥인쇄의 재정이 풍족한 편은 아니지만 좀더 알뜰하게 살림을 꾸려 가면 매월 월간지 한 종 더 찍는다고 해서 크게 달라지는 것이 없다고 말씀드렸다. 다시 스님께 월간지 발간의 필요성과 의의를 말씀드리고 간청했다. 스님께서는 무슨 일을 할 때마다 아주 신중하게 연구하고 생각하여 결정하시는 성품이기에 나의 건의를 듣고도 역시 신중하셨다.

나는 여러 차례 말씀드리고 스님은 또 심사숙고하시는 과정을 거친 뒤, 드디어 스님이 결심을 하셨다. 그날부터 문공부에 등록하는 일(절차가 매우 복잡하고 까다로웠으며 허가받기가 무척 힘들었음)을 시작했고 원고는 대부분 스님이 직접 쓰셨다. 물론 여러 분들의 협조와 적극적인 도움을 바탕으로 드디어 인쇄에 걸어서 1974년 11월호를 창간호로 발간하였다.

하도 감회가 커서 나는 가제본 된 견본을 들고 대각사로 뛰어가서 스님께 보여드렸다. 스님께서는 나를 물끄러미 바라보시면서 만면에 미소를 지으셨다. 그리고 한 권의 책은 한 사람의 법사와 같은데 박 사장도 이제 큰 법사가 되었다고 찬탄과 격려의 말씀을 하시면서 크게 기뻐하셨다.

나는 스님의 역경과 『불광법회요전』, 월간 「불광」, 『빛의 목소리』 등 거의 모든 전적을 인쇄 기증한 공적으로 1978년 10월 26일 '귀하는 보살서원이 청정하고 호법정신에 투철하여 불기 2518년 이래 월간 「불광」 발행에 크게 기여하고 다시 금번 『불광요전』을 출판하여 법회에 기증함으로써 불법 홍포와 법회 발전에 공헌한 바가 크므로 그 공을 기려 이 패를 드립니다' 하는 공로패를 불광회 대표이신 스님으로부터 받았다. 과분하게도 스님께 공식적으로 상 받은 것은 내가 처음이 되었다.

아무튼 나는 월간 「불광」 발행 초기부터 수년 동안 인쇄를 도와드렸다. 불광지가 오늘까지 이어 오면서 여러 일들이 많았다. 어려운 고비도 숱하게 넘겼고 위기도 넘겼다. 그 중에 뭐니뭐니 해도 스님의 노고는 이루 말할 수가 없다. 남이 아는 고충, 모르는 고충 어디 한두 가지 일까. 그 중에서도 월간 「불광」의 경영이 어려워져 사무실을 서대문구 교남동 47번지의 신흥인쇄주식회사로 옮기고 내가 월간 「불광」을 직접 운영했다. 단행본을 출판하여 월간 「불광」과 함께 차에 싣고 전국 서점으로 다녔다. 회사 일을 미뤄 놓은 채 전국을 누비며 불서 판매에 앞장섰다.

일 년여의 고생 끝에 전국 사찰과 서점의 협력으로 경영이 정상 궤도에 이르자 다시 스님께 경영권을 넘겨 오늘까지 한 호도 거르지 않는 불교계의 모범잡지가 되었고, 정부기관으로부터 우수 잡지로 선정되어 불교계를 대표하는 자리에까지 올랐다. 지금 스님은 입적하시어 우리 곁에 안 계셔도 월간 「불광」은 남아서 스님의 뜻을 묵묵히 이어가고 있다.

9. 부처님 성상을 모실 인연을 허락하심

불광사 보광명당의 부처님을 봉안해야 하는데 절 짓는 일로 불광사 신도들은 경제적 여유가 없었다. 불광사 전체가 완공되지 않았지만 임시 법회를 볼 수 있는 장소가 필요했으므로 우선 지하 보광명당을 부분 준공하여 부처님을 모시기로 했다. 그때 부처님 모시는 문제로 스님이 염려하시기에 곁에 있던 내가 발원했더니 스님께서 허락해 주셨다. 나는 지금도 그때의 영광과 은혜를 간직하면서 감사한 마음으로 살고 있다.

경기도 의정부 '신상균불상제작소'에서 불광사 보광명당 부처님 조성계약을 체결했다. 나는 스님을 모시고 여러 차례 의정부를 다녔다. 스님의 정성스러운 불사 태도와 높은 예술 안목, 신상균 선생의 신심과 숙련된 솜씨로 말미암아 근래에 조성된 부처님의 존상으로는 가장 뛰어난 걸작이 되었다고 주변의 칭송이 대단했다. 그 후 3층 대웅전을 완성한 후 지하에서 3층으로 이운하여 모셨다. 스님께서 베풀어 주신 은혜는 이것뿐이 아니다.

좀 오래 된 이야기이긴 하지만, 1968년 나의 둘째 아들 범수를 임신했을 때 아내인 대륜성 보살과 부모님께서는 낳기를 원했는데 내가 강경히 반대했었다. 스님께서는 그런 나를 대각사로 불러 왜 중절을 하려 하느냐고 엄한 책망을 내리셨다. 나는 현재 있는 아이들만 해도 5남매나 되는데 또 낳으면 키우기가 힘들어서 그렇습니다 하고, 대답했더니 그때서야 스님께서 표정을 조금 누그러뜨리면서 "사람의 노력은 한계가 있지만 부처님의 능력은 한계가 없어요. 그리고 사람은 태어날 때 모두 자기 복은 스스로 가지고 와요"라고, 설법해 주시면서 불자는 절대로 중절을 해서는 안 된다고 재차 다짐겸 경고를 내리셨다.

스님 덕분에 얻은 아들이 바로 둘째 아들 범수[德雲]였다. 둘째가 부처님을 닮아서 스님께서 덕운이라고 불명도 지어 주시고 또 부처님을 닮은 그를 만나면 언제나 웃으시며 기뻐하셨다. 내가 스님께 "범수는 이제 스님의 아들입니다"라고, 말씀드렸더니 스님은 "부처님의 아들이지" 하시며 참으로 사랑해 주셨다. 이런 인연으로 스님께서 경기도 안성 도솔산 자락에 불광원을 짓고 부처님을 모실 때 범수의 이름으로 관음보살님을 모실 수 있는 귀한 인연을 허락해 주셨다.

여기서 한 가지 말해 둘 것은 스님께서 왜 하필이면 불광원을 안성 도솔산 자락에 지으셨느냐? 하는 점이다. 절터를 찾으려면 서울 가까이도 얼마든지 있다. 사실 돈 문제이지 땅이 없는 것은 아니다. 그런데도 굳이 서울서 꽤 떨어진 안성에 절을 지은 것은, 한마디로 말한다면 충실한 상좌인 송암스님 곁을 떠나고 싶지 않으셨기 때문이라는 이야기를 들었다.

그 전에 도피안사를 처음 지을 때 불사금을 불광에서 지원하는 점에 대해서 여러 사람들의 의견이 분분했고, 그로 인해 불광사 소임을 내놓고 떠난 사람조차 있었지만 스님의 용단으로 지원해 주시고, 터전이 마련되자 경기도 갈매리 보현사에 있던 스님의 짐을 모두 옮긴 뒤 만 3년을 주석하셨다. 만약에 스님께서 도피안사에 주석하시다가 입적하셨다면 여러 가지 상황이 많이 달라졌을 것이라는 생각을 한다. 이것은 비단 나의 생각뿐만 아니라 그때의 내막을 아는 사람들은 이구동성으로 하는 말이다.

그런 연고로 도피안사 기슭인 도솔산 동쪽 자락에 남향으로 불광원을 지었다. 불광원 건물이 완공되자 스님께서 법당에 모실 부처님을 조성하기 위해 인근에 있는 여주 목아박물관을 찾았다. 그때 박물관 전시실에서 이미 조성된 목조 관음보살상을 보시고 여간 기뻐하시는 것이 아니었다. 박찬수 관장이 곁에 있다가 스님의 표정을 보고는 빙그레 웃으면서,

"사실 이 작품은 저희 목아박물관 건립과 운영을 위해 음으로 양으로 많은 고생을 하면서 저를 도와 준 보살(아내)을 위해서 조성해 그네에게 기증했습니다. 그러나 불광의 큰스님께서 좋아하시기에 저희 부부가 뜻을 모아 기꺼이 큰스님께 양보하겠습니다"라고 했다.

나는 둘째 아들 범수가 이 세상에 태어난 인연을 기리기 위해서

관음보살을 모시는 시주가 되기로 발원했다. 그 점을 스님께 여쭈어 허락을 받고 불광원 법당에 모셨다. 불광사 형제들이 동참하여 성대한 점안식 및 개원법회를 봉행했다. 그 후 스님의 병세가 악화되자 스님께서는 불광원을 천마재활원에 기증하셨다. 모든 법적인 권한이 천마재활원으로 넘어갔고 스님은 그 얼마 후 입적하셨다. 우리 불광 형제들이 가면 그렇게 기뻐하시던 스님의 모습은 이제 그 어디에서도 뵈올 수가 없다.

나는 이 사실을 현 불광사 주지이신 지정스님에게 알리고 다른 것은 그대로 둬도 관음보살상은 찾아와서 기념관에 모시자고 제안했다. 그리고 천마재활원 측에 새로운 불존상을 모셔드리면 되지 않겠느냐고 건의했다. 주지스님과 현 회장단과 내가 불광원을 방문하여 원장 내외분께 저간의 사정과 경위를 설명했다. 그리고 여기 있는 관음보살상은 불광사의 금하기념관으로 옮겨 모시려고 하니 잘 이해하고 협조해 달라고 당부했다.

흔쾌한 대답은 듣지 못했지만 모든 일은 당장 안 된다고 끝난 것은 아니라고 생각한다. 천마재활원 측에서 여러 가지 뜻을 생각해 본 뒤 좋은 소식이 있을 것으로 기대하며 우리는 불광원을 나섰다. 나는 어떤 노력과 대가를 치러도 스님이 기뻐하시던 이 불존상은 반드시 스님의 기념관으로 모셔 와야 한다고 생각하고 있다.

10. 불광법회 회장으로 부촉 받음

이야기 순서가 들쭉날쭉하지만 중요한 이야기를 뺄 수는 없을 것 같다. 나는 평소 스님께 "스님, 제가 후일 나이가 많아 신흥인쇄 사

업을 물려주면 스님 곁에서 시봉하면서 살겠습니다. 한 사람의 전법
자로서 겸허한 마음으로 스님을 모시고 스님을 도와 드리겠습니다”
라고 말씀드렸다. 그때마다 스님은 웃으시면서 그렇게 하자고 즐거
워하셨다.

　그러나 스님은 법체를 돌아보지 않고 많은 불사를 하시어 평생 병
고가 떠날 날이 거의 없었다. 스님께서 법체 몹시 허약해지자 나의
도움이 필요하다고 말씀하셨다. 나는 스님께 ‘무슨 일이든지 시키기
만 하십시오’ 하고 대답했다. 처음에는 무슨 일을 시킬지 모르고 그
저 한두 가지 심부름을 하면 되겠지 하고 생각했는데 스님 말씀을
듣고 보니 불광법회 회장의 소임을 맡으라고 하시는 것이었다. 나는
얼른 자세를 고쳐 앉으며 과분한 소임이라고 사양했다. 다른 훌륭한
분을 회장으로 모셔야 한다고 여쭈어 올렸다.

　스님께서 나의 말씀을 다 들으시고도 또 부탁을 하셨다.

　“이제 내 몸이 병들고 허약하여 회복하기 어려우니 하산거사 같은
심지 굳은 사람의 도움이 필요해. 하산이 법회 회장을 맡아 내 상좌
와 함께 불광운동을 지속적으로 펼쳐가야 해. 그러니 사양 말고 부
처님 일의 소임을 기쁘게 맡아 줘. 원래로 부처님 일은 피하거나 사
양하는 법이 아니거든.”

　이런 간곡하신 말씀 앞에서는 더 이상 할 말이 없었다. 묵묵히 고
개를 숙이고 있었다. 사실 그 당시는 여러 가지 복잡한 상황이었다.
그리고 회장도 공석이었고 분위기도 어수선했다. 그러나 불광의 새
로운 발전을 위해 회장 취임을 거절할 수가 없었다. 일주일의 고뇌
끝에 회장 소임을 맡을 것을 스님께 말씀드렸다. 그로부터 8년 동안
회장 소임을 통해 법회의 화합과 안정에 노력했다. 대과 없이 중차
대한 불광의 회장 소임을 마무리했다.

애석하게도 내가 회장을 맡고 있을 때, 스님은 사바를 홀연히 떠나셨다. 내가 스님께 드린 약속은 안타깝게도 지킬 수가 없었다. 이제 스님의 모습을 뵙고 싶어도 어디에서도 뵐 수가 없다. 스님을 모시고 살던 때의 옛 생각을 하면 가슴이 미어진다. 스님과 영별을 생각하면 뭐라고 말할 수 없는 슬픔이 앞선다. 스님을 모시고 불국토를 성취하려고 했는데 스님은 이미 가셨고 나만 남았다.

11. 스님의 원력과 사상

스님의 원력과 사상을 한마디로 집약해 놓은 것이 1974년 11월 월간 「불광」 창간호에 실린 '순수불교선언문'이다. 누구나 이 글을 보면 스님의 모든 것을 한 눈에 알 수 있고 공감할 수 있다. 쉬운 말로 잘 표현되어 있다.

스님의 불광운동은 마하반야바라밀과 보현행원을 두 축으로 하여 현대인에게 맞도록 개선한 새 불교, 새 물줄기다. 대한민국시대의 새로운 불교운동이 바로 불광의 등장이라는 말이다. 스님의 상좌 송암스님은 불광운동을 가리켜 '반야바라밀 결사'라고 표현했지만 나 또한 불광운동이 대단한 뜻을 가지고 있다고 생각한다. 아무쪼록 앞으로도 신심 있는 후계자들이 등장하여 스님의 새 불교운동을 잘 계승해 주었으면 하는 바람 더할 나위 없이 간절하다.

스님과의 관계나 내가 알고 있는 여러 일들에 대해 좀더 구체적으로 글을 써도 되겠지만 송암스님의 줄기찬 노력으로 이미 다른 분들이 밝혀 놓았기에 나는 내가 알고 있는 일 중에서 중요하다고 생각하는 것의 줄거리만 거론했다. 끝으로 스님께 기도하고 싶다.

"스님, 속히 사바로 다시 오시어 불광운동을 이끌어 주십시오.
나무마하반야바라밀.

불기 2547년 11월 10일

경기도 일산에서 荷山 박충일 謹書

불광의 사리불법등

지운 손병철(智耘 孫炳喆) | 군법사(軍法師), 육군 중령

1. 고귀한 사람 몸을 받아서

'이 세상에 사람의 몸 받아 태어나기 어렵고, 그 중에서도 장부의 몸으로 나기는 더 어렵고, 무엇보다 불법을 만나기는 더더욱 어렵다'고, 옛 성현들은 말씀하셨다.

이런 생각을 해 보면 나는 분명 행운아임에 틀림없다. 인생의 얻기 어려운 이 세 가지를 이미 다 갖추었으니 무엇을 더 바랄까마는 아직도 그 사실을 철저히 자각하지 못하고 허망하게 살아가는 자신을 바라보노라면 때로는 안타깝기도 하다. 공부가 멀어도 한참 멀었다는 깊은 자괴감에 한숨이 저절로 뿜어져 나온다.

조사의 말씀에 '차신불향금생도 갱대하생도차신(此身不向今生度 更待何生度此身)'이라고 하셨다. 만약 금생에 이 몸을 제도하지 못하면 다시 어느 생을 기다려 이 몸을 제도한단 말인가?의 뜻이다. 설령 나에게 아무리 귀한 황금이 있고 무진장의 여의보주가 내 속에 있다 한들, 있는 줄도 모르고 살아가니 어떻게 내어 쓸 수 있겠는가 말이

다. 모질게도 질긴 무명업장(無明業障)의 끈을 싹둑 잘라 버리지 못하는 내 자신이 차츰 나이를 더해 가면서 더더욱 가엾게만 느껴진다.

무상심심미묘법(無上甚深微妙法) 위없이 심히 깊은 미묘법이여,
백천만겁난조우(百千萬劫難遭遇) 백천만 겁인들 어찌 만나리.

이 구절은 경을 볼 때 제일 먼저 독송하는 개경게(開經偈)의 앞 부문이다. 이 구절을 대할 때는 나도 몰래 엄숙해지고, 방일하고 나태한 마음이 사그라지며, 나를 경책하여 부처님과 단단히 이어주는 법의 연결고리 역할을 한다. 이 게송은 힘들고 어려울 때마다 나를 일으켜 세우고 나를 지탱해 주는 힘의 원천이다. 이 개경게를 외울 때마다 나는 새로운 심신과 환희심이 솟아올라 세속에 물든 마음을 다시 추스르게 될 뿐만 아니라 법사가 되어 부처님 일을 하고 사는 내 삶에 감사를 느낀다.

사실 백천만 겁이라는 무한대의 시간이 지나도록 만나기 어려운 부처님의 위대한 법을 나는 광덕 큰스님을 통해서 만나게 되었다. 큰스님의 법문에서 나는 심히 깊고 깊은 미묘한 진리 속에 살고 있는 나 자신을 확인할 수 있었고, 우리가 살고 있는 이 세계는 물거품 같고 번개와 이슬과 같다는 사실을 다시 알게 되었다. 그것은 필경 무상(無常)·고(苦)·무아(無我)로 귀착될 수밖에 없다는 큰스님의 말씀에 이르러서는 무엇이 삶의 진정한 가치인지 깨닫게 되었다.

한때 큰스님 밑에서 학생으로 수행했던 나는 지금은 우리 대한민국의 젊은이들인 장병들에게 부처님 법을 전하는 군법사가 되었다. 이 또한 부처님의 은혜이며 나를 인도해 주셨던 큰스님의 은혜였음을 깨닫고 감사한 마음으로 하루하루 살아가고 있다. 돌아보면 큰스

님 아래서 수행하던 시절이 바로 엊그제 같은데 군법사가 되어 불법 홍포의 대임을 맡은 지도 어언 20여 년의 세월이 지나갔다. 다시 돌아보면 크게 한 일도 없이 공연히 부처님 은혜만 잔뜩 입고 신도들의 시은에 대한 폐만 끼치고 살아온 것 같아 송구스러운 마음 금할 수 없다.

2. 사리불법등의 출현

큰스님의 상좌이며 '시봉일기'의 저자인 송암스님으로부터 큰스님과의 인연담에 관한 글을 한 편 써 달라는 부탁을 받고 몇 날 며칠 동안 머리를 싸매고 고민을 했다. 벌써 20여 년이 훨씬 지난 일들이라 기억이 아련하여 자칫 잘못하면 큰스님께 오히려 누가 될 것 같은 생각과, 머리에는 있지만 과연 글로 잘 표현될 수 있을까 하는 염려 때문이었다.

그렇지만, 불광법회 시절 사리불법등(대학생불교모임)에 관한 기록이 없다는 스님의 말씀에 책임감을 느껴 용기를 냈다. 불광의 사리불법등이 지금도 그대로 활동하고 있는지 궁금하기도 하고 또 잘되고 있으리라고 믿는다. 그동안 군법사로 틀에 박혀 살다 보니 불광사를 참배한 적도 오래 되었고, 그때의 사리불법등의 법우들을 못 만난 지도 오래 되었다.

불광법회의 사리불법등은 1976년 2월 5일에 창등되었다. 그러니까 불광법회가 문을 연 지 불과 6개월도 되기 전에 대학생들의 수행 모임이 발족되었던 것이다. 불광법회가 창립된 뒤, 가족이나 친지들을 따라 법회에 나온 학생들이 서로 인사를 나누고 알게 되어 자연스럽게 사리불법등으로 결성되었던 것이다.

사실 법주이셨던 큰스님께서는 한국대학생불교연합회의 초대 지도법사이셨고 대학생들을 위해서 봉은사 주지를 맡기도 하셨던 분이다. 그러한 선지식께서 법회를 개설하여 대학생들이 자발적으로 모여들었다는 것은 특별히 이상하거나 궁금해 할 일도 아니다. 오히려 당연한 일이며 자연스런 현상이라고 해야할 것이다.

불광법회에 하나 둘 제 발로 모여든 학생들이 사리불법등의 구성원이 되었으니 의당 큰스님께 젊은이들의 의사를 여쭈었고, 큰스님으로부터 흔쾌한 허락을 받았고 법등의 이름도 받았으며 지도법사도 지명해 주셨다.

사리불법등은 주로 서울에 있는 대학생들로 구성되었다. 그 당시만 해도 젊은이들은 불법과 깨달음에 대해 몹시 목말라 했던 때였다. 그러니 대학생 불자들은 누가 모이자는 말 없이도 모이려고 했고 공부하려고 했다.

사리불법등이 불광법회의 수행모임으로 본격 출발하자 법우들은 함께 모여서 법회와 토론과 기도정진을 열렬하게 했다. 회원 각자의 뜨거운 신심과 치열한 구도심은 참으로 왕성했다. 돌이나 쇠붙이도 녹일 것 같은 열정의 도가니였다. 그때의 장한 법우들은 지금 어디서 열심히 살고 있는지, 어떻게 달라졌는지 한 번 만나보고 싶다.

사리불법등은 불광의 정기법회 말고도 자체적으로 자주 법회를 실시했다.(비원 옆의 원각회 법당에서) 또 구도법회가 있는 주말이면 남양주시 구리읍 갈매리에 있는 보현사에서 철야구도정진법회에도 동참하였고, 매월 송암보육원을 방문하여 원생들을 위한 봉사활동도 적극적으로 수행하였다. 방학이 되면 영월 사자산 법흥사 등 전국 유명 기도도량을 찾아다니며 수련대회를 여는 등 참으로 열심히 정진하던 순수한 대학생 수행단체였다.

앞에서도 잠깐 말했지만 그때의 사리불법등을 생각하면 너무나 그리운 얼굴들이 많다. 우선 지도법사이셨던 곽만연(현 동아대 철학과 교수) 선생님, 사리불 회장이었던 젠틀맨 김영래(당시 고대 독문과 재학) 학형, 경전에 해박했던 장충식(법조스님) 형, 그리고 현규, 종상이 등등……. 지금은 다들 어떻게 살고 있는지, 어떻게 달라졌는지 궁금하지만 연락이 되지 않아 아쉽다.

나의 대학생활을 돌이켜보면 학교생활도 중요했지만 불광법회와 사리불법등의 존재도 매우 중요했다. 어쩌면 사리불법등을 떠나서는 대학시절을 생각할 수 없을 정도로 그때는 나에게 뜻깊고 중요했다. 밤늦게까지 경전을 읽다가 그냥 엎드려 잠들기 일쑤였고, 또 법회에 나가는 것이 크나큰 즐거움이었다.

원래 철학을 전공했던 나는 매우 사변적이고 논리적인 것만을 추구하고 좋아하였는데 큰스님과의 만남을 통해 사유와 논리를 초월한 세계, 시공(時空)을 여읜 언어 이전의 세계가 있다는 것을 비로소 알게 되었다. 큰스님의 법문은 독특했고 젊은 나에겐 신선한 충격이었다. 이전에 그 어디에서도 들어보지 못한 살아 꿈틀대는 생명의 노래였고, 힘이 넘쳐나는 진실과 광명의 사자후였다.

큰스님께서는 늘 “우리의 참 생명인 자성(自性)은 태양보다 밝고 허공보다 넓으며 바다보다 깊고 온갖 원만한 능력과 덕성이 가득 넘친다. 이것이 불성(佛性)인 인간생명의 진정한 모습이다. 이 밖에 다른 것들은 모두가 미혹의 결과로 생긴 허망한 그림자다”라고, 기회 있을 때마다 강조하셨다.

또 “우리 인간의 참 모습은 무한가치를 지닌 불성(佛性)이며, 불심(佛心)이며 진리(眞理)이다. 그러므로 우리는 결코 거짓인 자기로 살려고 하지 말고 '참된 자아'로 살아야 한다. 형상(形相)인 불(佛)이 불(佛)이 아니라 불성(佛性)이 진불(眞佛)이다. 따라서 만인에게 있는 불성(佛性)이 바로 진불(眞佛)이다"고, 늘 말씀하시곤 했다. 그런 큰스님을 통해 나는 불교를 보았고 불교를 알았다. 나의 불교관을 형성하고 정립하는 데 큰스님의 가르침은 튼튼한 초석이 되었음을 고백하지 않을 수 없다.

생각하면 너무나 과분한 은혜다. 큰스님의 말씀은 무엇보다 우리 생명, 불성에 대한 자각과 확신이었다. 우리 모두의 본래면목이자 내 생명에 대한 진실을 통해 새로운 정신세계에 눈을 뜨게 되는 계기가 되었다.

내 기억 속에 간직되어 있는 큰스님은 반야의 숭신자요, 행원의 원만자며, 내지 한국불교의 사상가이시고, 바라밀다 운동의 행동가이셨다. 입으로는 항상 마하반야바라밀다를 염송하는 바라밀다 행자였으며 가슴으론 보현행원을 실천하는 뜨거운 보현행자이셨다.

젊은 시절 큰스님께서는 병약한 신체임에도 불구하고 목숨 걸고 난행고행을 하셨다. 그러한 큰스님의 수행은 온 세상이 다 아는 일이다. 큰스님께서 참으로 이 시대에 선(禪)과 교(敎)를 두루 겸비하신 명안종사(明眼宗師)가 되셨던 것은 바로 그러한 위법망구의 정신이 있었기 때문이라고 본다. 큰스님께서는 어느 한 분야에도 소홀함이 없었다. 말하자면 고루고루 잘 갖춘 분으로 보면 된다. 선과 교와 설법과 의식과 위의와 화합 등 모든 분야에 탁월한 안목을 지닌 보기 드문 당대의 선지식이셨으니 말이다.

내가 사리불법등에서 활동하던 시절, 큰스님을 찾아뵙곤 이런저런 질문을 많이 드렸다. 한 번은 큰스님께서 "착어(着語)가 뭔지 아나?" 하고 물으시기에 답변을 못하고 쩔쩔매고 있는데 "그럼 불공은 어떻게 하는지 아나?” 하시기에 또 아무 말도 못하고 고개를 떨구었더니 “그렇게 해서 이다음에 군법사로 가면 무엇을 제대로 할 수 있겠느냐”며 분발을 재촉하셨다.

큰스님께서는 또 말씀하시기를 “교리도 중요하고 수행도 중요하지만 의식도 그것 못지 않게 중요한 것이니 이제부터라도 관심을 갖고 열심히 익혀 두라”고 고구정녕 훈도하시던 모습이 너무나 선명하게 떠오른다.

내가 군법사로 온 이후 잠실 불광사로 큰스님을 찾아뵙고 “전방 장병들을 위해 수계법회를 해야 하는데, 큰스님께서 한 번만 계사로 법회를 주관해 주십시오” 하고 간청을 드렸었다.

그때마다 큰스님께서는 법체 불편하시어 뜻을 이루지 못했다. 나는 고민이 컸다. 그래도 내가 큰스님 아래서 발보리심을 했고, 불광에서 수행을 했는데 어떻게든지 큰스님을 한 번 모셔서 법회를 잘 해보고 싶었고, 또 내가 하고 있는 모든 일을 큰스님께 보여 드리고도 싶었기에 더 조바심이 났다.

내가 큰스님의 사정을 모르는 바는 아니지만 두 눈 딱 감고 내 사정만 이야기하기로 마음먹었다. “나라를 지키는 전방의 장병들을 위해 큰스님께서 꼭 한 번 걸음을 해 주십시오. 이 나라의 젊은이들에게 큰스님께서 불법 인연을 심어 주십시오” 하는 내용을 말씀드렸더니 큰스님께서는 한참을 묵묵히 계시다가 드디어 머리를 끄덕여 주셨다. “정히 그렇다면 할 수 없지. 아마 이번에 내가 가면 군부대는 마지막이 될 거야. 내 건강상 멀리 가서 법회를 하기는 어려워. 이번에는 수계식이니까 내가 용기를 내서 가는 거야. 지운법사도 알겠지만 내가 수계식은 과거 범어사 금강계단에서 많이 해 봤거든” 하시며, 승낙을 해주셨다.

큰스님께서 정해진 날 멀리 전방까지 오셔서 수계법회를 여법하게 해주셨다. 며칠 후 나는 너무나 기쁜 마음으로 큰스님께 감사 인사차 수계식 때 찍은 사진을 들고 불광사로 찾아뵈었더니 큰스님께서 "어이, 지운법사! 수계식 때 보니 장병들이 '삼귀의' 노래를 다 틀리게 부르고 있었어. 삼귀의는 불교의 귀의대상인데 노래가 틀리면 곤란해. 이건 아주 기본적이면서도 매우 중요한 문제야. 법회에서 삼귀의 노래가 틀리면 제 아무리 다른 것을 잘해도 그 법사 시원찮다고 그래. 앞으론 잘 가르쳐!" 하시면서 찬불가야말로 불교 포교 특히 군인 포교에는 첩경이라고 말씀하시는 것을 듣고, 스님께서 불광법회를 통해 찬불가 보급에 얼마나 열정을 갖고 앞장서셨는지 그 연유를 조금은 알 수 있을 것 같았다.

또 한 번은 큰스님께 반야심경을 독송할 때 왜 신중단을 향해서 하는지 까닭을 여쭈었더니 "법회시에는 반야심경을 신중단이 아닌 상단을 향해 하는 것이 옳다"고 말씀하시며 다음과 같이 일러주셨다.

"법회에서 반야심경을 독송하는 것은 예불이나 상단불공을 할 때 신중단을 향하는 것과는 의미가 달라. 예불이나 상단불공이 끝난 다음에는 원래 신중단에도 예불과 불공을 드려야 하나 이를 간략히 하여 '반야심경' 한 편으로 대신하는 것이고, 법회시의 반야심경 독송은 '개법장진언'의 의미로 '부처님 진리의 창고를 열어서 저희 중생들에게 감로법문을 들려 주십시오'라는 의미로 하는 것이므로 그때는 상단을 향해서 해야 한다"고 자세히 말씀하셨다.

이러한 일들로 미루어 볼 때 큰스님께서는 불교의식 전반에 걸쳐 얼마나 해박한 지식을 갖고 계셨는지 능히 짐작할 수 있었다.

3. 큰스님과의 인연

지나온 삶의 발자취를 더듬어 볼 때면 항상 미진한 것에 대한 아쉬움과 안타까움이 앞서게 되고, 또 이제는 다시 되돌릴 수 없는 길이기에 더욱 진한 그리움과 회한의 감정이 솟구치는 것은 어쩌면 인지상정이 아닌가 하는 생각마저 든다.

큰스님에 대한 나의 소회도 바로 그런 선상에 있다고 할 수 있다. 내가 큰스님을 처음 뵌 것은 시국이 어수선했던 1980년 초라고 기억된다. 당시 불광법회 부회장을 맡고 있던 나의 지도교수인 송석구(前 동국대 총장) 선생님을 따라 별 생각없이 간 곳이 종로 3가에 있는 대각사였다.

신심 깊은 선생님께서는 매일 새벽 수유리 화계사에 올라가 108배로 하루를 시작하였고, 제자들에게도 늘 수행생활을 강조했다. 그 선생님과의 인연이 불광으로, 사리불로, 큰스님으로 이어진 운명적인 만남이 되었다. 말하자면 오늘의 내가 형성된 하나의 노정과도 같다. 대각사 뒷방에 주석하고 계시던 큰스님을 처음 뵐 때, 마침 큰스님께서는 저녁공양을 물리시던 참이었다. 학처럼 단아하게 앉으신 채로 나를 물끄러미 바라보시던 큰스님께 삼배를 올리자 동행하셨던 선생님께서 "제가 아끼는 제자입니다" 하고, 큰스님께 소개를 드렸다.

큰스님께서는 가볍게 고개를 끄덕이시며 아무런 말씀도 없이 한동안 나를 바라보시더니 "응 잘 왔어, 동국대생이면 앞으로 열심히 해야지"라고, 짧게 한마디 하시곤 그날은 별 말씀이 없으셨다. 곧 법회시간이 다가왔기 때문에 큰스님이나 나나 다른 이야기를 할 겨를

이 없었던 것이다.

큰스님 방에서 나와 법당으로 가니 그곳에는 벌써 수백 명의 사람들이 발디딜 틈조차 없이 법당을 가득히 메우고도 많은 사람들이 마당에서 까치발로 서 있었다. 나도 그 틈에 끼어 선 채로 불광법회를 처음 보게 되었다.

법회 진행자의 안내에 따라 삼귀의부터 시작하여 법회가 여법하게 진행되었다. 이어서 예불과 독경이 끝나자 청법가를 불렀다. 그런데 동참한 신도들이 얼마나 힘차고 정성껏 노래를 하는지 노래에 익숙지 않았던 나도 그 분위기에 감동이 되었다. 청법 대중이 얼마나 큰스님을 존경하는지 금방 피부에 와 닿았다. 사실 말이 필요없는 단계가 바로 이런 경우를 두고 하는 것으로 느꼈다.

이어 법상에 오르신 큰스님께서는 "불광형제 여러분!" 하고 입을 떼셨다. 무척 인상적이었다. 큰스님 법문의 첫 말씀은 다정하고 친근하게 동참대중을 불러 주시는 것이었다. 큰스님 특유의 영롱하고 나직한 음성과 자비로운 모습의 그 자체가 어쩌면 영산회상인지 모른다는 생각이 일었다. 나는 법회가 끝날 때까지 다리가 아픈 것도 잊은 채 환희심에 차서 내내 감격의 탄성을 질렀다. 그것은 지금까지 내가 접해 본 그 어떤 말이나 법문과는 차원이 다른 세계였기 때문이다. 흥분과 감동의 전율 속에서 시간이 어떻게 가는지도 모른 채 나는 생동감이 넘쳐나는 살아 있는 법회의 현장으로 그렇게 빨려 들어가고 있었던 것이다.

'아, 의상대사께서 초발심시변정각(初發心時便正覺)이라고 하셨던가!'

지금 생각해 봐도 그때처럼 신심이 불같이 일어나 마치 용광로같이 끓어오르던 시기는 없었던 것 같다. 그날 이후 나는 불광법회에 열성적으로 오가며 큰스님으로부터 『금강경』, 『원각경』, 『반야심경』 등의 대승경전을 배우며 점차 불법에 눈뜨기 시작하였다.

4. 우리 힘으로 잠실에 불광사를 짓자

내가 대학 졸업반이던 해에 불광사 창건불사가 강동의 허허벌판인 잠실벌에서 추진되고 있었다. 그 무렵 나는 사리불법등 회장으로서 사리불 회원들과 함께 불광사 건축불사에 보탬이 되자고 원을 세웠다. 비록 우리가 학생 신분으로 가진 돈은 없지만 한국불교의 획을 그을 불광사 건립의 뜻깊은 불사에 벽돌 한 장이라도 시주하자고 뜻을 모았던 것이다. 그러나 마음은 다잡았지만 경제적 능력이 없는 학생들이 불사에 동참한다는 것은 현실적으로 어려운 일이었다. 그래서 여러 사람들과 의논한 끝에 시작한 것이 귤장사였다. 새벽에 청량리 청과시장에 가서 귤을 도매가격으로 몇 박스 구했다. 그걸 회원들에게 조를 짜서 나누어 주고 한 손에는 귤을 들고 또 한 손에는 불광사 건립모연문을 들고 당시 유흥가가 밀집해 있던 종로를 중심으로 서울 전역에서 귤장사를 시작하였다.

다방, 호프집, 대폿집 등 주로 사람이 많이 모이는 유흥업소를 대상으로 다녔다. 그러다 보니 참으로 어려운 일도 많았고 전혀 예상치 못했던 일들도 생겼다. 젊은 내가 알지 못했던 세상을 알게 된 것도 그때였다. 또 때가 겨울이라 저녁이 되면 날씨가 쌀쌀하여 물건을 들고 다니기가 힘들었다. 삼삼오오 연탄 난로에 둘러앉아서 술을 마시고 있는 취객을 상대로 하나라도 더 팔겠다는 욕심 아닌 욕심에 미인계(?)를 써서 여학생들을 최일선에 배치하여 다니다 보니 가슴

아픈 에피소드도 생겼다.

하루는 귤장사 나간다는 우리들의 이야기에 지도법사 곽만연 선생님이 함께 따라 나섰다. 나와 한 조를 이루었던 여학생이 귤을 팔러 선술집에 들어갔다가 너무나 심한 모욕적인 언사를 듣고 밖으로 뛰쳐나와 한참을 펑펑 울었다.

사연인즉슨 귤을 팔기 위해 불광사 건립 취지를 설명하며 건립모연문을 취객에게 보여 주었더니 거기에 적힌 큰스님의 법명을 함부로 거론하며 "광덕이 누구지?" "광덕이가 시켰나?" "너희들 이것 팔아 딴 데 쓸려고 그러지?" "이거, 순 사기 아니야!" 하면서 건립모연문을 찢어 땅바닥에 내던져 버리더라는 것이었다.

그 찢어진 종이를 엎드려 주워들고는 밖으로 뛰쳐나와 그렇게 서럽게 울던 여학생을 위로하고 돌아서는데 곁에 있던 곽 선생님께서 "이제는 그만해도 될 것 같애"라고 눈물을 글썽이며 말씀하셨다. 그날 이후로 약 2주간에 걸친 우리 사리불법등의 귤 불사는 막을 내리게 되었다.

그러나 귤장사를 하면서 생긴 일화는 이것말고도 너무나 많다. 취객들 앞에 서서 반야심경을 외워야 하는 것은 기본이고, 때로는 권주가도 몇 곡 불러야 했고, 들을 소리 안 들을 소리를 묵묵히 들어야 했으니 한창 자존심으로 살아가는 대학생들에게는 말할 수 없는 고통이기도 했다.

그러나 그때 우리는 불사를 위해서는 모든 것을 참아야 된다는 각오를 매일 다짐하면서 귤장사를 나서곤 했다. 아마 자신의 일이었다면 그렇게 못했을 것이다. 순수한 불심의 행이 용기도 주었고 인생의 성숙도 주었다. 그리고 의로운 일을 위해서는 자신을 버려야 한다는 깨달음도 주었다. 이러한 보살행의 구심점은 우리들의 스승이신 큰스님이었다. 큰스님에 대한 믿음과 존경이 우리를 그렇게 시켰던 것이다. 그렇게 귤장사 해서 모은 수익금이 내 기억으로 130여 만 원에 이르렀던 것으로 생각된다.

훗날 군법사가 된 후, 그때의 일을 큰스님께 말씀드렸더니 그렇게 가슴 아파 하실 수 없었다. 그렇게 지은 절이 바로 불광사였다. 당시 지하철 신천역에서 석촌호수 쪽을 바라보면 건물 한 채가 홀로 덩그러니 서 있었는데 바로 대학생들이 귤장사로 지은 불광사였다. 그야말로 허허벌판의 불광사는 수많은 사람들의 서원과 정진을 내용으로 그렇게 지어져 오늘에 이르게 된 것이다.

이제 큰스님께서 사바의 인연을 접으시고 떠난 지도 5년이란 짧지 않은 세월이 흘렀다. 우리들의 영원한 스승, 내 젊은 학창시절 아무것도 모르던 철부지를 진리에 몸바치게 했던 큰스님은 당신이 지으신 찬불가 '빛으로 돌아오소서'의 가사처럼 찬란한 빛으로 다시 우리들 곁에 오실 것을 나는 굳게 믿는다.

언제나 우리 곁에 영원한 빛으로 함께 하실 선지식, 그 큰스님을 흠모하고 따르던 모든 사람들의 가슴속에 살아 계시어 영원히 함께 하고 있음을 확신하며, 끝으로 큰스님께 부탁의 기도를 드려야겠다.

"큰스님, 우리들의 큰스님. 아직도 이 사바에는 미혹에서 벗어나지 못하고 어둠과 고뇌 속에서 헤매는 중생들이 많사오니 부디 극락세계에 너무 오래 머무르지 마시옵고 하루 속히 저희들 곁으로 돌아오소서."

나무보현보살마하살, 나무마하반야바라밀.

불기 2548년 4월 29일 부처님 오신 날을 기다리며
지운거사 분향배례

來不入死關　　올 때도 사관에 들지 않았고
去不出死關　　갈 때도 사관을 나감이 없네.
泥牛走入海　　진흙 소 달려서 바다로 들어
撞倒須彌山　　수미산 밀어서 넘어뜨렸네.

세계일화(世界一花)

1. '노동(勞動)이 아니야'

출가 수행자(出家衆)들에게는 일상 생활에 대한 엄격한 규준이 있다. 부처님 당시부터 내려오던 율장(律藏)과 위의도 있고, 후대에 와서 성립된 여러 전통[淸規]도 있다. 그러한 위의나 전통을 시간이나 장소에 따라 구분하지 말고, 그 근본 정신을 잘 살펴보면, 거기에는 출가자가 하루하루의 삶을 건전하고 알뜰하게 살아가야 할 수행덕목이 잘 갖추어져 있다.

즉 출가자의 하루의 일과(日課, 삶)가 빈틈없이 망라되어 있다. 눈에 보이지 않는 아주 작은 일에서부터 밥 먹고 잠자는 일까지 세세하고 정교하기가 이루 말할 수 없을 정도로 가지런하게 드러나 있다. 직접 체험해 보면 모든 분야에 매우 적절하게 살아갈 수 있도록 짜여져 있다는 것을 깨닫는다. 과거 선배들의 경험을 하나도 소홀히 하지 않고 그대로 일상에서 되살려 후학들에게 도움을 주고 있는 것이다.

우선 잠이나 식사 등, 인간의 신체적이고 생리적인 것에서부터 시작된다. 잠에 있어서는 육체가 원하는 만큼 만족하게 따라 주어도 안 되고, 또 아무 때나 졸거나 누워 자서도 안 된다. 그러므로 항상 정해진 시간에 자고 일어나야 한다.

잠자는 시간은 절마다 사람마다 약간의 차이는 있어도 우리 나라 모든 절의 취침과 기상 시간은 거의 같다고 보면 된다. 즉 새벽 3시에 일어나고 저녁 9시에 잠잔다. 그러니까 수면 시간은 대개 다섯, 여섯 시간이 되며, 낮잠은 일체 없고 낮에 졸거나 게으름을 부려서도 안 된다.

그런데 적절하게 잘 짜여진 이 규칙대로 꽤 오랫동안(나의 경우 30년 이상) 생활해도 쉽게 뿌리내리지 않는다. 조금만 방심하면 흐트러진다. 그만큼 육신의 요구나 습관은 끈질기다고 해야 할 것이다. 지금도 어떤 때는 새벽 3시에 눈을 뜨면 조금이라도 몸뚱이를 더 눕혀 놓고 싶어 자꾸만 자리에서 뭉그적거린다. 아니면 잠자리에서는 일어났지만 앉아서 뭉그적거릴 때도 있다. 몸뚱이가 갖는 습성이란 이렇게 지독한 것이어서 웬만해서는 수면욕이 잘 떨어지지 않는다.

내가 처음 절에 왔을 때, 노스님들이 '출가 수행자는 아침저녁 예불만 잘해도 하루의 밥값을 하는 것이다'라고 말씀했다. 나는 그러한 말씀을 듣고는 너무나 시시하게 느껴졌다. '어떻게 그 간단한 조석예불만 한다고 밥값이 된단 말인가?' 하고 속으로 항의했다. 나는 뭐도 잘 모르면서 말뚝신심으로 모든 것을 생각하여 수행정진에 욕심을 가졌기 때문이다. 그런데 이제, 내가 철이 조금 들기 시작해서야 그 당시 노스님의 말씀이 다시 귀에 들어와 마음의 눈이 열리는 것을 느낀다. 어쩌면 그 평범한 말씀이 이렇게 오랜 세월이 지난 뒤에서야 가슴에 와 닿을까 하는 생각이 든다. 물론 내 자질의 부족에 원인이 있다.

바야흐르 이제는 나도 갓 절에 들어온 행자를 만나면 으레 '아침 저녁 예불 빠지지 말고 잘 모셔라' 하고 맨 먼저 말한다. 행자도 지난 시절 나처럼 매우 시시하게 들을지도 모를 일이지만 그렇다고 다른 특별한 방법이 없다. 결국 선배들의 이 쉬운 교훈은 일상 생활을 충실히 하라는 것이다. 이와 같이 알고 보면 가장 큰 수행은 하루하루의 평범한 삶 속에 있다는 말이 된다.

출가자는 무엇보다 생활의 성실성을 가져야 한다. 제멋대로 생각하거나 행동해서도 안 되고, 하고 싶은 일과 혹은 하고 싶지 않은 일을 나누어 제 뜻대로만 살아서도 안 된다. 철저하게 자신의 생각을 접고 대중의 뜻에 자신을 맞추어 살아가야 하는 것이 출가자의 일상 본분이다. 일상의 삶을 통해 대중과 자신이 나눠져서는 안 된다는 것을 엄격하게 요구한다. 대중 가운데서 동체대비의 뜻을 얻고 가르침을 체험해야 수행이 깊어가고 덕화가 쌓여 가기 때문이다.

또 수행의 근본은 한 가지를 꾸준하게 오랫동안 실천하는 것이어야 하는 이유도 있다. 아무리 쉽고 간단한 일이어도 그것을 오랫동안 계속하기란 결코 쉽지 않다. 수행자가 삶의 자세를 확립하는 데는 땀을 뻘뻘 흘리거나 숨가쁘게 뛰어다녀야만 얻는 것은 아니다. 일상의 자기 삶을 면밀하게 들여다보면서도 타인을 배려하고 남의 이야기를 경청했을 때, 거기서 성숙과 깨달음이 있다. 결코 저절로 알고 얻는 것은 없을 뿐 아니라 설령 있다고 해도 바른 법이 될 수 없다. 그러므로 깨달음은 대중 속에서 얻는 것임을 잘 알아야 함을 일상의 삶을 통해 강조한다.

모든 출가 수행자는 절에서 공동생활을 원칙으로 한다. 그것은 여러 사람이 살되 모두 같은 목표를 가졌기에 함께 어울려 살아야 하는 것을 의미한다. 목표가 같으므로 매사에 교훈과 방법을 서로 주고받는다. 그리고 은연중에 서로 도와 주고 이끌어 준다. 이런 분위기를 조성하는 틀이 청규이고 대중생활의 법도이며 가풍이다. 그러기에 출가자는 대중생활만 잘 하면 어느 단계까지는 수행이 저절로 된다고 보아도 좋다. 바로 이것이 성실성을 바탕으로 하는 삶의 힘이다.

좀더 구체적으로 말하면 모든 수행대중은 항상 부처님을 모시고 산다는 뜻이다. 최고의 어른을 절 안에서 모시고 살기 때문에 하루 일과의 시작은 아침저녁 드리는 문안인사〔禮佛〕부터 시작되고 문안인사로 끝나는 것은 당연지사라고 해야 할 것이다. 즉 출가자들은 새벽에 일어나서 가장 먼저 부처님께 문안인사를 올린다. 그것은 동시에 새 날을 시작하는 첫 삶이며, 어제의 세계가 아닌 오늘의 새 세계를 맞이하는 것이기도 하다.

자리에서 일어나 몸을 닦은 뒤, 도량석으로 만물을 깨워 새 날이 되었음을 선포한다. 여기서의 대중은 삼라만상 일체 생명 모두를 뜻한다고 봐야 할 것이다. 그 다음 종송을 하고 북을 치고 범종과 목어, 운판을 각각 법도에 맞게 친다. 인간에서부터 미물에 이르기까지 어느 것 하나 예외를 두지 않고 일제히 잠을 깨운다. 그리하여 삼계(三界)의 스승이며 사생(四生)의 자부(慈父)이신 부처님께 아침 문안인사를 다 같이 올린다. 그러니까 전날 저녁, 절에서 허리를 방바닥에 댄 사람이라면 누구나 예외가 될 수 없다.

저녁에도 사내 전 대중이 대웅전에 모여 저녁 예불을 올린다. 그런 후에야 하루 일과가 끝났다고 말할 수 있고 또한 잠잘 수도 있다. 그리고 부처님께서는 하루에 한 끼만 공양하셨기에 사시(巳時, 오전 9시에서 11시까지)에 마지(부처님께 올리는 공양)를 올린다. 이때도 사내 모든 대중이 대웅전에 모여서 중생이 보리심을 발하도록 기도하고, 자신의 서원을 공양 올린다.

이것은 부처님께서 항상 우리와 함께 하신다는 큰 믿음을 전제한 수행자들의 하루 일과이며, 오랫동안 내려온 우리 공문(空門)의 표준 법도이다. 그러기에 사내 대중들이 최고 어른이신 부처님께 문안드리는 이 일은 하루도 거르거나 빠져서는 안 된다. 그러므로 규칙은 구속이다. 구속이 있으므로 집안의 내력도 있고 가풍도 있고 진정한 해탈도 가능하다.

이와 같이 절에 사는 사람들이 갖추어야 될 삶의 기본 태도는 건전성과 성실성이다. 또한 이것은 어느 때나 요구받는 기본 수행이며 잠시도 중단될 수 없는 생활 계율이다. 그런데도 불구하고 우리들 몸뚱이는 틈만 나면 편하고 싶어진다. 이런 유혹은 우리가 조금만 방심하면 스스로를 포로처럼 순식간에 사로잡아 버린다.

사시 마지 올리고 아침저녁 예불 올리는 것을 소임 핑계를 대며 게으름을 부리고 꾀를 피우려는 나를 바라보며 스님은 이렇게 훈도했다.

"이것 봐, 우리들 출가자가 부처님께 아침저녁 예불 올리고 사시 마지 올리며 신도들의 재를 지내는 것은 노동이 아니야! 이유와 조건을 맞추어서 거기에 따라 마지못해 행동하는 임무나 책임이 아니라는 말이야. 무조건 바치고 올리는 정성이고 다함 없는 공경이며 우러나오는 행이야. 우리 모두가 어느 때나 간절하게 발심하여 항상 부처님을 공경하고 예배하는 것, 이것은 자신의 깊은 마음에서 우러나오는 진실이지. 그러므로 항상 진실한 마음으로 부처님 앞에 서야 한다는 것을 잊어서는 안 돼. 지극정성으로 임하지 않으면 결국 자기를 속이는 것밖에 안 돼."

사람은 스스로가 잘 알고 있는 것을, 또는 익숙한 일에 대해 오히려 소홀할 때가 많다. 그럴 때 스승의 경책은 매우 값진 것이다. 만약 그러한 때에 스승 없이 홀로 산다면 자신도 모르는 사이 그만 해태굴(懈怠窟)에 빠져서 허송 세월의 큰 죄를 짓고 말 것이다.

나는 어언 절에 온 지 삼십 년이 넘었지만 아직도 새벽에 눈을 뜨면 몸뚱이에 끄달린다. 그때는 어김없이 스님께서 나타나시어 '예불은 노동이 아니야'라고 훈도하신다. 비록 길지 않은 세월이었지만 스승을 모시고, 어른을 모시고 살았다는 것이 이렇게 대단한 힘이 될 줄은 미처 몰랐다. 한순간의 훈도가 내 평생을 지켜 주니 말이다.

수행자에게 새벽 예불은 하루의 시작이다. 그것은 하루라는 삶의 중심이 되고 모든 일의 표준이 된다. 이 중요한 일을 소홀히 하거나 놓치면, 하루가 엉망진창 될 수도 있고 무의미한 삶이 될 수도 있다는 것을 다시 절감한다.

2. 불광의 백일기도

불광의 재가 수행자들은 누구나 일 년에 백일기도를 한 번 이상 한다. 백일기도는 불광 신도 누구나 아침저녁으로 하는 일과정진 외에 따로 갖는 특별정진인 셈이다. 불광의 백일기도는 한꺼번에 이어서 하는 것이 아니라 50일씩 나누어 두 번에 한다. 즉 해마다 봄, 가을에 오십일기도를 했다. 물론 그때는 스님께서도 하고 사내 대중들도 한다.

불광의 오십일기도 때는 여느 절과 달리 '마하반야바라밀'을 염송

정근한다. 그런데 다른 기도와는 달리 '마하반야바라밀' 염송 정근을
시작할 때는 앞머리에 불보살의 위덕찬송(威德讚頌)이 없었다. 물론,
'마하반야바라밀' 염송 기도는 불광에서 처음 했으니까 따로 위덕찬
송이 있을 턱이 없다. 지금까지 한국불교 어느 절에서도 없었던 특
별한 기도였으니 없었던 것이 당연하다는 말이다.

나는 그 점을 스님께 말씀드렸고 스님께서도 충분히 인지하고 곧
'마하반야바라밀'의 위덕찬송을 제정하고 이어서 '마하반야바라밀'
의 탄백까지 만들었다.

스님께서 제정한 '마하반야바라밀'의 위덕찬송과 탄백을 소개한다.

나무 삼세불모 성취만법 무애위덕 마하반야바라밀……(백천만번)
南無 三世佛母 成就萬法 無碍威德 摩訶般若婆羅蜜……(百千萬番)

이어서 '마하반야바라밀'의 탄백(歎白)이다.(탄백은 염송 끝날 때 아
뢰는 구절이다.)

願以此功德　　저희들이　지은바 —　이 — 공덕이
普及於一切　　일체의 —　중생들의　공덕이되어
我等與衆生　　모든중생　빠짐없이　성불하옵고
當生極樂國　　위 — 없는　불국토를　이뤄지이다.

그리고 그때 지장기도 때에 올리는 위덕찬송에도 한 구절 더 보탠
것이 있다. 다른 불보살의 구절은 세 구절로 되어 있는데 지장보살
의 구절만 두 구절로 끝나기에 스님께 여쭈어서 세 구절로 가지런히
하고 뜻을 더욱 온전히 하였다.

나무 남방화주 대원본존 서구중생 지장보살……(백천만번)
南無 南方化主 大願本尊 誓救衆生 地藏菩薩……(百千萬番)

3. 스님의 고구마론

스님은 무척 겸손했다. 겸손은 스님의 젊은 시절부터, 아니 소년시
절부터 몸에 푹 젖은 하나의 특성이다. 가급적이면 남 앞에 나서지
않으려 했고, 부득이 이름이 나고 말을 해도 조심하여 남들에게 거
슬리지 않도록 조신하여 처신했다.

그런 스님의 겸허한 성품은 종단 일을 할 때나 동국학원 일을 할
때나, 불광을 이끌고 성장시킬 때나 변함없이 여여하게 그대로 나타
났다. 아무리 명분 있는 일을 해도 행여 남에게 피해가 가지 않나 살
피고 또 살피며 상 없이 조용히 하는 것을 좋아했고, 또 겉치레보다
내실을 중시했다. 괜한 이름을 앞세우는 허장성세를 몹시 싫어했다.
그랬으니 스님 자신의 명예나 이름 내세우는 일을 달가워했을 까닭
이 없다.

20세기 끝자락, 우리 불교계에도 그전과 달리 방송국도 생겼고 신
문사도 여럿 등장했다. 1960년, 처음 통합종단이 출발할 때는 '대한
불교신문'이라는 종단 기관지 단 하나뿐이었고, 그마저도 경영난으
로 여러 번 폐간 위기를 맞았다. 그때마다 뜻을 가진 분들의 헌신적
인 보살행으로 간신히 되살아나곤 했다. 그러나 지금은 불교계의 신
문만 하더라도 크고 작은 규모를 합하여 10여 곳이나 되니 놀라울
정도의 발전이라고 할 수 있다.

그런 여러 매체에서는 늘 불광의 행사를 주목했다. 말하자면 선구

적인 한국불교 전법의 개척자인 스님의 근황이나 포교의 방편, 특별한 문화행사를 취재하고 싶어했다. 그런데 그러한 사실을 스님께 바로 청하지 않고, 심부름하고 있는 나에게 문의해 왔다. 나는 그때마다 매체 편에 섰다. 현실적인 내 생각으로는 아무래도 스님에 대한 기사나 불광에 대한 기사가 불교계에 자주 퍼져 나가면 많은 사람들이 놀라워하고 달리 볼 것 같아서였다. 매체를 접한 사람들이 불광을 대단하게 보면 으스대고 싶은 얄팍한 계산에서였다. 요즘의 언어로 포장해서 말하면 나는 매체가 가지고 있는 힘을 간파하고 있었고, 그것을 적극 활용하자는 약삭빠른 생각에서였다. 그때마다 스님은 정중하게 사양했고 나는 감히 스님을 설득하려고 잔머리를 굴렸다.

"스님께서는 평소에 우리 불광을 한국불교 새 물줄기라고 자부하십니다. 그런 '불광운동'을 펼침에 우선 사부대중에게 널리 알려야 하지 않겠습니까? 그렇다면 오히려 우리가 신문사나 방송국에 요청할 입장인데, 그쪽에서 먼저 취재를 원하고 있으니 참으로 좋은 기회가 아니겠습니까? 스님께서 다소 번거로우시더라도 응해 주시면 좋겠습니다. 스님께서 허락만 해주신다면 기자들이 바로 여기로 오겠다고 합니다."

스님은 평소대로 두 무릎을 가슴에 바짝 붙이고 등을 동그랗게 구부리고 앉은 채, 무척 안타까운 표정으로 나를 한동안 바라보았다. 나는 스님의 말씀을 기다리다가 그만 머쓱해져서 고개를 떨구고 말았다. 스님은 오른손을 아래턱에 살짝 댄 채 뭔가 말씀을 할 듯하다가 다시 한동안 잠잠했다. 스님의 표정이나 습관에 익숙한 나는 스님의 그런 침묵이 무엇을 뜻하는지를 단번에 알았다. 그 자리에서 더 이상 조르거나 부연 설명을 할 수가 없어서 가만히 앉아 있었다.

어쩌면 스님도 난감했을 것이다. 불교계를 위해 일하는 젊은이들이 잠실까지 오겠다는 것을 어른의 입장에서 매몰차게 끊을 수도 없고, 또 그들의 요구에 다 응하자니 스님에게 익숙하지 않는 일로 내키지 않았을 것이니 말이다. 스님과 나는 아무런 말없이 한동안 착 가라앉은 분위기 속에 앉아 있기만 했다.

얼마가 지난 뒤, 스님은 나를 바라보셨다. 당신의 생각을 보이기 전에 나의 사기를 꺾지 않으려고 내 표정을 살피는 것 같았다. 그리고는 이렇게 입을 떼셨다.

"송암, 세상을 살다 보면 속은 텅 비어 있는데 겉껍데기는 대단히 화려한 것이 있지. 그런가 하면 속은 알차도 겉은 초라한 것도 있고 말이야. 우리가 무슨 일을 하든 우선 생각해야 될 일은 출가자의 근본이야. 그것은 송암이나 나는 이름을 내려고 하거나 이익을 얻으려고 하는 사람들이 아니라는 사실이지. 우리가 스스로 하는 일에 대해 굳이 따로 상(相)을 내지 않아도 부처님 가르침에 충실하기만 하면 되는 거야. 가르침을 따라 하루하루를 진실하게만 산다면 스스로 선전하지 않아도 세상 사람들이 저절로 다 안다고 생각해.

거듭 말하자면 세상 사람들은 무척 지혜로워서 말을 않는다고 모르거나 보지 않았다고 이해 못하는 것이 아니야. 보기에는 무던해도 그들은 결코 모르거나 어리석거나 누구의 술수에 속지 않아. 선전 잘한다고 더 잘 알고 선전하지 않는다고 모를 것이라고 생각하는 것은 일부의 생각에 지나지 않아. 또 우리들의 이 일은 어느 한순간에 끝내야 될 일도 아니야. 이 일은 우리들 일생의 과업이고 세세생생(世世生生) 닦아가야 하는 무한생명의 임무(菩薩道)지. 그런 까닭에 나나 송암은 항상 자기를 살펴보며 과연 최선을 다하고 있나를 매일, 또는 매순간 점검해야 해. 마치 고구마가 땅 속에서 소리 없이, 표시 없이 커가듯 우리들 자신과 불광을 소리 없이 조용히 키워가야 하는 것, 이 사실을 절대로 잊어서는 안 돼. 알겠지, 절대로 잊지마. 사람은 소리를 내기 시작하면 자신도 모르는 사이 잘난 생각이 찾아들게 됨을 잊어서는 안 돼. 그것이 바로 불사의 커다란 장애고 마구니야.”

수행자 자신이나 그가 하고 있는 일에 대해서, 조금이나마 과장하거나 속여서는 안 된다는 스님의 올곧은 수행자 본연의 자세, 자칫 일탈하기 쉬운 오늘의 염량세태에서 수행자는 어떠한 경우에도 정도를 벗어나서는 안 된다는 지극한 당부였다. 또한 이는 스님 일생동안 몸에 익히고 또 익힌 주의력과 조심성이기도 했다. 어떻게 보면 아주 평범한 말씀이지만 인생을 좀 살아본 깊은 눈으로 보면 놀라운 혜안(慧眼)이라는 사실을 깨닫는다.

그 이후부터 나는 태도를 돌변하여 스님의 편에 섰다. 어쩌다가 매체 담당자들로부터 그러한 청이 있으면 내가 앞장서서 사양했다. 스님의 가르침이 옳다고 믿었기 때문이다. 스님께서는 그 후에도 가끔 ‘고구마론’을 펼쳤다. 허장성세나 겉치레에 치우치기 쉬운 삶을 진실하게 하려는 뜨거운 교훈……. 그것이 저 유명한 광덕스님의 ‘고구마론’임을 나는 증언한다.

명리를 구하거나 부를 탐하는 거친 파도가 수행자 개인이나 우리 불교계를 엄습할 것에 대해 미리 경계한 훈도였고 수행자가 몸에 익혀야 할 교과서였다.

4. 법당에서 피아노를 쳤던 까닭

만약 어떤 심통 사나운 신(神)이 있어서 인간에게 노래를 빼앗는다면 세상은 과연 어떤 모습으로 변할까? 아마 사람들의 마음은 더 거칠어지고 삭막해지며 무자비해져 도처에서 전쟁이 더욱 자주 일어나고 서로 죽이는 살벌한 세상으로 변모되고 말지 않을까? 하는 생각을 해 본다. 노래가 인간에게 미치는 영향이 얼마나 중요한 것인가 하는 생각을 어렵지 않게 할 수 있다.

이 노래의 힘은 동서고금을 막론하고, 또 범부중생에서 성인군자까지 일찍이 애호하지 않은 사람이 없다. 이렇게 인간과 밀접한 관계에 있는 노래는 하나하나 배워서 안다고 말하기보다 어쩌면 저절로 알고 태어나면서부터 안다고 해도 될 것이다. 노래는 이처럼 인간과는 불가분의 관계를 오랫동안 형성한 채 인간 사회에 군림하고 있으며 영향력을 행사하고 있다.

우리 인류에게 가장 심오하고 지성적인 가르침이라는 불교에서도 오래 전부터 노래가 전승되어 왔다. 부처님을 찬탄하고 자신의 서원을 다짐하는 경건한 수행의식을 노래로 표현하고 노래로 공양했던 것이다. 이러한 불교음악을 토대로 소위 민족의 전통음악이라고 할 수 있는 여러 음악 형태들이 출현하고 있다.

이러한 불교음악 내지 우리 음악은 일제의 강점기에서 벗어나자 나라의 교육제도가 서양식으로 짜여지면서 거의 다 빠져 급기야 서양음악 일변도가 되고 말았다. 그런 과정을 살펴보면 나름대로 이유가 있었겠지만 결과만 놓고 보았을 때 해방 이후의 음악교육에서는 우리 음악을 거의 찾아볼 수 없게 되었다. 그런 환경은 자연히 교회음악 쪽으로 무게 중심이 쏠릴 수밖에 없는 상황이 되고 말았다.

조국 근대화의 성공으로 사회적으로나 경제적으로 어느 정도 여유가 생기고, 또 불교가 포교에 서서히 눈뜨기 시작하면서 무엇보다 가장 먼저 노래의 필요성을 느끼기 시작했다. 사실 알고 보면 일제 강점기 때부터 몇몇 선각자들에 의해서 노래의 필요성은 인식되어 아주 조금씩 씨앗이 뿌려지기 시작했지만 본격적인 노래의 등장은 훨씬 뒤의 일이 된다.

그러나 이미 우리 노래는 거의 사라지고 없는 상태였고 또 있다고 해도 접근하기가 쉽지 않았다. 왜냐하면 우리 노래는 배워서 부르는 데까지 매우 많은 시간과 노력이 필요하기 때문이다. 그런 까닭에 민족음악이 현대적인 도시인들에게 생활화되고 친근하기는 뚜렷한 한계를 가지고 있었다.

그런 상황에서 스님은 불교의 새 물줄기인 불광운동을 전개하면서 크게 고뇌하지 않을 수가 없었다. 우리에게 음악성이 매우 뛰어난 훌륭한 전통음악이 있었지만 국가의 치우친 음악교육으로 인하여 정작 우리 것은 사라지고 오로지 서양음악만 남아 있는 현실에서 선택의 여지가 거의 없었기 때문이다. 참으로 애석한 일이라고 말하지 않을 수 없다. 그렇다고 하루 아침에 모든 상황을 반전시킬 수 있는 일도 아니고 더구나 개인이나 몇몇 단체의 힘으로는 더더욱 불가능한 일이다.

또한 우리 노래는 익히기가 여간 어렵지 않다는 것에 현실적인 큰 곤란이 있다. 그리고 너무나 애상적인 곡조를 띠고 있어서 즐겁던 사람도 노래 한 번 부르고 나면 어느 새 슬픔에 빠져들곤 하니 참 난감한 일이었다. 사람의 말이나 음악은 인간의 감정을 표현하는 것이기에 어떤 감정에도 너무 치우치지 않고 적절하게 안배하여 표현되어야 하는데 우리 음악은 슬픔과 한의 일변도라고 할 만큼 애상적인 절절함이 녹아들어 있다.

인간은 밝은 노래를 자주 부르고 명랑한 말을 해야만 마음이 쾌활해진다. 애상적인 노래가 가슴에 잘 닿기야 하지만 결국 인간의 마음을 슬픔으로 몰고 간다는 데 문제가 있는 것이다. 그러므로 슬픈 노래는 슬픈 운명을 불러오므로 지나치면 안 된다. 특히 종교에서 부르는 노래는 희망적이어야 하고 마음이 밝아지는 노래가 되어야 한다는 사실은 누구나 인지하고 있는 사실이다.

이런저런 고려를 충분히 거친 스님은 서양식 노래를 절에서 대폭 도입하기로 결정했다. 앞에서도 말했지만 그전부터 이미 법당에는 서양식 노래가 있어왔다. 그러나 스님이 결정한 배경에는 또 다른 의미가 있었다. 노래를 앞세워 전법운동을 본격 펼쳐간다는 계획이다. 이러한 스님의 여러 가지 고려는 단순하게 현실만 본 것이 아니고 먼 뒷날의 일까지 염두에 두었다.

현재 우리 것이 없다고 마냥 가만히 있어서는 안 된다는 것이다. 당장은 남의 방식으로 노래를 하는 것 같아도 오래지 않아 우리 것에 대한 인식이 나타나고 지도자가 양성되면 저절로 자성의 분위기가 형성되고 거기서 전통의 창조적 계승발전이라는 바람직한 싹이 돋을 것으로 예견했던 것이다.

아무튼 스님께서 불교의 새 물줄기인 불광운동을 통해서 혁신을 도모했던 것은 첫째가 현대음악인 노래〔가곡〕의 도입이었다. 이것을 현대음악이라고 해야 할까, 아니면 서양음악이라고 해야 할까, 딱히 명확하게 구분을 짓기는 어렵지만 그 당시로서는 스님의 결정이 획기적이었고 모험적인 일이었다.

내가 왜 이미 다 지난 이야기를 써야겠다고 마음먹었느냐 하면 저간의 사정을 모른 채, 또는 알려고 하지도 않은 채 요즈음 사람들은 무조건 과거를 비판하고 지난 일을 인정하지 않으려고 하는 풍조가 너무나 노골적이기 때문이다. 그때의 정황에 대한 바른 이해 없이 법당에서 피아노를 쳐가며 서양식 노래를 불렀다는 것에 대해 울분

을 토로하거나 분개하는 사람들의 막무가내식의 충정이 애처로워서
이다.

그런 막무가내식 애교자일수록 역사의식이나 책임의식이 결여된
경우가 많다. 내가 지금 여기서 지적하고자 하는 것은 그들의 주장
이나 말이 무조건 틀려서가 아니다. 다만 그들이 자기 주장을 하기
앞서 가장 중요한 점을 간과하고 있기 때문이다. 무슨 일에서든 여
러 사항을 신중하게 고려치 않고 자기 주장만 내세우는 것을 우리는
일방적인 처사라고 한다. 마찬가지로 사람은 누구나 자기 주장을 펴
기에 앞서 상대의 입장이나 시대가 안고 있던 여러 가지 여건을 충
분히 검토해야 한다. 가령 그런 뒤에라도 조심스럽게 말해야 함은
당연한 예의다.

사려 깊은 사람이라면 비록 모든 사안을 충분히 검토하고 철저하
게 준비한 후에라도 극히 조심스럽게 발언하고 거론해야 하는 것은
하나의 교양이고 예의임을 거듭 말해둔다. 그런데 앞뒤 고려 없이
펴는 강한 주장은 결국 오류를 발생시킬 뿐만 아니라, 사실을 왜곡
하기 십상이다. 나는 그 점을 염려하여 주의를 환기시키고자 한다.

대개 그들이 주장하는 내용은 거의 대동소이한데 줄거리는 이렇
다. 지금 각 절의 법당에서 피아노를 치며 부르는 노래 중에는 국적
불명의 노래도 들어 있고 심지어는 개신교의 찬송가 곡조도 들어 있
다. 그리고 피아노는 서양음악에서도 세속 악기로 분류하는데 어찌
그런 것을 알지 못한 채 법당에다 함부로 가져다 놓을 수 있느냐 하
는 것과, 분명 우리 민족에게도 우리의 곡이 있고 우리의 발성법이
있으며 또 불교음악도 오랜 세월 동안 번듯이 전해오고 있는데 왜
그것을 무시하고 서양식으로 가야 하느냐는 항변이다.

여러 가지 여건을 고려치 않고 전적으로 이들의 말만 들어보면 속이 다 시원할 정도다. 그러나 우리 나라가 일제의 강점기를 벗어나 처음 현대 학교교육의 틀을 놓을 때 거의 다 미국식 교육제도와 방법을 그대로 도입했다고 한다. 이 이야기는 이미 앞에서도 잠깐 언급했다. 그런 까닭에 음악시간에는 분명 우리의 고유한 음악이 있는데도 미국식(서양식) 음악공부만 할 수밖에 없었다. 그리고 또 우리 음악을 지도할 수 있는 선생님도 없었으니 교육정책 입안자들도 어쩔 수 없었는지도 모를 일이다. 그리고 이유는 또 있다. 우리 음악은 몇 시간 배우거나 하루 이틀 따라 배워서 부를 수 있는 간단한 발성법이 아니고 노래가 아니다.

오랫동안 연습하고 노력해야 겨우 입을 열 수 있는 참으로 간단치 않는 일이라는 점이다. 또 교육은 국가의 힘으로 이루어지는데 어떤 개인이나 단체가 나서서 우리 음악을 가르친다고 해서 되는 일이 결코 아니다.

이런 부득이한 상황에서 고육지책(苦肉之策)으로 나온 것이 서양식 노래며 피아노의 등장이다. 이미 전 국민이 교육받은 소위 서양식 음악교육의 성과를 이용하는 수밖에 다른 도리가 없었다는 것이다. 일찍이 스님께서도 이 점을 몇 번이나 지적하셨다. 그렇다고 불자들이 언제까지나 손놓고 마냥 기다릴 수도 없는 일, 우선 가능한 것부터 시행하면 반드시 우리 것에 대한 자각과 각성의 때가 올 터이고 그때 가서 오히려 더 새로운 창조적인 음악이 나올 수 있다고 앞을 내다보았다는 것을 앞에서도 말했다.

실지로 그러한 스님의 예견은 얼마 지나지 않아 사실로 확인되었다. 작곡가 박범훈 교수에 의해서 소위 '창작국악교성곡'이라고 하는, 서양의 여러 음악형식을 도입하여 '우리 것'이라고 할 수 있는 새로운 장르를 선보였던 것이다. 몇 가지 서양식이 눈에 띤다고 해서 그것을 무조건 서양음악이라고 말할 사람은 아무도 없었다. 오히려 더 좋아하고 더 열광적인 지지와 성원을 보냈다. 1992년 4월 2일 세종문화회관에서 공연된 '창작국악교성곡 – 보현행원송' 발표 때, 청중들의 감도를 보면 그 점을 충분히 반증할 수 있다. 그리고 스님은 연속적으로 우리 음악을 바탕으로 한 '부모은중송'을 발표한 것만 보아도 스님의 진의는 내가 따로 강조하지 않더라도 충분히 짐작하고도 남음이 있다. 또 더 결정적인 것은 잠실 석촌호수공원 안에 있는 송파놀이마당에서 '판소리 불타전'을 공연한 것을 들 수 있다.

만약 법당에 피아노를 들여 놓고 서양식 노래라도 부르지 않았다면 오늘날 불교음악이 이렇게 빠른 시간 안에 자리잡을 수 있었을까 하는 점은 그 누구도 장담할 수 없는 일이다. 아무튼 이런 몇 가지 점만 살펴봐도 스님의 우리 정서를 토대로 한 불교음악에 대한 이해가 얼마나 각별했는가는 쉽게 짐작할 수 있다.

5. 교정(教政) 분리

불광사에는 법회가 많았다. 한 달을 놓고 보면 거의 하루도 빠짐없이 크고 작은 법회(행사)가 열렸다. 매주 일요일마다 정기법회가 열렸고, 또 전통적으로 내려오는 주요한 재일마다 의당 법회가 열렸으며, 거기에다 각종 교육이나 천도재와 사십구재 의식을 합한다면 하루도 영일 없이 날마다 법회가 있는 셈이다. 뿐만이 아니다. 연중 행사도 많다. 대개 연중 행사는 특별법회 형식을 띠는데, 그때는 거리가 멀어 평소 절에 잘 나오지 못하던 불자들도 마음먹고 동참하고,

또 사회 각계각층의 인사들도 많다.

그러한 연중 행사 때에는 불광사 보광명당의 그 넓은 공간이 가득 차고도 모자라 복도까지 까치발로 서야 할 정도로 대중이 모인다. 연중 행사에 이렇게 사람이 많이 모이니 불자들의 표를 의식한 정치인들의 프로포즈도 많다. 사실 그러한 경우를 당하면 소임자는 매우 곤란하다. 왜냐하면 자발적으로 행사에 오겠다는 사람을 거절한다는 것도 차마 못할 일이고, 또 그분들을 오라고 하면 거기에 걸맞은 의전이 있어야 헛걸음이 안 되기 때문이다.

그렇지만 스님은 철저하게 교정(敎政)을 분리했다. 아니 교·정, 서로 불간섭을 원칙으로 했다고 말해야 할 것이다. 그러한 스님의 방침은 역사적으로 보든 오늘의 지성사회의 현실로 보든 매우 당연한 일이지만 그러나 막상 현실 속에서는 곤혹스러운 일이다. 사실 교정 분리가 매우 당연한 일임에도 스님처럼 원칙을 세워 실천하기까지는 상당한 용기가 필요하다. 스님과 같은 그런 용기를 갖추기 위해서는 멀리 앞을 내다보는 지혜의 안목이 꼭 필요하다. 나는 스님의 그러한 결단을 지혜에서 우러난 스님만의 자주성이라고 생각하고 싶다.

스님은 교정의 거리를 두는 일에 있어서는 매정할 정도로 분명하고 초연했다. 평소 그렇게 자비하고 인간적이었던 스님에게 있어서는 의외의 일로 생각될 정도였다. 그러나 대선 때나 총선 때가 되면 각 후보자들은 어떻게 알았는지 불광 신도들의 면면을 앞세워 부지런히 불광사 문을 두드렸다. 물론 그들이 방문하는 날은 대개 평일이다. 이미 법회 때는 불광사 방문이 어렵다는 것을 알고 있었는지 아예 평일을 택해서 찾아오는 것이다.

그러면 손님 오는 것을 막을 수가 없다. 한 발 더 나아가서 스님은 누구라도 서슴없이 만나 나라의 앞날을 걱정하고 세계 평화를 염원했다. 스님은 결코 어느 특정인에게만 지지를 보내거나 듣기 좋은 언사를 따로 한 적이 없다. 또 누구에게 특별한 언질을 주거나 어느 편이 된 적도 없다. 불편부당(不偏不黨)해야 하는 수행자로서의 바른 금도(襟度)를 굳게 지켰다. 누구를 만나서 서로 대화를 주고받아도 오직 대의명분만 거론했다. 그리고 나라의 봉사자가 되고자 하는 그들에게 바른 마음을 가져야 한다는 원칙만 이야기했다.

그 당시 나는 스님의 그런 초연하고 달관적인 태도가 조금은 아쉬웠다. 왜냐하면 정치인을 알면 뭔가 유리한 일이 있을 터인데 하는 목전의 이득을 생각했기 때문이다. 자못 속된 생각이라고 해야 할 것이다. 나는 정직하게 해야 할 부처님의 일에 정치인의 도움을 빌어 힘들이지 않고 편안히 일만 잘 되기를 바라는 내심 잘못된 꿈을 꾸고 있었다. 내 마음속 한 구석에서는 그렇게 하는 것이 옳지 않은 일이라는 생각은 있었지만, 어느 사이 약간의 편법쯤이야 써도 되지 않을까 하는 위험한 생각으로 기울고 있었다. 모든 일을 쉽게 이루고자 하는 성과주의와 물신주의에 젖어 잘못 생각하고 잘못 행동하고 있던 시절이다. 그 모두가 과정보다 결과만 중시한 매우 어긋나고 위험한 생각이었고, 비불교적인 생각에 빠져 있었다.

그렇지만 스님은 불광 발전의 성과만을 위한 방법이나 진실치 못한 방편을 단연 거부했다. 힘 안 들이고 저절로 이루어지는 쉬운 길을 결코 선택하지 않았다. 내가 철없고 무지하여 스님의 이러한 방침에 내 나름대로의 이론을 내세워 이의를 달자, 스님은 차분히 나를 타일러 설득했다.

"송암, 해인사 백련암 성철 종정의 일화를 알고 있는가? 박정희 대통령이 해인사를 참배했을 때, 노장님은 백련암에 머물고 있으면서도 큰절로 내려가지 않았다는 것 말이야. 만약에 그때 종정께서 주

변의 권유대로 큰절로 내려가서 대통령과 반갑게 인사하고 노고를
위로하며 덕담을 나누었으면 틀림없이 대통령은 무슨 선물을 하나
남기고 싶어했을 거야.

대통령이 종정스님께 '무엇이 필요하십니까?' 하고 물었을 때, 종
정께서 '우리 해인사에 대학이 있었으면 좋겠습니다'라고 한마디만
했다면, 모르긴 해도 해인사에 아주 손쉽게 대학이 하나 들어섰을지
도 몰라. 설령 종정스님이 말씀하지 않아도 다른 사람을 통해 해인
사의 가장 큰 현안을 알아서 선물을 주고 갔을 수도 있었겠지.

이봐, 송암. 백련암 노장님께서 왜 그런 것을 몰랐겠어, 그렇게 뛰
어나신 분이 말이야. 그러나 노장님은 대통령을 만나지 않았어. 그랬
기에 무엇을 요구하지도 않았어. 그 덕분에 종교와 정치는 분리되어
야 한다는 우리 나라 헌법의 원칙이 우리 불교로 말미암아 지켜졌고,
또 그로 인해 후세의 귀감이 되었던 게야.

해인사에 대학이 필요하면 우리 불자들 스스로 노력하고 뜻을 모
아서 만들면 되는 거야. 그렇지 않고 편히 앉아서 남이 쉽게 해 주기
를 바란다는 것은 말도 안 되는 소리지. 그야말로 어불성설이야, 무
슨 일이든 자신이 할 수 있는데도 남이 해 주기를 바라는 것은 결코
건강한 정신의 소유자라고 말할 수 없어.

노장님의 앞날을 내다보는 그런 안목이 있었기에, 앞으로 한국불
교는 더욱 번창하고 튼튼하게 뻗어 나갈 것이고, 또 그것이 미래의
우리 불교 발전에 훌륭한 교훈적인 토대가 될 거야. 송암은 거기에
대해서 잘 생각해야 해. 종정께서 대통령이 싫거나 미워서가 아니라
는 사실을. 더욱이나 이 나라의 대통령을 무시하거나 피해서도 아니
지, 다만 종정께서는 먼 앞날까지 불교를 온전히 하기 위해서 만남
의 자리를 만들지 않았을 뿐이야.

그 사건을 인간적으로 생각하더라도, 종정께서 자기 집까지 찾아온 귀한 손님을 맞을 줄 모르는 무례한 사람이 아니라는 것도 누구나 알 수 있지. 종정 개인적으로는 얼마든지 만나서 얘기도 나누고 인간적인 교분도 쌓고 싶었을지도 몰라. 그러나 종정께서는 그런 인간적인 심정을 억누르고 한국불교를 지켰던 것이야. 나는 한참 시간이 지난 뒤, 그 이야기를 전해 듣고 크게 가슴을 쓸어 내리면서 멀리서나마 노장님을 다시 우러러보았지.

해인사에 대학이 필요하고 종단에 교육기관이 필요하다면 철저하게 우리 손으로 만들어야 해. 마음만 먹으면 얼마든지 할 수 있는 일이야. 땅이 없어, 사람이 없어? 무엇이 부족하여 우리가 필요한 일을 우리 불자들 스스로의 힘으로 이루지 못하고 남에게 미루거나 의존하겠어. 더군다나 안이하고 위험하게 정치인이나 권력자에게 손을 내밀겠느냐는 것이지.

옛날 왕조시절에는 불가불 그런 일이 있었다 해도 이제 대한민국 국법의 머리인 헌법에 종교의 자유가 엄연히 있는데도 굳이 과거로 되돌아가서는 안 되지 않을까?

이봐 송암, 내 생각 알 수 있겠어? 내가 정치인들이나 권력자들을 나쁘게 봐서 그들을 우리 행사에 초청하지 않거나 만나지 않는 것이 아니라는 사실을 말이야. 이런 것도 법칙이라고 해야 될지 모르지만 '세상에는 절대로 공짜가 없고, 힘들이지 않고 저절로 이루어지는 일은 없다는 것' 말이야. 아무튼 수행자는 요행을 바라거나 안이한 생각을 가져서는 절대로 안 돼. 부디 명심하길 바래, 내가 죽고 없더라도."

바른 가르침은 모든 것을 초월하는 힘이 있다. 나는 나의 스승이기 전에 바른 가르침을 펼치는 선지식 앞에 무릎을 끓고 절을 올리면서 "오늘 스님께 들은 법조(法條)를 꼭 명심하겠습니다. 감사합니다"라고 다짐했다.

불광사의 그 많은 행사에 조계종 총무원장은 초청해도 지역구 국회의원이나 서울시장은 한 번도 초청한 적이 없다. 쉽게 일을 이루지 않고 오직 불자의 원(願)을 키우고 뜻을 합하고, 행원을 함께 하여 일[佛事]을 원만해 갔던 스님, 나는 이런 점에서 불광이 왜 한국불교의 새 물줄기였나를 다시금 생각해 본다.

6. 세계일화(世界一花)

흔히 달마대사가 전한 선법(禪法)을 하나의 꽃[一花]으로 비유하기도 한다. 거기에 따라 조종육엽(祖宗六葉)은 초조(初祖) 달마대사에서 육조(六祖) 혜능대사까지를 일컫고 있다. 또 일화개오엽(一華開五葉)이라고 하여 육조대사의 문하에서 위앙(僞仰)·임제(臨濟)·조동(曹洞)·운문(雲門)·법안(法眼)의 오가(五家)가 흥한 것을 이르기도 한다.

그러나 여기서는 약간 범위를 달리하여 우리가 발 딛고 사는 이 세계가 대륙이나 문화의 차이에 따른 구분을 넘어서서 하나의 지구, 인류 공존의 생존터전으로 바라보고 싶다. 그래서 가까이는 너와 나에 대한 구별, 내지 시비곡직(是非曲直)의 대립 없이 오직 아름다운 한 송이 꽃과 같다(世界一花)는 안목에서 스님의 얘기를 해보고 싶어서다.

1992년 1월 말, 인도 불교성지 순례를 마치고 돌아와서 스님께 인사를 올리니 스님은 어린아이처럼 호기심 가득한 웃음을 띤 채 나를 바라보았다. 그리고 인도에서 뭐 보고 왔느냐고 물으면서 먼저 당신 스스로 이렇게 말씀을 열었다.

"내가 젊은 시절에 읽은 어느 책 내용인데 독일의 철학자 칸트는 평생 한 번도 외국을 가본 적이 없다고 했어. 그런데도 그는 세계 여러 나라에 대해 모르는 것이 없을 정도로 훤했다고 해. 어떤 지역에 대해서는 오히려 가본 사람보다 더 자세하게 알기도 했다니, 참 놀라운 일이지. 그렇게 되기까지는 칸트의 독특한 여행방법이 있었던 거야.

자신이 아는 사람이나 이웃들이 해외에 갔다 오기만 하면 집으로 초대하여 처음부터 끝까지 하나도 빠짐없이 다 들었다는 거야. 몇 시간, 아니 어떤 때는 며칠씩 걸리는 이야기에도 시종 흥미진진하게 관심을 가지고 들었대. 참 칸트의 호기심이 대단하지. 그리고 이해가 부족한 부분은 메모를 보며 다시 물어서 궁금한 점을 풀어 갔다니 칸트의 학구적인 정신이 어떠했던가를 짐작할 수 있을 거야. 그러니 여행 다녀온 사람이야 자연 신나게 이야기할 수밖에 없었을 테고. 더욱이나 대철학자 칸트가 자신의 이야기를 그렇게 진지하게 들어 주니 세상에 그보다 더 신나는 일이 어디 있었겠어.

생각해 보면 아마 여행 이야기도 칸트에게는 하나의 지적 탐구였던가 봐. 자신이 직접 여행을 하지 않고도 세계의 사정을 잘 알았던 칸트는 매우 지혜로운 사람이었다고 생각해. 자, 이제 그러한 칸트를 교훈 삼아 나도 송암을 통해 인도 불교성지 순례를 설설 나서 볼까?"

스님의 말씀을 듣고서야 나는 스님의 의도를 정확하게 알 수 있었다. 그렇지만 스님께 송구스러웠다. 스님은 인도를 한 번도 가시지 못했기 때문이다. 몸이 불편하여 인도까지 가기가 어려웠던 점도 있었고, 또 불사 이루느라 시간 내기 어려웠던 점도 있었다. 나는 속으로 스님은 한 번도 인도에 가신 적이 없는데, 나만 몇 번이나 다녀왔으니 불효를 하고 있구나 하는 생각을 했고, 거기에 따른 송구스러움을 느꼈다. 그런 나의 마음을 훤히 들여다본 듯이 스님은 칸트 이야기를 미리 거론하여 나의 순례를 정당화시켜 주었을 뿐만 아니라 부족한 내 눈으로 보고 느낀 빈약한 소감을 받아들이겠다고 까지 했다. 무척 감격스러운 일이었다. 용기를 얻은 나는 한 걸음 더 나아가 스님께 이렇게 제안을 했다.

"스님, 제가 인디아 땅을 다니면서 그때그때의 감흥을 적은 글들이 있는데 그것을 우선 몇 편 읽어드리면 어떻겠습니까?"

스님 만면의 수줍은 듯 천진한 미소는 승낙을 의미했다. 이 글을 쓰면서 그때 읽어드린 메모를 찾아보니 많은 쪽수가 이미 없어지고 말았다. 남아 있는 것은 겨우 히말라야라는 글뿐이다. 그것만이라도 챙겨 스님께서 아직도 나와 함께 하신다는 사실을 다시 느껴보고 싶다. 살아가면서 스님이 계셨더라면 할 때가 많은데……, 바로 이럴 때 더욱 실감난다.

스님과 내가 천연덕스럽게 이런 이야기를 주고받을 당시 불광사에는 여러 일이 많았다. 그렇지만 스님 건강이 여의치 않았던지라 스승과 상좌가 마주 앉아서 이런 한가한 이야기를 할 수 있었다.

히말라야 찬가

1

아, 히말라야!
장엄하구나! 연봉(蓮峰)들이여
용맹하구나! 솟아오름이여

으젓하구나! 영겁의 시간이여
신비하구나! 천봉만학(千峰萬壑)이여
황홀하구나! 온갖 조화여
자비하구나! 세계의 지붕이여
아름답구나! 그 절묘함이여
청정하구나! 반짝임이여
영용하구나! 거느림이여
호쾌하구나! 기백이여
웅대하구나! 호연한 기운이여
사납구나! 휘감아 도는 바람·구름이여

2

울울창창 히말라야
외외낙락 히말라야
하늘로 올라간 히말라야
거칠 것 없이 솟아올라 무자비한 히말라야
숨쉴 겨를도 없이 호호탕탕한 히말라야
그래서 마침내 내가 울어버린 히말라야

솟아오른 그대 용맹 앞에
어찌 작은 생각 작은 언사로 흠집을 내리요
나는 그대의 위용과 장엄 앞에
무릎 꿇고 고백하네.
"두 마음이 없다는 것을……"

[3]
웃고 울고 살아가는 나의 인생살이
저 숨막히는 의연함에 견준다면
한여름 놀다가는 매미 살림이나 될까.

나는 히말라야가 되리라
살아서도 히말라야로 창창할 것이고
죽어서도 히말라야로 의젓할 것이고
살고 지는 생멸(生滅)이 온통 히말라야로
회통(會通)된다면 어디에서 따로
나고 죽는 인생 바다
그 험한 물결 건넌다고 말할까.

하, 히말라야 연봉(連峰) 끝이 없어라
멀고 가까운 산들은 속삭이듯 가만히 몸 낮췄고
파초 우거진 언덕에는 봄빛이 가득하네.
맑은 봄빛 모인 곳에
강아지는 취한 듯 졸고 있고
그대를 바라봄에 한 눈에 엎어져서
온갖 별의별 소리 모두 쏟아냈지.
그대 향해 쏟아 놓은 폭포수 같은 사랑 노래
내 마음 호쾌함을 보니 이미 내 안에 그대 있었구려.
다시 그대 앞에서 내 마음 모두 꺼내 보아도
눈앞의 그대 모습 그대로
아, 내 거듭 그대와 더불어 웅장하리라.

4

나의 넋은 만년설 앞을 가고
외외한 용자(勇姿)에 숨죽여
영겁의 시간 그 비밀을 보네.
히말라야, 그대.
웅장하고 엄격하구나
하늘도 비켜서
그대 위용 더하고
뭇 산은 일제히 몸 낮춰
그대 용맹 받들어
하늘, 땅 그대 앞에
천하제일(天下第一) 양보했구나
그대 만약 대장부라면
일찍이 인간세 영웅호걸 따로 없었을 것을.
아, 홀로 우뚝함이여

5

삼생(三生)을 떠난 곳에 영겁이 있다면
비로소 내 고향을 말해 주리라
다함 없는 무궁무진의 고향 봄소식을…….
내가 살아온 나의 삶, 그 모든 진실들을…….
입 벌려 소리내는 수고로움을 떠나서
남김 없이 모두 다 말해 줄 것이다.
힘있게, 자세하게, 정답게
아무리 듣고 들어도 들은 적 없고

아무리 말하고 말해도 말한 적 없는

그 고향 소식을…….

옛사람 고향의 봄소식을 어디서 들었던가

내 오늘에야 고향풍광을 목도하니 흥에 취해

얼씨구 절씨구

상사디야 어화 상사디야

내 고향 좋을씨구 상사디야

봄소식을 찾던 고인이

울타리 매화가지에서 보았던가

나는 오늘 눈 덮인 히말라야 언덕에서

꽃피고 새 우는 광경을 다시 또 보네.

6

지난 밤 고요와 평화에 묻혀

단잠 속에 빠진 히말라야

하늘신들 모두 모여 기상 나팔 불어대니

해신은 동녘에서 햇살 쏘고

풍신은 소리질러 기세 돋우고

산신, 강신은 손 나팔 입에 대고 재잘거리네.

비로소 그 큰 입 쩝쩝 다시며

새끼발가락 까닥까닥 움직여 보고

지난 밤 저 혼자서 단잠에 빠진 것이

너무나 부끄러워

가장 먼 자태만 은근슬쩍 미소하누나.

새 색시 늦잠에 고개 숙여 얼굴 붉히듯
저 멀리서 번져 오는 홍조여
흰 아미 살짝 드러내고
가슴과 허리는 안개와 구름으로 이불 삼았네.

사실 이런 싸구려 감상을 아무런 동요 없이 태연히 읽어내려간 나도 어지간한 사람이고, 가만히 앉아서 머리를 끄덕이며 끝까지 듣고 있던 스님도 어지간한 분이다. 아마 스님은 속으로 '사람은 부족한 가운데 크는 법이야' 하는 심정으로 마냥 들어 주었을 것이라고 본다. 상좌를 키우려는 노력이 어찌 밥 한 그릇 먹이고, 책 한 권 사주고, 옷 한 가지 사 주는 것에만 있겠는가 하는 점을 생각나게 한다.
세계일화는 선가에서만 썼던 문구에 끝나지 않고, 이제는 우리네 일상 생활에서도 얼마든지 체험하고 느낄 수 있는 명구가 되었다. 요즘처럼 부쩍 가까워진 지구촌의 이웃들, 그들에게 무엇이 가장 필요한 일일까? 옷일까? 밥일까? 아니면 그 무엇일까? 아마도 부처님 가르침이 아닐까! 바른 인생의 길, 모두가 복되게 살 수 있는 사상이 가장 절실하게 필요한 것이 아닐까 하는 생각을 해 본다.
그래서 '지구는 한 송이 꽃'이다.

7. 참으로 이기는 법

중국 송나라 무문혜개(無門慧開) 선사가 찬(撰)한 『무문관(無門關)』 자서(自序)의 송(頌)에 이르기를,
"대도는 무문이다. 천만 갈래 길이 있어도 이 관문만 뚫는다면 건

곤독보하리라(大道無門 千差有路 透得此關 乾坤獨步)"라고 했다.

인간의 삶이란 경쟁이 그 속성인지 모르겠다. 사람이 태어나 자라면서 점점 삶의 범위를 넓혀 가는 것은 경쟁력을 키워 가는 일이 아닌가 하는 생각이 들 때도 있다. 그런 것을 다른 측면에서는 성장이라고 표현하기도 한다. 아무튼 인간 사회에서 함께 어울려 살아가노라면 원하든 원하지 않든 자기 뜻과 관계없이 상대와 경쟁을 한다. 어쩌면 이기고 지고, 지고 이기는 반복이 인생일지도 모르니 말이다.

소위 많이 배운 사람이나 잘 발달한 사회일수록 분명한 이유〔我〕와 조건〔相〕을 놓고 경쟁의 규칙을 삼는다. 그리고 경쟁에서 이길수록 점점 더 큰 이유와 조건을 필요로 한다. 경쟁에 대한 경험을 몇 번 하면 경쟁을 인간 사회의 필수요건으로 인식하여 숙명으로 받아들인다. 그래서 살아남기 위해서는 반드시 경쟁에서 이겨야 한다는 모진 인생관을 갖는다.

현대사회의 경쟁이라고 하는 것은 어쩌면 보복법과 같은 면도 있지 않나 하는 생각을 할 때도 있다. 그래서인지 경쟁이라는 말은 난무한데 협력이라는 말은 무척 귀하다. 경쟁의 공식인 '이에는 이,' '칼에는 칼'로 서로 맞서면 협력은 끝내 찾아볼 수 없고 결국 극한의 대립투쟁으로 가 종국에는 서로 파국을 맞고 인간이 살아가는 무대인 지구만 파괴된다. 이런 잘못된 출발로 인해 인간은 행복을 찾아 쉼 없이 달려가지만 얻는 삶은 행복이 아니라 불행으로의 추락이다.

이것은 잘못된 생각, 잘못 이해한 인생에서 기인한 큰 병이다. 사람의 진정한 승리, 참으로 상대를 이기는 법은 공생공존의 원리인 협력에서 찾아야 하는데 오히려 그것을 거꾸로 잘못 알고 있으니 말이다. 사실 협력이라는 말은 아주 쉬운 말이지만 그 뜻은 매우 높은 가치를 지니고 있다. 왜냐하면 진정한 협력을 이루기 위해서는 상대를 받아들여야 하는 것이 전제되기 때문이다. 참으로 상대와 협력하기 위해서는 가장 먼저 자신의 마음을 비워야 한다. 비우지 않으면 협력하기가 어렵기 때문이다. 설령 문서와 협상에 의지해 서로 협력하더라도 지극히 제한된 협력에 그치고 만다.

글 첫머리에서 인용한 무문혜개 선사의 말씀처럼 서로간의 협력에는 일체 문〔조건〕이 없어야 가능하다. 그래야 진정 둘이 아닌〔不二, 협력〕 이치, 서로가 좋은 진정한 협력의 길이 활짝 열린다.

사실 인간이 인간답게 살려면 서로를 경쟁이나 대립이 아닌 협력관계로 보아야 한다. 모든 사람을 경쟁 상대로 보지 말고 협력관계로 보아야 하고 대해야 한다는 말이다. 이 점에 있어서 우리 불교의 입장이나 스님의 가르침은 매우 분명했다. 즉 모든 사회적인 경쟁이나 대립의 이유와 조건을 완전히 떠난〔無相〕 포용〔慈悲〕과 동일생명〔同一生命, 協力〕의 참 모습으로 서로 대해야 공존공영의 신인류사회가 형성된다고 늘 강조했다. 스님께서 어느 날 노사(東山)의 말씀을 인용하면서 신심과 사는 법〔협력〕을 이렇게 일러주셨다.

"신심이 있으면 모든 일이 잘 된다. 설법을 잘 하려면 신심이 있어야 한다. 인간관계를 잘 하려면 신심이 있어야 한다. 사람들과 서로 잘 협력하려면 신심이 있어야 한다. 신심은 인생의 굳건한 토대이다. 불사를 하든 남을 돕든 그 바탕은 오직 신심이어야 한다. 부처님 가르침을 믿고 실천하는 데서 자연히 일어나는 지극한 마음이 신심이다. 그러니 인생을 사는 데 있어서 굳이 남에게 이기려는 생각보다 어떻게 하면 서로 잘 협력할 것인가를 생각한다면 불자의 참된 힘이 나올 것이다."

스님의 신심은 마치 만병통치약과 같다. 안 되는 일이 없고 낫지 않는 병이 없으니 말이다. 진리에 대한 완전한 귀의가 없는 사람은

도저히 넘볼 수 없는 경지다. 인생에 있어서 지고 이기는 일은 정해
지지 않았다. 다만 반복할 뿐이다. 상대를 참으로 이기는 법은 바로
이 신심에서 나온다는 훈도를 하셨다. 이로 미루어 보면 노사께서
그토록 설법을 잘 하시고 한국불교정화의 대작불사를 완수하신 것도
신심의 힘이라는 것을 알 수 있고 그것은 바로 참으로 이기는 법을
썼던 까닭이었던 것 같다.

8. 격(格) 밖의 격식(格式)

『벽암록』(碧巖錄) 제2칙에 시 한 수가 실려 있다.

風來樹動　바람이 불어오니 나뭇가지 흔들리고
浪起船高　파도가 일어나니 배가 높이 떠오른다.
春生夏長　봄에 싹이 돋아나 여름에 자라나매
秋收冬藏　가을에 거두고 겨울에는 갈무리한다.
一種平懷　한 가지를 바로 지니면
泯然自盡　사라져 저절로 다하리라.

위의 시 아래 두 구절은 삼조 승찬대사의 「신심명」에 나온다. 성
철 대종사의 해설을 인용하면 '일종(一種)이란 억지로 가리킨 말입니
다. 있음과 없음을 다 버리고 양변을 떠나면 바로 중도(中道)가 아니
냐 하는 말입니다. 일종이란 중도를 가리키므로 일체 만법이 여기에
서 다해 버렸으며 동시에 일체 만법이 원만구족하다는 것입니다'라
고 하였다.

역사가 깊고 철리(哲理)가 심오하고 사상이 파도치며 이론과 실천이 물과 물결 같다면 즉사즉리(卽事卽理)가 바로 처처에 현전(現前)이다. 이 말은 눈에 보이고 귀에 들리는 모든 현상이 사실은 바로 본질이라는 이야기다. 현상에 집착해서는 안 된다. 집착하는 순간 본질은 놓쳐 버린다. 눈을 대하되 전성적이어야 하고 귀를 접촉하되 어긋나지 말아야 하고 내지 모든 감각에서 자유로워야 한다.

사실 본질과 현상은 불가분의 관계다. 그러기에 선가(禪家)에서는 즉사즉리로 표현한다. 즉사즉리의 구절은 스님의 평생 도반이었던 일타 대종사(日陀大宗師)께서 스님의 비문 앞머리에 내세운 주요한 제목이다. 일타 큰스님께서는 이 비문을 마지막으로 쓰고, 그 해 마치 스님을 뒤따라가기라도 하듯이 홀연히 입적했다. 나는 일타 큰스님께서 지은 스님의 비문 중에서 가장 먼저 이 구절에 눈길이 갔으며 오랫동안 눈길이 머물렀다. 호흡을 멈춘 채 한동안 그 구절을 바라보았다.

왜냐하면 내가 여기서 말하고자 하는 이야기와 관계가 깊기 때문이다. 그것은 즉사즉리의 중도의 근본 가르침을 통해 스님의 모든 의식작법에 대한 내면의 의도를 바라보고 싶어서다. 의식작법을 매우 소중하게 생각한 스님의 진의를 파악하려고 하면 우리 불교의 유구한 의식작법의 근본정신에 대해서도 조금은 언급이 되어야 하겠기에 말이다. 우선 먼저 결론부터 말하면 '격(格)을 떠난 격(格)'이란 표현으로 안팎이 원융한 의식작법의 참 소식을 드러냈으면 한다. 그러나 그런 일이 가당할지는 모르겠다. 매우 벅찬 문제기 때문이다. 솔직한 나의 심정은 단지 그러한 자세로 임하고 싶다는 것을 밝힌다.

세간의 세세한 일(개인의 소망 등)에서부터 출세간의 큼직큼직한 일〔大事〕에 이르기까지 어느 한 곳 소홀함이 없는 불교의식, 인간사 그 숱한 곡절에서 잠시도 한 눈 팔지 않는 집중된 관심, 거기에 따르는 무궁한 자비의 현현으로 이루어진 표현 양식(儀式)은 하나같이 금이요, 옥이요, 보배이다.

우리가 수행하는 모든 불교의식의 총결(總結)은 깨달음이다. 즉 깨달음의 나툼이고 또한 깨달음에 이르는 길이다. 그런 고래(古來)의 의범(儀範)을 스님은 특유의 신심과 감각의 세련으로 얻어진 문장을 통해 한국불교에 펼쳤고, 우리에게 새롭게 남겼다.

우선 스님이 지은 축원문을 자세히 살펴보면 인간의 원이 어린 모든 소망이 낱낱이 표현되고 거론된다. 자세하게 읽을수록 또는 자주 읽을수록 스님의 자비는 더욱 온전하고 고스란히 드러난다. 특히 여러 가지 의식문 속에는 인간의 모든 원을 빠짐없이 잘 갖추고 있다. 그런 스님의 섭수를 통해 일체 중생의 소원이 중생의 소원으로 남는 것이 아니라 중생성숙 국토성취의 보살대원으로 원만하게 탈바꿈한다. 나는 그러한 점을 스님의 힘이라고 본다. 보살대원의 깊은 뜻은 법회마다, 재일마다, 행사마다, 또 절기마다 스며 있고 갖추어 있기에 참으로 한 올의 아쉬움도 없다고 본다. 이에 대해서는 내 언설이 다 미치지 못함을 고백해야 한다.

스님의 격 높은 의식을 비유하면, 마치 강 여울목에 고기 잡는 망을 쳐 놓아 물을 거슬러 올라가는 고기나 물을 따라 내려가는 고기나 모두 망을 피해 갈 수 없는 것과 같다. 그 누구도 스님이 쳐 놓은 이 자비의 법망(法網)을 벗어날 수 없도록 시설해 놓았다. 이를 일러 가히 하늘과 땅에 드리운 자망〔人天之慈網〕이라고 할 것이다.

입측오주에서부터 식당작법, 사경의식작법, 공양작법 등 일상사의 세세한 모든 분야까지 가히 미치지 않는 곳이 없다. 특히 해마다 새해 아침에 올리는 세알의식은 더더욱 동참 불자들의 마음을 사로잡는다. 스님이 만든 여러 의식이나 작법에 단 한 번만이라도 참여한 사람이라면 내 말에 쉽게 수긍할 것이다.

사실 이렇게 훌륭한 불교의 법식(法式)은 이미 오래 전부터 전해왔지만, 단지 시대에 맞게 제대로 활용하지 못하고 있었을 뿐이다. 그런 것을 스님이 찾아내어 다듬고 추려서 오늘날 현대인의 정서에 맞게 재편한 것에 지나지 않는다. 그러니까 고래의 우리 전통을 오늘에 되살린 것이 '불광의식'이라고 보면 된다. 우리 말로 꾸미지 못해 어려운 한문인 채로 서가 위에 잠자고 있는 것을 내려서 손질한 것에 지나지 않는다는 말이다.

이런 의식이 생경하게 느껴졌던 것은 오랜 세월동안 서가 위에 묻혀 있어서 대중들이 미처 접하지 못하여 잘 알지 못했을 뿐이다. 거듭 말하자면 그것을 스님이 찾아내어 먼지를 털고 다시 손질〔飜譯〕한 것으로 봐야지 마치 광덕스님이 임의로 만들어 낸 것처럼 생각하면 자칫 무식의 소치로 보일 수도 있다.

그런데 실지로는 불광의식에 대해서 의아해 하는 경우가 많았다. 불광사에서 고래의 의식을 꺼내어 손질한 뒤, 『불광법회요전』이라는 이름으로 세상에 내놓자 예전에 없던 의식을 광덕스님이 멋대로 만든 것처럼 생각하여 곱게 보지 않았던 측들이 있었다. 전통적인 의식을 현대인들에게 맞게 편역한 것을 스님들도 몰랐고 신도들도 몰랐다. 그것은 의식 자체를 자세히 살펴보지 않았기 때문이다.

나와 가까웠던 스님들도 어리둥절하기는 마찬가지여서 처음에는 무척 뜨악한 표정으로 영문을 몰라했고, 나를 만난 뒤에서야 근거와 출처를 물어왔다. 내가 조목조목 설명을 하자 그제야 놀랍다는 표정으로 눈을 동그랗게 떴다. 지금까지 몰랐다는 말은 하지 않은 채.

해마다 새해가 되면 우리 도피안사에서는 세알의식을 봉행하는데,

전체 신도 가운데 참석하는 신도보다 참석하지 않는 신도가 더 많다. 왜냐하면 불자이면서도 아직 세알의식을 접해 보지 못했기 때문이기도 하고, 그동안 절에서 하는 세알의식에 동참하는 것보다 친지들이나 이웃들끼리 모임을 갖거나 여행 다니던 관례 때문이라는 생각을 한다. 세알의식을 비롯한 불교의 모든 의식을 우리 불교계 전체가 오래 전부터 잘 실행했다면 지금쯤은 국민들 가슴속에 깊이 뿌리내렸을 것이라는 아쉬움을 느끼기도 한다. 이처럼 사람들의 마음속에 무엇을 한 가지 뿌리내리기 위해서는 상당한 시간이 필요할 것이다. 만약 진즉 우리 불교계에서 세알법회를 잘 봉행했다면, 새해에 여기저기 놀러 가는 사람들보다 절에 오는 사람들이 더 많았을 것은 말할 필요도 없을 것 같다.

어쨌거나 지금 와서 보면 우리 불자들이 새해 첫날 절에 가서 세알의식에 참석하는 것보다 놀러 다니기에 바쁜 것 같다. 명승지로 외국으로 휴가나 여행가고 집에 있는 사람은 거의 없고, 또 그런 사람들을 위해서 관광지에서 조상님께 차례까지 지낼 수 있게 준비해 준다니 무슨 말이 더 필요할까? 이런 세태를 좋다 나쁘다고 말할 계제는 아닌 것 같고, 다만 세상 많이 변했다는 생각은 한다.

이것은 절을 지키는 스님들이 그동안 세알의식을 비롯해 여러 뜻 깊은 불교의식을 소홀히 했기 때문에 자초한 결과라고 생각한다. 고래의 전통을 제대로 계승하지 못하고 오늘에 살리지 못한 불찰을 뭐라고 변명해야 할지 모르겠다.

그렇다면 의식을 소홀히 한 결과로 초래된 오늘의 현실을 이제 어떻게 할 것인가? 다시 시작하는 수밖에 따로 방법이 없을 것 같다. 거듭 말하지만 여기에 대한 책임은 전적으로 스님들이 져야 한다고 본다. 출가자의 무한책임이 여기에도 있는 것이다.

나는 스님의 의식을 계승하기 위해 비록 산골짜기에 있는 절이지만 모이는 사람들끼리라도 정성껏 새해 첫날에 세알의식을 올리고 있다.〔자세한 세알의식은 『광덕스님 시봉일기 2』(징검다리) 부록 참조〕의식의 주관자로서 스님이 짜 놓은 의식을 봉행하면 마치 고려 때 만든 청자항아리를 대하는 것 같은 느낌을 받는다. 그리고 이 의식이야말로 부처님과 직접 통하는 핫라인과 같다는 간절한 느낌마저 인다. 그렇다, 여기저기 거쳐서 연결되는 일반 라인이 아닌 수화기를 들기만 하면 바로 연결되는 부처님의 육성을 담은 특선 말이다. 그러기에 스님은 '의식을 통해 보살의 원과 행을 키우고 중생성숙과 국토성취를 원만하는 것'이라고 설명했을까?

이와 같은 의식의 중요성을 누구보다 일찍 파악했던 스님은, 말 그대로 혜안(慧眼)의 소유자였다. 왜냐하면, 불교의 출발지라고 할 수 있는 인도에서 불교가 사라진 이유 중의 하나가 의식의 부재를 꼽고 있는 학자가 있다. 과거 인도에서는 일반 재가 대중에게 생활 속에서 부처님과 만나는 의식이 없었다는 것이다. 출가자들이 의식을 통하여 신도들에게 삶의 순간순간마다 안심입명(安心立命)을 주지 못했고, 그러므로 그들은 허전했고 신앙심이 커가지 못했던 것이다. 그러다 보니 인도 불자들은 자연 의식이 늘 가까이 있고 중요하게 여기며 오랜 세월 속에서 갈고 다듬은 힌두교 의식에 가까이 갈 수밖에 없었을 테고, 마침내 그것은 신앙적으로 흡수되는 커다란 불행으로 치닫고 말았다고 보는 견해다.

아무리 교리가 훌륭하다고 해도 퍼내거나 담는 그릇이 없다면 일반 신도에게는 그림의 떡과 같은 것이 되고 만다. 신도에게는 교리나 신앙, 모든 것이 생활 속에서 구체적이고 확실해야 한다. 어렵고 복잡하면 감당이 서지 않을 뿐만 아니라 삶에도 자신이 없어 늘 마

음이 편치 않다. 그래서 신도에게는 교리보다는 우선 마음이 편해야
하고, 그런 후에야 믿음도 생기고 참다운 발심도 가능하다.

이런 점에서 의식은 바로 부처님과 통하는 특설 핫라인이다. 그러
므로 행복이나 믿음이나 발심은 의식 속에서 생길 수밖에 없다. 이
렇게 자명한 일을 소홀히 한다는 것은 무엇을 뜻하는 것일까? 자비
가 없다 해야 할까, 아니면 지혜가 없다 해야 할까? 도대체 어떻게
이 곤란한 일을 설명할 수 있을까?

아무튼 의식은 하나의 격이고 그러한 격은 이 글 첫줄에 인용한
시처럼 편안해야 한다. 무엇에도 구애됨 없이 편안하면서도 온전한
것, 바로 격외도리(格外道理)이다. 스님은 격을 통해 격을 벗어나게
했고 그것을 일러 새 물줄기라고 선언했다고 본다.

9. 스님의 생애

요즘 들어 가끔 무상(無常)한 세월을 아쉬워할 때도 있고 더러는
탓할 때도 있다. 일에 대한 계획을 세워 놓고도 제대로 진척시키지
못한 채 멀뚱하게 앉아 지나가 버린 시간을 바라보고 있을 때의 내
마음상태다. 내 개인적인 계획에 대해서도 아쉬워할 때가 많지만 특
히 스님과 관계되는 일에 대해서는 아쉽다는 표현보다 한스럽다고
해야 더 적절할 것 같다.

나는 스님 슬하에 살 때, 스님의 생애를 기록하려는 계획을 세운
적이 있다. 그때 생각으로 먼 훗날, 스님 입적 후(滅後)를 대비하려
고 했었다. 그런데 뜻밖의 재앙(?)이 닥쳐와 그 계획은 그만 없던 일
로 되고 말았다. 그런데 그 일은 안타깝게도 나 외에는 아무도 그런

생각을 하지 않고 있는 것 같다. 왜냐하면 스님 주변사람들이 아직 그 누구도 이 일에 대해 계획을 세우거나 일을 추진한다는 소식을 듣지 못해서다. 그렇지만 앞으로 누군가에 의해 그런 일이 시작될지는 모를 일이다.

스님의 생애에 대한 일은 스님 그늘을 벗어나서는 모든 것이 쉽지 않다. 거의 모든 자료가 불광사에 있고 응원할 수 있는 사람들도 그들이어야 하는데, 그 테두리를 벗어나면 자연 일은 힘들거나 불가능할 수밖에 없다. 나 또한 과거에는 계획만 있었기에 지금 상황으로는 상당히 어려운 입장이다.

다시금 지난날을 돌아보면, 나는 스님의 생애를 쓸 만한 준비를 미처 갖추지도 못한 상태에서 스님의 입적을 맞았다. 그때는 그저 막막하고 아득하기만 한 심정이었다. 그렇지만 마냥 그렇게 세월만 보낼 수는 없었다. 나는 상좌로서 무엇인가는 해야 한다고 생각을 했고 그에 따른 각오를 다졌다. 아니, 한 사내로서 나를 알아 준 분의 고귀한 은혜에 보답해야 한다고 굳게 다짐했다는 것이 더 정확한 표현이다.

그래서 내 능력이 가능한 범위에서라도 노력을 기울여 보자는 생각으로 그동안 모아두었던 단편적인 자료를 찾아내서 소위 '시봉일기'라는 제목의 시리즈를 엮어 냈다. 원래는 스님의 생애를 하나의 작품으로 완성한다는 계획을 세웠는데 여의치 못해 이렇게 '시봉일기'가 된 것이다. 마치 용을 그리려다가 뱀이 된 것이라고나 할까. 그러나 그때 내가 세워 두었던 원래의 계획을 미흡한 대로 여기에 소개한다. '시봉일기'라는 과업이 등장한 또 하나의 숨은 의도를 밝히고 싶어서이기도 하다. 물론 스님 재세시 만들어진 작업 계획이다.

스님 생애의 구성

제1기 출가 전(성장기)

제2기 출가(선방의 구도정진과 오도, 지병의 극복)

제3기 종단과 학교(위법망구의 보살행)

제4기 새 물줄기(불광회 창립)

제5기 구국구세운동(불광회의 성장과 미래)

각 항목에 따라 세부계획을 세우고 그에 따라 입체적으로 자료를 확보하여 보다 충실한 생애가 되도록 한다는 방침을 정했다. 그리고 내가 모르거나 미심쩍은 부문에 대해서는 당사자인 스님께 직접 여쭈어 볼 질문도 만들어 놓았다. 물론 사안에 따라서 스님께 직접 여쭈어 봐야 할 것도 있고 제삼자를 통해 확인하고자 했던 내용도 있다. 아무리 스님 자신의 일이라고 해도 본인 스스로 말하기 힘든 점도 있을 것이라고 생각했기 때문이다. 그 대강의 항목을 보자면 다음과 같다.

① 범어사 선방에서 처사의 신분으로 어떻게 처신했으며, 또 처사의 신분으로 선방 재무는 어떻게 볼 수 있었는가?

② 1951년 칠석날 사미계 수계식장에서 '사미 10계'를 왜 '5계'로 소리쳤는가? 그 이유는 무엇인가?

③ 부산 동래 금정사에서 대경(對境)과 불이(不二)의 경지를 어떻게 노래[悟道頌] 했는가? 노래가 있다면 그 내용은?

④ 1956년 대각회 결성의 동기와 목적?

⑤ 왜 10년이라는 오랜 기간 동안 처사[行者]로 지냈는가?

⑥ 동산 대종사와의 일화 및 범어사에서 열중을 한 동기 등

⑦ 현대선학연구회의 결성과 대한불교역경원의 설립 취지

⑧ 봉은사 주지를 맡은 동기와 목적

⑨ 총무원 소임시절의 여러 비화

⑩ 불광의 창립과 한국불교 새 물줄기의 선언에 대해서

각 항에 따르는 세부적인 질문도 많다. 그러니까 스님의 전 생애를 낱낱이 파고드는 셈이다. 자세하고 구체적인 내용을 스님께 직접 질문하여 생애의 줄거리를 충실하게 세운 뒤, 주변 인물들을 일일이 방문하여 스님 이야기를 확인하고 또 부족한 부문을 보충하여 객관적인 시각의 균형을 세우려고 했다. 내 깜냥으로는 상당히 입체적인 밑그림을 그리고 있었던 셈이다. 그래서 스님의 치열하고 헌신적인 구도의 삶이 후학들에게 사표가 되고 거울이 되도록 만들고 싶은 욕구로 가득했다.

후일, 한국 현대불교사의 한 획을 긋는다고 할 불광의 새 물줄기 운동을 연구하고자 하는 사람들에게 도움을 주고 싶었고, 스님의 후계자들이 스님의 사상을 이어가는 데 또 하나의 튼튼한 바탕을 형성하고 싶었다.

다시 생각할수록 스님의 구도심은 참으로 열렬했다. 적어도 스님의 삶에서는 '적당히'라는 단어는 없었던 것 같다. 그것은 일상 생활에서뿐만 아니라 부처님의 말씀, 조사의 언행, 불교의 신앙행태 등 모든 분야에 대해서 철저하게 따지고 점검하여 스님 자신이 분명하게 이해하고 파악한 뒤 실천에 옮겼다.

나는 스님 회하에 있을 때, 스님의 그런 점을 보고는 무슨 일을 하든 스님이 시키는 일이라면 두 번 다시 의심하거나 머뭇거리지 않았다. 새로운 포교 방안이나 경에 대한 안목이나 일에 대한 주안점 등을 조금도 망설이지 않고 모두 내 것으로 받아들였다. 스님의 일 처리와 결론에 도달하는 과정은 누구라도 의심할 수 없을 정도로 철저했으니 오히려 망설이거나 머뭇거리면 이상하다고 생각할 정도였다.

거듭 말하거니와 스님의 불전(佛典)을 해석하는 입장에 대해서나 고래의 전거를 활용하는 점에 대해서나 어느 것 하나에 있어서도 조금도 의심할 일이 없다고 본다. 왜냐하면 스님은 누구에게 들었던 이야기나, 책에서 보았던 이야기 정도로 안심하는 분이 아니었다. 꼭 경의 말씀을 자신의 눈으로 확인한 뒤 글을 쓰거나 설법자료로 삼았다. 그러니 내가 스님의 말씀을 믿고 따르는 데에 더 무엇을 망설일 필요가 있었겠는가? 무조건 믿고 따라도 된다는 안심과 믿음뿐이었다.

스님의 그런 냉정하면서도 뜨거운 구도의 전 과정은 분명 후세의 귀감이 되고 후학에게 사표가 될 것이라는 믿음이 일찌감치 내 마음에 자리잡았다. 멀리 보고 깊이 보는 보다 열린 차원에서 나는 스님을 이해했다. 일상의 생활이나 설법 태도, 신도들과의 상담 등 어느 것 하나 놓쳐야 할 것이 없었다. 이런 모든 부문이 내게 자리하고 있었기에 나는 스님의 생애를 감동적으로 집필하려고 용기를 냈는데 결국은 이런 자료집(시봉일기)으로 끝나고 말았다.

10. 한마음 헌장(憲章)

스님 재세시의 불광사는 활기찬 절이었다. 일이 많아서 활기찼다는 것이 아니라 절에 있는 출가자들이나 법회 때 모이는 신도들이나 모두가 부처님에 대한 신심과 법에 대한 환희심으로 충만해 있었기에 어디서나 생동감이 넘쳤다는 말이다. 법당에서 기도하는 신도들의 목소리에서, 기도를 마치고 나서는 신도들의 표정에서 한결같이 느낄 수 있는 모습은 활기 넘치는 밝은 모습이었다.

그 당시 어느 날, 조용히 스님 방을 노크하자 스님 역시 윤기 어린 승낙의 목소리로 대답했고, 내 귀에는 스님의 음성이 마치 음악처럼 들렸다. 어느 때나 마찬가지로 절하고 자리에 앉은 나를 가만히 바라보시고는 아무런 예고도 없이 이런 말씀을 대뜸 했다.

"내가 대각사에 머물 때였지. 지금 미국에 가 있는 창훈이네 집에서 '한마음'이라는 이름의 불교 모임을 시작하였는데, 그때 그 모임의 취지를 글로 써 달라는 요청을 받았어. 나는 처음에 간단하게 몇 자 적으면 되겠지 하는 손쉬운 마음으로 방바닥에 엎드린 채 그냥 쓰기 시작했어. 방 한쪽에 모아 두었던 광고지 뒷면을 이용하여 필 가는 대로 죽죽 써내려 갔지.

미리 글을 머리로 구성하거나 다시 떠올리거나 할 사이도 없이 그냥 술술 나오는 거야. 마치 수도꼭지에서 물 쏟아지듯이 끊임없이 자꾸만 나오는 거야. 멈출 수가 없어서 한참 쓰다 보니 생각지도 않았던 긴 글이 되고 말았어. 아무튼 지금 다시 생각해도 그때 처음 '한마음 헌장'을 쓸 때 술술 나온 글은 무척 의외였지. 아주 짧은 시간 안에 다 끝냈지."

어리석은 사람은 겪고서야 알거나, 또는 겪고서도 모르는 경우가 대부분이다. 그러나 지혜로운 사람은 굳이 몸으로 겪지 않고 말 듣는 것만으로도, 아니면 예측과 판단으로 미리 안다고 했듯이 내가 조금만 명석했더라면 불광에 있어서 가히 역사적이라고 할 만큼 중요한 '한마음의 헌장'의 출현에 대해서 더 자세하게 모든 사항을 스님께 직접 여쭈어서 기록할 수 있었을 터인데 하는 아쉬움이 가득하다.

11. 바를 '정(正)'자의 인연

『벽암록』 제42칙에 방거사(龐居士)의 오도송이 실려 있다.

十方同聚會 여러 곳에서 온 사람들이 함께 모여서
箇箇學無爲 모두가 무위를 배우고 있네.
此是選佛場 바로 이곳이 부처를 뽑는 곳이니
心空及第歸 마음 비워야 급제하여 고향 가리라.

방거사는 마조스님의 제자다. 그는 비록 재가의 몸이었지만 그 안목은 재가와 출가의 구분을 넘어섰다. 일대의 선지식은 역시 제자를 많이 길러야 하고 그 중에서도 깨달은 제자가 많아야 한다. 이런 점에서 중국 선불교를 통털어 마조스님만큼 특출한 분도 드물다. 회하에 기라성 같은 선의 명안종사들이 속출하여 선법(禪法)을 잇고 그 문풍을 후대에까지 드날렸기 때문이다.

그러므로 출가자는 누구나 나이가 들면 상좌를 생각하지 않을 수 없는 일이다. 내가 스님 회하(會下)에서 지낼 때, '혹시 나에게도 앞으로 상좌(上佐)가 생기면 그 이름을 어떻게 지을까' 하는 생각이 문득 떠올랐다. 나는 그런 생각을 가슴에 품고 굴리면서 무던히 며칠을 지냈다.

혼자서 줄곧 이런저런 생각을 해도 끝내 속시원한 방안이 떠오르지 않아 결국은 스님께 여쭙기로 했다. 마땅한 생각이 떠오르지 않기도 했지만 그 점보다는 나는 스님의 가호와 축원을 받고 싶었다. 비록 누가 어떤 인연으로 나의 상좌가 된다 하여도 나에게 뭘 배우는 것보다 스님의 높은 가르침을 받드는 인물이 되었으면 하는 바람 때문이었다.

생각이 거기까지 미친 순간 나는 한달음에 스님께 달려갔다. 마치 '배지도 않는 아이를 낳는다'는 말과 같이 있지도 않는 상좌 이름이 무엇이 급해 그렇게 서둘렀는지 지금 생각해도 모를 일이다. 어떻게 보면 그때의 내 언행이 철부지 같아서 우스꽝스러운 감도 없지 않다.

그러나 자초지종 내 말을 다 듣고 난 스님은 빙그레 웃으면서도 매우 진지한 표정을 지어 보였다. 그러면서 묵묵히 한동안 무엇을 골똘하게 생각했다. 그렇게 한참 시간이 지난 뒤 운을 뗐다.

"이봐, 송암이 앞으로 상좌를 뒀을 때, 그때까지 내가 살아 있으면 같이 의논하면서 이름을 지으면 되겠지만 그때까지 내가 살아 있지 않을 경우를 생각해서 미리 이름이라도 준비해 두는 것이 좋겠지. 그렇다고 있지도 않은 상좌 이름을 앞질러 지어놓을 수도 없으니 이렇게 하면 어떨까?

말하자면 내가 한 글자 먼저 짓고 거기에 따라 나중에 송암이 또 한 글자를 지으면 되지 않을까? 어때, 그렇게 할까! 좋다면 내가 먼저 앞 글자를 지어 주지."

그러고는 동의를 구하는 듯 조용히 나를 바라보았다. 사실 나는 내 스스로의 행동에 대해 경솔하다는 속생각을 하면서 앉아 있던 터였는데, 스님의 사뭇 진지한 태도로 말미암아 나도 그만 심각해지고 말았다. 마치 내 상좌가 밖에서 이름을 기다리기라도 하는 것 같은 느낌마저 들었다.

"스님께서 한 글자라도 지어 주신다면 그보다 더 영광스럽고 자랑스러운 일이 어디 있겠습니까? 저는 평소 스님의 사상을 존경하고 신봉하기 때문에 저뿐만 아니라 저의 상좌 대에 가서도 스님의 사상을 왕성하게 연구하고 실천하여 길이 이어갔으면 하는 심정으로 청을 드렸던 것입니다.”

스님 역시 진지했지만 나의 이 말을 듣고는 더욱 진지해지는 것 같은 느낌이 들었다. 물론 내 생각에 지나지 않지만 스님의 표정에는 나의 말을 대견하게 여기는 기색이 역력했다.

“그래 좋다. 나는 송암의 상좌 이름 첫 글자를 부처님의 정법안장(正法眼藏)에서 뽑으려고 한다. 내가 생각하기에는 부처님의 모든 가르침 중에서 바를 ‘정(正)’자만큼 중요한 글자가 또 어디 있겠는가. 앞에서 말한 대로 정법안장의 뜻도 있지만 팔정도를 총괄하는 뜻도 있지 않는가. 그래서 나는 정(正)자가 참 좋다는 생각이 드는데 송암은 어떤가? 이 다음 송암의 상좌가 한 사람 두 사람 늘어나면 그때 ‘정’자를 돌림자로 하여 차례로 쓰면 되지 않을까. 물론 뒷 글자는 그때그때 송암이 짓고 말이야.”

이런 과정을 거쳐 미래의 내 상좌 이름의 앞 글자를 불광사 시절 스님께서 친히 정해 주셨다. 나는 그날 이후 스님과 무슨 비밀 약조라도 한 사람처럼 다른 사람들에게는 일체 입 밖에 내지 않고 가슴 깊숙이 정자를 간직했다. 왜냐하면 불광의 정통성을 나에게 맡기는 것이라는 생각까지 지레 하고 있었기 때문이었다. 그런 일이 있은 다음부터는 혹시 어디 길을 가다가도 바를 정자를 보면 발걸음을 멈추고 그 자리에 서서 유심히 살펴보고 여러 번 뜻을 음미하곤 했다. 그만큼 바를 정자는 나에게는 소중한 글자가 되었다.

그로부터 세월이 한참 지났다. 평소 상좌를 둬야겠다고 기다린 것은 아닌데, 어느 날 설곡스님의 소개로 행자 한 사람이 찾아왔다. 그동안 가슴속에 고이 간직했던 바를 정(正)자를 쓸 기회가 드디어 찾아온 것이다. 나는 조금도 머뭇거리지 않고 첫 상좌 이름을 정안(正

眼)이라고 지었다. 물론 앞 글자 '정'은 스님께서 지으신 글자이고 뒷 글자 '안'은 내가 지은 것이다. 불광의 바른 안목이 되라는 뜻으로 말이다.

2540년 4월 16일, 이석주라는 청년은 나를 의지하여 종단에서 주관하는 행자 교육원의 모든 과정을 마치고 사미가 되어 이곳 도피안사로 왔다. 그때 나는 정안 사미를 앞에 앉혀 놓고 잠깐 내 지난날을 돌아보았다. 열아홉 살 어린 나이로 사미계를 받던 때가 불과 엊그제 같은데, 벌써 상좌를 두다니 실로 금석지감(今昔之感)을 금할 수가 없었다. 출가자로서 자랑스러운 생각보다는 알 수 없는 자괴감이 일었다. 그것은 그동안 내가 별로 한 일 없이 절밥만 무던히 축냈다는 생각과 열심히 공부하지 않고 세월만 허송하지 않았나 하는 아쉬운 생각이 들었기 때문이었다.

나도 몰래 세월이 엄청 지나갔다는 이 부동의 증거 앞에 스스로를 가만히 추슬러 보았다. 첫 상좌를 앞에 앉혀 놓고 말이다. 상좌를 앞에 앉혀 놓았다는 것은 분명 내 나이가 든 것과 세월이 많이 흘러갔다는 틀림없는 사실을 웅변해 주는 것이다. 그럼에도 불구하고 나는 아직 도를 얻지 못했다. 매우 안타까운 일이다. 내 스스로 허송한 하 많은 세월을 까맣게 잊은 채, 처음 출가할 때의 어린 기분과 철없는 낭만으로 지금껏 살고 있다. 그런데 벌써 상좌를 두다니, 새삼 막중한 무게를 느낀 순간이기도 했다.

그 이틀 뒤 4월 18일이었는데 음력으로는 삼월 초하루, 도피안사 천주법회 날이었다. 아침 일찍 공양을 끝내고 상좌 정안(正眼)을 데리고 산 너머 불광원에 계시는 스님께로 향했다. 구불구불한 논두렁 밭둑 길을 상좌를 데리고 걸었다. 싱그러운 봄날, 아침 공기를 가르며 불광원 광진당(光震堂) 문을 조용히 열고 안으로 들어갔다. 습관적으로 벽에 걸린 시계를 바라보니 오전 7시 30분이었다. 내가 먼저 스님께 문안을 올린 뒤, 상좌 정안에게 예배 올리도록 했다.

상좌 둔다는 말씀을 미리 드리지 않았기에 무척 계면쩍었다. 늦었지만 그 자리에서나마 자초지종을 설명했다. 상좌에 대한 법명, 나이, 공부, 등을 여쭈어 올렸다. 나의 보고가 끝나자 사전에 시키지도 않았는데 상좌 정안이 엄숙하게 스스로의 다짐을 제법 큰소리로 여쭈었다.

"노스님의 문손(門孫)이 된 것을 영광스럽게 생각합니다. 부족한 저를 어여삐 여기시고 받아 주시어 감히 몸둘 바를 모르겠습니다. 또한 저에게 출가의 길을 가도록 허락하시고 인도하심에 뭐라고 감사한 말씀을 드려야 할지 모르겠습니다. 앞으로 열심히 수행하여 문중을 더욱 빛내고 부처님의 은혜를 갚겠습니다."

정안의 이야기가 다 끝날 때까지 나는 조마조마한 마음을 가지고 있었다. 다행히 별 어긋나지 않게 말을 맺자 안도를 하고 스님을 바라보았다. 가만히 듣고 계시던 스님은 한동안 더 침묵으로 있다가, 마치 무엇에 새기기라도 하듯 찬찬히 말씀했다.

"경사다. 출가는 그대 자신의 경사고 세속 집안의 경사며 우리들 모두의 경사다. 오직 기쁜 삶이 되도록 노력하고 또 노력해야 한다. 출가자는 모든 사람들에게 헌신하는 삶이 되도록 열 배 백 배 노력해야 한다. 세속인들은 자기 자신이나 가족들의 기쁜 삶을 위해서 살지만 우리 출가자들은 일체 중생의 기쁜 삶을 위해 살아야 한다. 그러한 큰 서원이 있으면 기필코 밝은 광명을 세간에 줄 수 있고 진리의 등불을 환히 밝힐 수 있을 것이다."

스님은 이 말씀을 하는데도 몹시 힘들어 했다. 그러나 새로 본 손상좌를 위해 있는 힘을 다해 뜻깊은 말씀을 그와 나의 가슴에 새겨

주셨다.

그 후 정안이 이 말씀을 잘 기억하고 있는지 여태껏 확인하지 않았다. 아마 가슴에 깊이 새기고 있을 것이란 생각을 한다. 출가하여 옹사(翁師)로부터 출가의 공덕을 들었으니 그것이 어찌 흔한 일이겠는가? 그로부터 한참 후, '시봉일기'를 읽고 찾아온 정견(正見)이 또 사미가 되어 두 번째 바를 '정'자를 쓰니 스님의 노고가 헛되지는 않은 것 같다.

아무튼 출가자는 스스로의 공부도 잘 해야 하지만 상좌를 두어 부처님의 혜명(慧命)이 끊이지 않게 하는 것도 매우 중요한 일이라고 생각한다. 그것은 불조의 은혜를 갚는 여러 가지 일 중에서 단연 으뜸가는 일이기에 말이다. 스님의 은혜, 손상좌의 손에 들려 주신 법의 등불. 정법안장(正法眼藏)의 바를 '정(正)'자는 이렇게 불광 문중에 등장했다.

12. 따로 찾지 말라

『벽암록』 제40칙을 보면 조법사(肇法師)의 유명한 말씀이 있다.

'천지는 나와 한 뿌리며 만물은 나와 한 몸이다.
(天地與我同根 萬物與我一體)'

이것은 만물의 자성이 모두 자기에게 귀결됨을(性皆歸自己) 이르고 있다 하겠다.

예나 지금이나 또는 동쪽에서나 서쪽에서나 사람들의 삶의 방식은 각기 다르다. 기후와 풍토가 다르고 거기에 따라 적응해 가는 방식도 다르고 또한 생각하는 관점도 사뭇 다르다.

사람은 자랄 때 거의 비슷한 환경 조건이 주어져도(쌍둥이) 같은 점보다 다른 점이 더 많다고 한다. 그것은 겉보기에는 같은 환경이어도 내재된 생각(불교에서는 업)은 서로 다른 것에서 원인이 있다고들 말한다.

문명이 고도로 발달한 현대사회의 특징을 말하라고 하면 가장 먼저 '다양성'이 꼽힌다. '다양성'이라는 말 역시 출처를 따지고 근원을 찾으면 인간에게 그 근원이 돌아갈 것이고 또 거기에서 궁극적인 해답을 얻게 된다. 마치 강줄기를 거슬러 수원지를 찾아가듯이 '다양성'이 가지고 있는 여러 형태도 그 발생지가 있으며, 그곳은 바로 다양성의 원천인 사람이라는 것이다.

오늘날은 그 어느 시대보다 인권(人權)이 존중받고 있는 때인데, 바꾸어 말하면 개인의 다양성이 존중되고 보호받는 것을 의미한다. 개인의 평범한 생각이 남과 다르다는 이유로 비난받거나 배척받지 않고 인정받는 것이야말로 참다운 인권의 위력이 아닐까 생각한다.

이런 시대의 분위기 때문인지 우리가 살아가는 현실에서는 여러 가지 모임도 많다. 그렇기 때문에 과거보다 밥하고 빨래하는 시간은 많이 줄어들었지만 바쁘기는 훨씬 더 바쁘다. 노동하는 시간은 줄어들었고 상대적으로 개인의 시간은 많아졌지만 막상 일상 생활에서는 여유가 거의 없다시피 하다. 이런 세태는 일반인들뿐만 아니라 심지어 출가하여 절에 사는 수행자들에게도 그 여파가 미치고 있다. 왜냐하면 출가자도 크게 보면 이 사회의 구성원이기 때문이다. 그러기에 출가자들도 자신들이 속한 사회가 따로 있다. 요즘은 산 속에 가만히 앉아 있다 해도 짐짓 찾아와서 무슨 일에 고문이 되어 달라, 아니면 지도를 해 달라, 그도 아니면 이름이라도 빌려 달라고 하며 감투를 씌우곤 한다.

구체적인 예를 들면 다른 종교인들과의 대화 모임, 통일의 마당, 자연보호 등등 숱한 단체에서 손을 내밀어 같이 활동하기를 바란다. 흔한 경우는 아니지만 출가자들이 스스로 찾아 나서는 예도 없지 않다. 어쨌거나 인간은 혼자 살 수 없기에 서로 협력해야 하는 필연적인 운명을 띠고 태어난 것 같다.

이렇게 다양성이 존중되고 장려되는 사회가 되니 그만큼 사람들이 바쁜 것은 피할 수 없는 시대의 흐름인 것 같다. 그래서 너나 할 것 없이 시간에 쫓긴다. 이러한 인간이나 사회는 반드시 양면성이 있을 수밖에 없다. 즉 밖에서 사회활동을 왕성하게 하는 사람들은 자칫 자신의 내면을 놓치기가 쉽고, 자신의 일만 충실히 하면 활동이 빈약해질 수 있다는 말이다. 바로 이 점이 다양한 활동이 존중되는 우리 사회에서 염려되는 일 중의 하나다.

사회의 다양성을 백 가지 천 가지의 꽃으로 비유한다면 적절할지 모르겠다. 그런 꽃들의 아름다움과 서로 어울림〔莊嚴〕을 해치지 않으면서도 내실을 가득 채울 방법이 바로 이 글 첫머리에 도입한 『벽암록』 말씀이다. 다양성의 근원은 역시 생각이다. 그 천 가지 만 가지 생각〔千思萬慮〕의 근본은 우리들의 마음이다.

즉 근본을 잃지 않는 다양성, 다양성을 무시하지 않은 근본의 확립. 이러할 때 우리는 인생을 바르게 산다고 말할 수 있지 않을까 하는 생각을 해본다.

내가 스님 회하에서 살 때, 도반을 만나러 외출하거나 어떤 모임에 참석하기 위해 외출할 때 스님께 허락을 청하면 언제나 이처럼 말씀했다.

"송암, 내가 보수적이고 생각이 좁은 사람이어서 밖의 활동에 인색한지 모르겠어. 허지만 내 생각으로는 불교만 충실히 수행하면 거기에 모든 것이 다 갖추어 있다고 봐. 종교인들의 대화도 각자 가르침에 충실하면 될 것이고 자연보호도 부처님의 가르침을 배우고 연구하면 저절로 이루어지지. 불법을 깊이 생각하고 신중하게 행동하면 거기에 모든 길이 다 있다고 봐. 그렇지 않고 무슨 운동이다, 무슨 모임이다, 무슨 단체다 하면서 실컷 떠들고 다녀도 내실이 없고 자각이 없으면 오히려 세상만 더 시끄러워지는 것 아닐까. 우리 수행자들은 일반인들과는 달라야 한다고 생각해. 뭔가 분명 달라야지. 생각이 다르고, 방식이 다르고, 관점이 달라야지. 근원적인 해답을 찾는 우리들이 일반인들과 똑같아서야 무엇을 찾을 수 있겠어. 그러니 부디 밖에서 구하지 말고 안에 있는 것을 잘 챙기면 다 해결될 거야."

나는 스님의 이 말씀을 듣고 점점 밖의 활동을 줄이고 내 자신의 일이나 아니면 내게 주어진 여러 책무에 대해 더욱 충실하고자 노력했다. 그러면서 내 자신이 출가자로서 일상에서 서슴없이 입 밖에 내는 '바쁘다'는 소리를 부끄럽게 생각했다. 그로부터 차츰 무슨 일이든 먼저 내 마음을 자세히 살피는 버릇이 생겨나기 시작했다. 일을 하기에 앞서 여러 번 그 일을 떠올려 생각해 보고 말하고 자꾸만 궁리하는 습관이 익어갔다. 그래서 나는 무엇을 밖에서 따로 찾거나 구하지 않고 먼저 안에서 구하고 찾으려고 시도했다.

말하자면 잘한 것도 그 원인을 내 안에서 찾고 잘못한 것도 그 원인을 내 안에서 찾는다. 자신 안에 모든 것이 다 있다는 조사의 말씀을 믿고 이렇게 내 깜냥으로 쓰면서 살고 있다.

13. 나에게 준 보배거울

스님은 자료를 매우 중요하게 생각했다. 특히 출가자로서 또는 범어사 문도로서 의당 필요한 문헌자료를 구하거나 얻으면 가까이 있는 상좌들에게도 한 부씩 나누어 주었다. 그 대표적인 사례가 대각사의 주지였던 도문스님께서 용성조사 전집을 집성했을 때였다. 그때는 스님의 건강이 여의치 않아 거동하기가 매우 불편했던 때였는데도 몸소 종로 대각사까지 가서 담당자들의 노고를 극진하게 위로하고 치하한 뒤, 동참금도 후하게 냈다.

그 후 대각사에서 불광사로 보낸 용성조사 전집 몇 질을 받았다. 여느 때처럼 나를 비롯한 사중 소임자들을 불러 그 중요성을 언급하고 한 질씩 소장토록 했다. 또 그 얼마 후, 「범어사현판기문(梵魚寺懸板記文)」과 「범어사선원 연기록·청규록(梵魚寺禪院緣起錄·淸規錄)」을 얻었을 때도 여러 부를 미리 준비(복사)하여 각자 한 부씩 소장토록 했다. 그때 스님께서는 이런 말씀을 덧붙이셨다.

"송암, 『경허집』을 보면 거기에 범어사 선원 개설에 대한 자료가 들어 있어. 아마 내 기억으로는 금강암, 안양암, 계명암 창건기에 들어 있는 것 같아. 혹시 앞으로 필요한 일이 있을지도 모르니 자료의 근거를 잘 기억해 둬."

그 당시는 스님 말씀을 듣고 적어 놓기만 했지 바로 찾아보고 별도로 자료정리는 못 했다. 게으른 탓도 있었겠지만 그보다는 당장 필요성이 느껴지지 않았기 때문이었다. 지금 '시봉일기' 작업을 하면서 비로소 그 자료를 다시 찾았다. 이런 일도 모두 시절인연이 있다고 해야 할지, 게으름 탓이라고 해야 할지 얼른 분간이 서지 않지만 메모대로 하나하나 찾아서 살펴본 결과 스님 말씀 그대로였다.

『경허집(鏡虛集)』의 서문(序文)과 기문(記文) 속에 범어사에 대한 자료가 무려 여섯 꼭지나 들어 있었다. 그 내용을 일일이 여기에 옮길 수는 없지만, 스님은 이처럼 선현들이 이룩해 놓은 근거나 자료를 매우 소중하게 대했고, 새로운 일을 할 때는 반드시 근거했고 기준으로 삼았다. 오늘날 범어사가 한국불교를 대표하는 선찰대본산(禪刹大本山)이 된 까닭은 고조제현(古祖諸賢)의 뜻과 서원이 간직되어 있었기에 가능한 일이라면, 그러한 숨결이 담긴 문헌자료야말로 이손을 비추는 밝은 거울임에 틀림없다는 생각이 든다.

14. '보현행자의 서원'을 쓴 연유

어느 때, 스님께서는 나에게 이런 말씀을 했다.

"내가 종로 대각사 시절 불광법회에서 보현행원품 강의를 했었지. 그때는 법회를 만들어 한창 성장해 갈 때였고, 우리 한국불교를 행동불교로 만든다는 포부가 있었기에 내 나름대로 열렬하게 행원품을 강의했었어. 그때는 건강도 그럭저럭 괜찮을 때였으니, 아마도 나에게 있어서 가장 좋은 시절이었다고나 할까. 그때 보현행원품 공부를 끝마치면서 아쉬움이 남아 불광 불자 모두의 다짐으로 쓴 것이 '보현행자의 서원'이야.

어떤 특별한 용도가 있어서 사전에 계획적으로 의도하여 쓴 것이 아니고, 다만 형제들과 행원품 공부를 끝내고 난 뒤에도 가슴속에서 행원품에 대한 뜨거운 서원과 환희가 자꾸만 솟아오르는 거야. 그래서 행원품 전체를 내 식으로 조감·정리했던 것이 '보현행자의 서원'

이 되었어. 어쩌면 행원품에 대한 나의 신앙이자 발원문이라고도 할 수 있겠지. 또는 불광법회 형제들이 보현행원품을 공부하고 모두 보현행자가 되기를 보현보살에게 발원 올리는 서원 공양이었다고 해도 좋을 거야.”

이후 스님께서 『불광법회요전』을 편역할 때 ‘보현행자의 서원’을 포함시키느냐 마느냐에 대해서 많이 망설였다. 스님 자신이 쓴 글을 부처님이나 조사의 글과 나란히 동석할 수 없다는 마음 때문에 몇 번이나 넣었다 빼기를 되풀이했다. 결국은 포함시켰지만 그 과정에는 나의 막무가내 고집이 작용했음을 시인하지 않을 수 없다. 내가 그렇게 하지 않았으면 스님이 넣지 않았을 테니까 말이다. 스님이 빼놓으면 내가 다시 넣을 것을 간청했고, 또 스님이 뺀 것을 넣어야 한다고 간청했다.

스님은 나의 의견을 한 번으로 들어주지 않아 재청, 삼청하여 마침내 이루어냈다. 나의 완강한 고집에 의해 넣을 것을 결정하셨는지 아니면 스님 자신이 넣고 싶은 뜻이 조금이라도 남아 있어서였는지 잘 모르겠다. 스님은 어느 날,

“사람이 고집 세기는 어떻게 한 번 마음먹으면 남에게 양보하거나 물러서는 법을 못 봤어”라고 경책의 말씀을 하면서도 밝은 눈빛으로 나를 건너다보았다. 내가 외람되고 불경스럽게도 스님의 뜻을 이겨가며 내 입장을 강경하게 내세웠던 것은 ‘보현행자의 서원’의 내용이 우선 쉬웠고 또 매우 간절하여 가슴에 뭉클 와 닿아 너무나 좋았기 때문이다.

그 후 법회에서 내가 교육담당 책임자가 된 뒤 스님께 자원하여 보현행원품 강사가 되었다. 그때 나는 보현행이야말로 반야바라밀이며 불행(佛行)이라고 역설했다. 말하자면 나는 스님과 비교할 수는

없었지만 나름대로는 보현보살 신도가 되어 있었고 행원품에 대한 나름대로의 신앙을 가졌기 때문이다.

나는 그러한 보현행원을 불광 불자들뿐만 아니라, 한국의 모든 불자들이 배워서 열렬하게 인생을 살면 바로 이 땅이 불국토가 되며, 우리들 모두가 성불의 주인공이 된다는 확고한 신앙을 가졌다. 또 반야와 행원이 불광운동의 근원일 뿐만 아니라 두 축으로 삼는다는 뜻이 있었기에 여러 모로 특별하지 않을 수가 없었다.

예로부터 우리 인간에게 세월은 마치 흐르는 물과 같고 시위를 떠난 화살과 같다고 했다. 세월은 잠시도 쉬거나 멈추지 않고 마냥 줄기차게 흘러간다. 그러기에 인간의 입장에서 보면 세월은 참 무정한 것이다. 흘러가는 물은 잠시 멈출 때도 있고 마침내 도달하는 곳도 있다. 또 나르는 화살도 힘이 다하면 떨어지는 지점이 있지만, 세월은 태고에서부터 저 아득한 미래세까지 끝도 한도 없이 흘러가기만 한다. 우리의 넋이 쏙 빠질 것만 같은 상상을 다 동원해도 그 흐름의 한계는 다 헤아릴 수가 없다.

그러한 영겁의 흐름 속에서 우리는 하루를 맞이하고, 한 주를 보내고, 한 달을 맞이하며, 일 년 내지 일생을 보낸다. 시간의 무한한 흐름 속에서 구획을 정하여 하루니, 한 해니, 일생이니, 제각각 이름하여 놓고 그것들을 거듭거듭 맞이하는 되풀이를 한다.

이 새로 맞는 이름들 속에서 인간은 자신의 진실을 규명하려고 부단히 노력한다. 삶의 기쁨, 시간 속에 살지만 시간을 벗어날 수 있는 자유, 무상(無常)을 뛰어넘는 쾌활 등, 이 모든 것을 일시에 가능하게 하는 큰 깨달음을 성취하려고 우리들은 알게 모르게 끊임없이 노력하며 살아가고 있다.

그런 인간의 수많은 방법 중에서 가장 확실한 것이 바로 이 보현행원의 삶이다. 이미 널리 알고 있는 대로 보현행원품의 주제는 '이보현행오보리(以普賢行悟菩提)'다. 이 대문을 스님께서는 행원품의 신도답게 사뭇 역동적으로 번역했다. 아니 보현행자답게 매우 간결한 역문(譯文)을 얻어냈다. 바로 법회 때마다 우리 법우들이 함께 외치는 '보현행원으로 보리 이루리'다.

이 말은 부처님의 삶이기도 하고, 또한 선사들의 삶이기도 하다. 선가(禪家)의 여러 안목 중에서 가장 대표적인 말이 '일초직입여래지(一超直入如來地)'라는 영가스님의 「증도가(證道歌)」에 나오는 구절일 것이다. 한 번 뛰어 곧바로 부처님의 땅에 이르는 것을 말하고 있다. 사실 보현행원은 증도가의 구절보다 더 근원적인 내용을 포괄적으로 담고 있으며 강조한다고 본다.

이러한 대방광불화엄경 입부사의해탈경계 보현행원품(大方廣佛華嚴經入不思議解脫境界普賢行願品)을 법회에서 공부하여 마친 뒤, 스님은 간절한 마음과 넘치는 환희심으로 발원문을 지었는데, 그것이 바로 불광의 수행 지침이자 행동불교의 강령이며 유구한 전통을 계승한 한국불교의 자랑이기도 한 '보현행자의 서원'이다. 나는 스님의 보현행원품에 대한 발원문인 이 '보현행자의 서원'을 자주 소리내어 읽는다. 어느 때 이곳 도솔산 묘향대에서 혼자 낭랑히 읽어 내려가다가 문득 말할 수 없는 감동이 가슴 가득 차 올랐다. 그때의 심정을 적어 놓은 글이 책갈피에 남아 있기에 여기에 옮긴다.

상서광명　하늘땅에　넘쳐나고
자비은혜　가슴마다　출렁이네
곳곳마다　울려대는　태평가에
산하대지　덩실덩실　춤을추네.

15. 불광 바라밀 교육이 시작된 날

1986년 10월 28일 불광의 신도교육이 드디어 시작되었다.

우선 불광 불자로서 불법을 수행해 나가는 데 꼭 알고 있어야 하고 몸으로 실천해야 할 항목만 뽑아서 교과과정으로 짰다. 불광 불자의 수행생활의 기본을 확립한다는 뜻으로 '불광 바라밀 교육'으로 명명했다. 스님은 신도들에게 무엇을 가르쳐야 한다는 것을 오랜 교화 전법활동을 통해 충분히 알고 있었기에 나는 스님의 말씀을 받아 적어서 그대로 시행하기만 하면 되었다.

오늘날에는 각 절마다 신도들에게 불자 소양교육을 하는 것을 당연한 것으로 받아들이고 있다. 심지어 산골 절에서도 동네마다 경운기를 몰고 다니면서 신도들을 태우고 절로 오거나 아니면 마을회관을 빌려서 교육을 하는 정도다.

이러한 한국불교의 일신(一新)이 바로 불광의 등장으로부터 비롯되었다. 말하자면 불광의 바라밀 교육이 한국불교의 방향을 새로 잡았다는 말이다. 그러나 이 엄연한 사실을 아는 사람은 많지 않다. 아무튼 그런 분위기가 전국으로 번져 나가자 그 여파로 너도나도 불교 교육에 적극 나섰던 것이다. 불광 바라밀 교육에 이런 중차대한 뜻이 있었으니 어찌 불광에서 처음 교육을 시작한 날을 잊어버릴 수 있으며 그 뜻을 망각할 수 있겠는가.

그로부터 불광의 새 물줄기운동은 교육을 통해서 더욱 공고화되었고 반석 위에 올려졌다.

16. 스님의 풍수지리

스님의 생각에는 먼지 하나 붙을 수 없고, 군더더기 하나 붙을 수 없는 명징(明澄)이다. 불필요한 군더더기나 사족(蛇足), 예외적인 것들과는 일찌감치 거리가 멀다고 해야 할 것이다. 그렇다고 스님은 마냥 무미하고 건조한 것도 아니다. 오히려 윤택하고 풍성하다. 어느 때 바라보아도 넉넉하다. 마치 실성한 사람이 사람이나 사물을 대하듯 아무런 미리 지어먹은 생각이 없다. 주변 사람들에게 곧잘 우스개나 농담도 잘한다. 일상의 유머에도 재치가 있고 교훈이 듬뿍 들어 있다.

그런 스님의 모습을 찬찬히 살펴보노라면 나도 모르는 사이 웃음이 '쿡' 터져 나온다. 그래서 나는 스님 앞에서 까닭없이 실실 웃을 때도 많았고 덩달아 스님처럼 실성(?)한 사람이 되어야지 하는 다짐을 한 때도 있었다. 그러한 스님을 곁에서 찬찬히 보고 느끼며 '도인은 작을 때는 겨자씨도 감당을 못하고 클 때는 하늘 땅도 부족하다'는 옛이야기를 떠올린 때가 여러 번이었다. 앞에서 말한 대로 나는 스님과 함께 살면서 스님의 구석구석을 보고 이해하였다. 물론 나의 관견(管見)으로 본 것이고 이해한 것이긴 하지만, 설령 그렇더라도 스님의 일상은 여여하여 그대로이다.

스님의 자연관은 우리의 옛말로 하면 '풍수지리(風水地理)'에 대한 이해라고 말할 수 있을 것 같다. 사람에 따라서는 풍수지리를 자연을 이해하는 하나의 학문이나 이론으로도 보는 것 같다. 조상님들이 이해하고 있던 풍수지리가 그런 근거를 잘 갖추고 있기 때문이리라. 스님도 풍수지리에 대해서 어느 정도 그 점을 인정한 것 같다. 집 지을 터를 살피거나 찾을 때, 스님은 주변 여건(산세나 산 모양)에 대해 매우 합리적으로 꼼꼼하게 따져본다. 그러다 보니 자연히 풍수지리의 구조와 토대에서 주변을 살핀다. 땅 모양, 땅의 좌향(좌는 집이 들어설 뒤쪽 방향을 말하고 향은 집의 앞쪽 방향을 말함), 주변의 형세(집이 들어설 땅 주위를 지나는 물길과 땅을 감싸고 도는 산세의 모양) 등, 여러 분야를 세세하게 살펴서 종합적으로 판단한다. 사전에 철저하게 분석하여 맞추어 보고 그 어느 곳도 부족한 점이 없어야 비로소 좋은 터가 된다는 것이다. 그렇게 살피고 또 살펴서 가장 안정적인 곳에 사람이 살 터전인 집을 마련한다.

흔히 세간 사람들이 우리 나라 풍수지리의 원조를 나말여초(羅末麗初)의 도선국사로 꼽고 있다. 그러나 불교 입장에서 도선국사는 풍수지리 사(師)라기보다는 부처님의 가르침에 충실한 모범적인 불자일 뿐이다. 도선국사는 평생을 오직 부처님 가르침대로 충실하게 살았기 때문이다. 생각해 보면 팔만대장경의 모든 가르침은 인간과 자연은 둘이 아님을 일러주고 있다. 그 말만을 따로 떼어서 오늘날의 언어로 말한다면 자연주의라고도 할 수 있을 것이다.

우리가 삶의 터전으로 몸을 담고 있는 이 땅덩어리는 그대로 하나의 거대한 생명체이다. 좀더 확대해서 말한다면 우주 전체를 하나의 거대한 생명으로 봐야 할 것이다. 스님은 일찍이 국토를 흙과 돌, 나무와 풀들이 모여서 이루어진 무감각의 땅덩어리라고 말하지 않았다. 살아 숨쉬는 '국토생명' '조국생명'이라고 늘 말했다. 그래서 스님은 삼라만상 우주만물의 원래 모습을 좋아했다. 그래서 제각각의 태초 모습인 원형을 보호하고 존중했다. 돌덩이 하나라도 함부로 깨뜨리거나 풀 한 포기라도 이유 없이 뽑거나 해치지 않았음은 당연하다.

행여 길을 가다가 산을 파헤쳐 놓았거나 나무를 벌목해 놓은 것을 보면 마치 자신의 육신이나 되는 듯이 아파하고 괴로워했다. 그랬기에 스님이 자연을 보호한다는 말은 거리가 있다. 보호한다는 말도 끼어 들 틈이 없는 자연 그 자체라고 해야 한다.

그러므로 우리 인간이 자연을 보호한다는 것은 결국 자신을 보호하는 것이 된다. 오늘날 가능한 범위 내에서라도 자연을 조금이라도 덜 훼손할 수만 있다면 인간은 그만큼 행복을 오래 누릴 수 있을 것이다. 그렇지만 방자하게 파헤치거나 함부로 훼손하면 인류 전체가 곧 불행에 빠질 것은 굳이 철학자의 무슨 특별한 말을 빌리지 않더라도 보통 사람인 우리 눈에도 너무나 명약관화(明若觀火)한 사실이 되었다.

우리 조상님들은 자연에 대한 이해를 깊이 하면서 함께 살아왔다. 그러한 생명의 원리를 일찍부터 이 땅에 적용시켰기에 사람들은 누가 알든 모르든 무분별하고 방자하게 자연을 마구 파헤치는 일을 못했다. 한편 명당을 가리고 찾는 일에 너무 매달린 감도 없지 않지만 긍정적으로 보면 도선국사의 '국토생명'관에 의해 산천은 더욱 의연해졌고 신비해졌으며 그 수명이 오래 떨쳤기에 오늘의 조국 강산에 이르렀다고 본다.

스님은 도선국사를 국토생명을 수호한 사상가라고 추증하여 불렀다. 만약 우리 역사에 도선국사가 등장하지 않았다면 지금 우리 국토가 어떻게 되었을 것인가를 뒤집어 생각하면 스님의 도선국사 존경을 조금이나마 이해할 수 있을 것이다. 스님이 생명 문제[參禪]에 온몸을 던져 필사적으로 그 해답을 찾을 때 인간 생명의 근원인 불성은 말할 것도 없고 내외명철(內外明徹)의 만고 법리에 따라 국토생명이라는 말도 함께 떠올랐을 것이다.

사람 생명이나 국토 생명이나 클 때는 커야 하고 작을 때는 작아야 하리라. 그렇게 능소능대(能小能大)로 작용할 줄 아는 것이 지혜이며 자재(능력)라고 생각해 본다. 천재와 천치는 같은 맥락이고 범부와 성인도 한 줄기 흐름일 뿐이다. 그러기에 대우(大愚)가 대지(大智)요, 미진(微塵)이 시방세계라는 말이 성립되지 않았을까?

스님 조어(造語) 능력의 근원은 내가 넘볼 수 없는 곳이며, 또한 내가 감히 넘을 수 없는 큰 산과 같다. 즉, 다음의 말을 보면 누구나 알 수 있고 수긍할 수 있을 것이다. 바로 '조국생명,' '국토생명'이라는 말, 말이다. 우리는 여기서 반야가 진리의 원형을 남김 없이 개현시킴을 알게 된다. 다시 말하면 '조국생명'이라는 말은 반야에서 등장한 말이다.

그러므로 반야가 통일의 원리가 돼야 하고 자연보호의 원리가 돼야 하고 모든 사람들의 삶의 중심이 돼야 하는 까닭이 여기에 있다. 이 말은 참신하고 진리에 잘 부합하기에 스님 일생동안 종횡무진 구사했고 마음껏 드날렸던 깃발과 같다.

17. 출격장부

세간에서 남자다운 남자를 일컬을 때 장부(丈夫)라고 말한다. 또한 여자 중에서도 걸출한 인물을 여장부라고 한다. 장부나 여장부로 불리는 사람들은 키가 크다거나 힘이 세서 불려지는 호칭은 아닌 것 같다. 육체적인 힘보다는 오히려 마음이 넓고 커서 남이 쉽게 하지 못하는 것을 해내는 사람이 아닌가 한다.

도저히 용서할 수 없는 남의 커다란 잘못을 용서하고, 견디지 못하는 자신의 한계를 너끈히 견디고, 쉽게 이루지 못하는 것을 의연히 해내는 것을 말하지 않겠는가 하는 생각을 해본다. 아무튼 장부는 용맹심과 인내심과 지혜를 두루 갖추어 남이 가지 않았던 길을 성큼성큼 가는 것이라는 생각도 해 본다.

우리 절집에서도 이와 유사한 말이 있는데 바로 출격장부(出格丈夫)다. 글자대로 말하면 인간 세상의 틀을 훨출하게 벗어난 사람이다. 여기에서 조심할 것은 인간 사회의 정해진 틀을 벗어난다고 하는 점이다. 이 점은 사람이 살아가는 데 아무런 원칙도 없고 예의나 타인에 대한 배려도 없이 자기 마음 내키는 대로 행동하거나 또는 제멋대로 종잡을 수 없는 인생을 말하는 것이 결코 아니다. 좌충우돌의 경거망동이나 헷갈리는 천방지축이 아니라, 마음 씀씀이가 오직 대자대비로 능소능대(能小能大)한 것을 의미한다고 보면 되겠다.

마음이 클 때는 그야말로 하늘과 땅도 감당할 수 없고, 마음이 작을 때는 겨자씨보다 더 작은 경지를 뜻하는 것이 능소능대이다. 일상을 살아가는 사람의 마음은 한량없이 크기만 해서도 안 되고 무조건 작기만 해서도 안 된다. 상황에 딱 맞추어 클 때는 그 즉시 커야 하고 세밀할 때는 그 즉시 세밀해야 하는 법이다. 또 이것은 자신의 입장이나 자기 위주의 판단이 아니라 순수하게 남을 위한 기준이어야 한다는 것, 즉 대자대비를 말하는 것으로 보면 된다. 이런 마음의 씀씀이(능소능대)는 딱딱한 마음상태에서는 절대로 불가능이다. 오로지 그 마음이 한없이 부드러운 경지에서만 가능한 일. 아니, 부드럽다는 말마저도 사라진 상태(無心)가 능소능대, 완전자재의 경지인 묘용(妙用)이다.

스님의 자비일상(慈悲日常)은 어느 때나 지극하고 온유하여 한없이 부드러웠다. 강한 구석이라고는 거의 느껴볼 수 없는 온유(溫柔)

284

그대로였다. 그러하기에 사람을 대하고 일을 처리해 가는 과정에서 스님 모습은 자비의 화신, 그 자체였다고 하면 좋겠다. 아니면 물 흐르듯 한 자연의 순리였다고 해도 좋겠고. 그러므로 스님은 무슨 일을 하든 조금도 어색하지 않았고 무리수가 따르지 않았다.

그러나 자신을 이기고 부처님의 법을 지키는 일에 있어서는 굳세기가 그 어떤 장사(壯士)도 대적할 수 없는 여여부동(如如不動)이었으니 마치 산악과 같다고 할 수도 있고, 눈으로 바라보기 어려운 망망대해와 같다고도 할 수 있다. 참으로 놀라운 장면 전환이라고 말하지 않을 수 없다. 나는 그러한 스님의 능소능대를 보면서 도대체 저런 힘이 어디서 나올까 하고 의아한 생각을 가진 적이 많았다.

생각하면 스님은 역시 반야행자였다. 반야는 어디에도 걸리지 않는다. 반야는 개아와 집단의 개성을 전부 살려 주면서도 서로 모순 없는 관계를 잘 성립시켜 준다. 또한 반야는 개인의 완성, 민족과 사회와 인류 모두가 완성되는 궁극의 길이다. 반야는 개(個)와 전(全), 별(別)과 총(總), 미(微)와 대(大)가 조화롭게 어우러진 무진묘용(無盡妙用)이며, 만행원만(萬行圓滿)의 구극(究極)이다.

나는 스님의 그런 분위기에 싸여 살면서 참다운 도의 경지를 펼쳐 가는 출격장부의 일체사는 무심에서 비롯된다는 것을 알았다. 한없는 부드러움, 연약하리 만큼의 부드러움에서 출격장부의 면모가 비롯된다는 사실을 스님의 일상을 통해 느낄 수 있었다는 고백이다. 스님은 노쇠와 병약의 육신을 통해 장부 중의 장부의 모습인 출격장부의 진정한 모습을 드러내 주었다. 출격장부의 다른 이름은 병과 죽음도 어쩌지 못하는 불로불사(不老不死)이며, 아무리 사나운 비바람이나 천둥 번개도 물들이거나 방해하지 못하는 '푸른 하늘'이라고나 해야 할 것이다.

18. 용맹과 원력

스님은 매사가 남달랐다. 무슨 일이든 그 일을 하기에 앞서 주도면밀하게 분석하고 다각도로 검토하고 고구(考究)했다. 일을 할 때는 대충 하는 법도 없고 얼렁뚱땅 넘어가는 법도 없다. 스님이 평생 한 일은 불사였지만 새로운 불사를 할 때나 기존의 일을 할 때나 먼저 심사숙고했다.

스님 정도의 법랍(法臘)과 경험이라면 웬만한 불사에 대해서는 박사처럼 생각할 수도 있었을 터인데 전혀 그렇지 않았다. 아무리 익숙한 일이라고 하더라도 생전 처음 하는 일로 생각하여 처음부터 연구하고 노력하는 조심성과 치밀함을 보였다.

그랬기에 일을 보는 관점과 처신하는 입장은 매우 유연하고 다양하여 폭이 넓었다. 그래서 스님의 생각은 언제나 참신하고 창의성이 넘쳤다. 어쩌면 법고창신(法古創新)이라는 말은 스님에게 썩 잘 어울리는 말이 아닐까 하는 생각이 든다. 왜냐하면 스님은 철저하게 전통을 의지하고 근거로 삼았지만 또 거기에만 전적으로 매달리지도 않고 적극적으로 시대의 흐름을 읽으며 앞으로 나아가는 선도적인 역할을 자임했기 때문이다.

그런 시대적 사명감을 스님의 불사에서 볼 수 있다는 것은 결코 흔한 일은 아닌 것 같다. 불사를 해도 남들과 달랐던 점은 바로 법고창신, 이 점이라고 본다. 단지 스님이 한국불교의 정통성을 계승한 조계종의 한 수행자라고 하여 무조건 과거 스님들의 관행을 답습하지는 않았다는 것은 스님 스스로가 불광을 한국불교의 '새 물줄기'로 자임한 것을 보면 이미 다 드러난 사실이다.

거듭 말하거니와 불사를 지어감에 한국불교의 오래 된 관행대로 만 따르지도 않았고, 새로운 물결에 휩쓸려 정신없이 흘러가지도 않았다. 무슨 일이든 새로 생각하기를 좋아했고 뒤집어서 생각하며 관점을 달리하여 바라보고자 하는 노력을 게을리 하지 않았다. 과거에 그렇게 해왔다고 마냥 따르거나 무조건 받아들이지 않는 독자성과 진리에 대한 바른 이해를 바탕으로 한 역사의식으로 오늘의 현실을 바라보았고 미래를 예견했다. 그랬기에 이미 많은 사람들이 걸어온 길도 다시금 바라보는 새롭고 폭 넓은 시야를 가졌다고 생각한다.

대개 일반인들의 마음속에 불교라고 하면 으레 고행을 떠올리고 또 막연히 자비를 생각한다. 마치 누구에게나 볼 수 있는 흔한 인정 정도가 불교의 자비로 여긴다. 그들의 생각 속에 담겨진 고행은 욕망을 억눌러 사람의 한계를 벗어나서 돌이나 나무처럼 감각이 없는 상태를 그리는 경우가 대부분이다. 그렇기 때문에 우리들의 사회문화의식 중에 '불교는 욕망의 억제'라는 관념이 남아 있어서 절에 가거나 수행자들을 만나면 자기도 모르는 사이 그런 등식을 가지고 대한다. 이것은 비단 일반인들뿐만 아니라 다수의 출가 수행자들이나 재가불자들도 그렇게 생각하고 있다.

그래서 무슨 일이든 차분하게 눈을 내리깔고 침착하게 처신하는 것만을 도가 높은 사람의 경지로 보려고 한다. 일반인들이 수행자들을 보는 기준은 눈을 내리깔고 있는 것을 모든 욕망을 떠난 상태라고 생각한다. 만약 그렇다면 매사에 무기력하고 소극적이며 타성적이고 내지 패배주의에 휩싸인 것 같은 나른한 모습이 불교의 얼굴이며 붓다가 추구한 이상이었을까를 되묻지 않을 수 없다.

스님의 법문을 잘 들어보면 결코 욕망을 버리라고 말하지 않는다. 오히려 욕망을 한층 더 크게 키울 것을 요구한다. 작은 탐욕이 아닌 큰 욕망, 즉 자기 일신이나 가족만을 위한 탐욕이 아니라 이웃과 사회를 위하고 나라와 인류를 위한 굉장한 욕망을 갖기를 바라며 권하고 있다. 스님이 쓴 글에서도 이런 이야기가 많지만 특히 설법 중에는 나 아닌 남을 위해서 매우 커다란 탐욕을 갖기를 시종 역설하고 있는 것을 볼 수 있다.

스님 방식의 불교는 수행이 깊어질수록 오히려 더 큰 욕망을 갖는 것을 의미한다. 인간 각자가 가지고 있는 작은 탐욕을 애써 버릴 것이 아니라 더욱 크게 키우라고 부추기고 설득하고 권하며, 내지 그 길이 보살의 길이며 불교의 궁극임을 말하고 강조한다고 하면, 이런 말을 처음 듣는 사람은 매우 놀라거나 의아심을 갖게 될지도 모른다. 지금까지 불교를 봐온 고정관념에 사로잡힌 시각 때문에 말이다.

스님은 '모든 것을 아낌없이 버려야 한다. 모든 것을 사정없이 억눌러야 한다. 모든 것을 철저하게 부숴 버리고 없애야 한다'는 식으로 인간 삶의 방향을 잡지 않았다. 인간이 가지고 있는 근원적인 에너지를 고스란히 인정한 가운데 그 방향만 올바르게 열어 주었다. 이것을 불교적으로 쉽게 이야기하면 인간의 무한욕망을 보살의 무한원력으로 바꾸어 놓았다.

그런 스님의 가르침을 따랐던 불광 불자들은 일상 생활에서 항상 힘이 넘쳤고 행동이 활활 넘쳤고 진리가 펄펄 살아 움직였다. 그들은 결코 주위가 어둡다거나, 길이 아득하다거나, 앞이 보이지 않는 까만 심연이라고 탄식하지 않았다.

오히려 불교를 믿기 전보다 더욱 밝고 희망적이며 정열적이었다. 어느 때나 무엇을 할 때나 정의롭고 당당했으며, 그것을 자신의 인생으로 삼았다. 그것은 곁에서 함께 보는 사람들에게도 새로운 힘과 용기를 불러 일으켰다. 모두가 함께 해도 좋은 인간 세상의 아름다운 일이 되었다.

찬불가를 불러도, 경전을 독송해도, 절을 해도, 초파일 제등행렬을 펼쳐도, 자광원에 봉사를 가서도, 가정살림을 할 때도 그 힘을 잃지 않았고 따로 한쪽에 챙겨두지도 않았다. 그들은 무적의 용사들처럼 씩씩했고 태양처럼 에너지가 넘쳤다. 한국불교에 사자 같은 위엄과 코끼리 같은 용맹으로 구세보살의 원력을 표징한 스님, 그래서 스님의 가르침은 언제나 새 물줄기였다.

19. 율장(律藏)을 공부하는 참뜻

율장의 계목(戒目)을 통해 세존의 생생한 가르침과 진리의 모양을 현실 세간에서 보고 얻는다. 그러기에 출가 수행자의 여법한 위의와 세행은 모두 율장을 근거하고 있음은 말할 나위 없다. 그뿐만 아니라 세존의 한량없는 지혜와 자비도 모두 율장에서 보고 배운다. 이심전심으로 전하신 문자 밖의 참 소식도 율장을 통해 현실 세간에 떨치게 됨은 새삼 강조할 필요도 없이 스스로 명백한 것이다.

그래서 스님은 항상 율전(律典)을 머리맡에 가까이 두고 생활했다. 그때그때 율전을 열어서 확인하고 궁구했다. 그런 스님의 모습을 보고 나는 속으로, 스님같이 노련한 분이 무엇이 부족해서 저렇게 율전을 자주 펼까 하는 의아심을 내곤 했다. 그것은 뭘 모르는 아주 부족한 생각이었다. 어느 날 스님께서,

"우리 한국불교에서는 율사만 율을 공부하거나 지키거나 하는데, 이것은 매우 잘못된 일이야. 출가자라면 누구나 율사가 돼야 하고 율 박사가 돼야 해. 율은 결코 율사의 전유물이 아니란 말이야. 내가

한국불교의 새 물줄기임을 외치고 나서, 그동안 계속 굳어 내려온 여러 가지 관행에 대해서 개선하려고 많이 노력했지. 그런 생각을 한 근거와 의지처가 전부 율전이었어. 나는 또 출가자들이 율 따로 수행 따로 대하는 그릇된 태도를 바꾸려고 했어. 앞에서 말했다시피 율에 대해서는 전문가가 따로 있어서는 안 된다는 생각 때문이었어. 출가자는 모두가 '율' 전문가가 돼야 하고, 그들의 삶은 오직 '율'을 근거로 삼아야 한다고 보았기에 말이야.

나는 처음 절에 살 때부터 조실스님(東山大宗師)의 말씀을 듣고 율의 중요성을 생각했고, 또 율에 대한 공부나 불교에 대한 공부를 하면 할수록 율이야말로 창의적이고 적극적인 가르침이라는 생각을 떨칠 수가 없었지.

일찍이 우리 나라의 삼국시대 백제에서는 겸익대사가 인도에 가서 율을 들여왔고, 그것을 신율(新律)이라고 하지 않았겠어. 아마도 이미 기존의 율이 있었기에 겸익대사가 들여온 율을 따로 이름하여 신율이라고 했겠지. 이것은 겸익대사가 몸소 인도로 가서 율 공부를 했다는 것과 그때 새로운 율전을 가지고 들어왔다는 뜻을 동시에 전하는 말이라고 생각해.

그때 들여온 율이 기존의 율과 달라서 신율이라고 이름했다기보다는 겸익대사가 율에 대한 공부를 깊이 하여 새로운 해석을 했다는 뜻이 아니었을까를 생각해 봐야 해. 이 점은 매우 놀라운 일이야. 백제불교만의 새로운 면모나 특성일 수도 있고 뛰어난 점일 수도 있겠지.

이제 우리는 율에 대한 새로운 자세와 인식으로 수행자 상을 다시 만들어야 하고 모든 불자들의 생활을 가다듬어가야 한다는 사실을 간과해서는 안 된다고 보아요. 거듭 말하거니와 율에 대한 한국불교의 관행에만 얽매이지 말고 새로운 인식과 검토가 필요하다고 생각해. 그런 과정 없이는 부처님의 참뜻을 찾는 일과 우리들의 현실적인 수행과는 거리가 멀어질 수도 있고 보다 발전된 한국불교의 미래를 기대하기도 어렵다고 생각해요. 아무쪼록 송암은 이 점을 분명히 해서 한 쪽 팔만 움직이는 사람이 되지 말고 두 팔 모두 잘 쓰는 사람이 되도록 해.”〔『시봉일기 2』(징검다리) 14쪽, ‘스님과 계율’ 참조〕

20. 스님의 인사성

사람이 함께 어울려 살면서 서로 화목하게 지내는 비결로는 인사만큼 중요한 것이 없다고 본다. 그러므로 인사는 인간관계에서 가장 기본적인 필수사항이고 반드시 지켜야 할 의무덕목이 아닌가 생각해 본다. 또 인사는 자기의 존재를 상대에게 알리는 신호이기도 하고, 악화된 관계를 원활하게 하는 윤활유 역할이나 가슴에 맺힌 것을 풀어내는 연결고리 역할을 한다고도 하겠다.

그리고 인사야말로 가장 확실한 당사자의 인품이라고도 할 수 있다. 왜냐하면 그 사람이 가진 인품의 모든 것을 가장 짧은 순간에 꾸밈없이 고스란히 드러내야 하기 때문이다. 누구나 자신의 모든 것을 한꺼번에 쏟아 붓듯이 드러내는 것은 인사 외에 다른 것은 거의 없을 것 같다. 인사하는 사람의 다정한 눈빛이나 친절한 말씨, 세련된 몸 동작은 극히 짧은 순간에 총체적으로 나타난다.

그러기에 우리는 거기서 인사하는 사람의 됨됨이를 보고 인간성을 느끼며 그가 갈고 닦아온 인품의 깊이를 잰다. 때문에 인사는 가히 그의 모든 것을 가름하는 척도가 된다 해도 지나치지 않을 것이다.

또한 간단하게 차리는 인사말 한마디는 매우 핵심적이다. 어쩌면 긴 연설보다 짧은 연설하기가 더 어렵듯이 우리가 인사하면서 나누는 핵심적인 말 한마디는 짧은 연설처럼 매우 어려운 것이 될 수도 있다. 이렇게 중요한 인사말을 적당히 우물쭈물 얼버무리는 식으로 넘어갈 수는 없는 일이다.

아무튼 제대로 된 인사 속에는 따뜻한 눈빛, 세련된 몸짓, 정다운 인사말 등 갖추어야 할 사항이 많다. 이런 실다운 인사를 하기 위해서는 우선 그 자신이 겸손해야 하고 정신이 안정되어야 하며 삶의 공평성이 확립되고 잘 지켜져야 한다. 그리고 이러한 것이 구비되었다 해도 인사에는 시의성이 있다. 즉 때를 놓친 인사는 자칫 허례허식이 되기 쉽기 때문이다. 성의가 없는 일이나 인사는 빈 껍질 같거나 겉치레같이 보일 수도 있기에 말이다.

잘 갖춘 인사는 우선 인사하는 사람이 교만해서는 안 된다. 교만한 마음으로 하는 인사는 차라리 인사하지 않는 것만도 못한 결과를 초래한다. 그 다음이 인사하는 사람의 마음에 안정감이 있어야 한다. 인사는 짧은 시간에 인간성의 진실을 주고받는 통로이고 의례이다. 그런데 안정감 없이 뭔가 허둥대거나 들떠 있으면 이 또한 엉뚱한 결과를 초래하고 만다. 즉 상대에게 결례를 범한다는 것이다.

마지막으로 인사는 누구에게나 공평하고 한결같아야 하며 은근하고 정중해야 한다. 인사의 말이나 표정, 동작이 상대에 따라 차별을 느낄 정도로 달라서는 안 된다. 나이에 따라 다르거나 사회적 신분에 따라 다르다면 틀림없이 그 사람은 타인으로부터 진실을 의심받게 될 것이다. 왜냐하면 사람을 공평하게 대하지 못하는 치우친 인간성을 가졌기 때문이다. 이 밖에도 인사에 대해서는 많은 부분들이 있겠지만 여기서는 이쯤 해 두고 본론으로 들어가겠다.

스님의 인사는 도(道)였다. 항상 살아 숨쉬는 생활 속의 도 말이다. 세간의 예의범절이라는 딱딱한 격식을 넘어선 자못 생동감 넘치는 인간의 순수, 그 활발발의 또 다른 모습이 스님의 인사였다. 이 같은 스님의 인사는 어디서나 그 누구에게나 넘치지도 않고 모자라지도 않고 다르지도 않고, 그렇다고 천편일률로 같지도 않았다. 항상 적절했다. 스님의 일상사(日常事) 중의 가장 멋진 일상사는 단연 남과 나누는 인사였다. 말하자면 스님의 모든 것이 고스란히 나타나 있는 그대로였다.

쉬운 예로 스님이 남에게 책 한 권을 받거나 축하의 말 한마디를 듣거나 또는 덕담 한마디를 들었을 때라도 그냥 묵연히 넘기는 법이 없었다. 반드시 거기에 합당한 인사를 그것도 때를 놓치지 않고 전했다. 무시로 불광사 법주실을 방문하는 그 많은 분들께 조금도 어긋나지 않는 인사를 잘도 차렸다.

그러나 자칫 인사가 지나치면 남에게 부담을 주거나 격식에 갇힌 사람으로 오해받을 수도 있고, 또 인사가 모자라면 거만하다거나 몰상식한 느낌마저 주어 상대에게 불쾌감을 줄 수도 있다. 그래서 인사는 흔하고 짧으면서도 매우 어려운 것이다.

스님의 인사에 대한 예가 하나 있다.

생각하건대 아마 1986년, 불광사에서 유치원[『시봉일기 1』(내일이면 늦으리), 192쪽 참조]을 짓기 위해 선서화 전시회를 개최했을 때였다. 행사가 다 끝나고 작품을 출품해 준 작가 선생님들께 보낸 '감사의 말씀'이 스님의 친필로 나의 노트 사이에 남아 있는 것을 발견했다. 사실 작가 선생님들께는 이미 인사를 여러 번 한 뒤였다. 작품 수집이 끝났을 때도 했고, 전시장에서도 했다. 그런데도 전시회가 끝난 뒤 다시 인사를 차렸다. 스님의 일상 면모를 말해 주는 중요한 단서가 될 수 있다는 생각이 들어 스님의 친필을 그대로 실어서 스님의 인사에 대한 면모를 확인하려 한다. 동시에 내가 말한 스님의 인사성에 대한 부동의 증거물로 삼았으면 한다.

감사의 말씀

저희들이 이번 선서화·도예전을 개최하면서 존당이 지극한 원력이 깃든 수일한 작품들을 다수 기탁하여 주심과 아울러 간곡하신 지도를 힘입어 진법 공덕과 불교문화 창달의 뜻을 크게 선양할수 있었읍니다.

동시에 작품이 진실수장가들에게 소장하는바 되어 길이 빛을 발하고 또한 전법도량건립기금 조성에도 크게 도움이 되었읍니다.

이에 삼가 길이 불은이 함께하셨을 기원하오면서 심심한 감사를 드립니다.

1986. 6. 24
佛光寺·佛光法會
광덕 합장

21. 크게 얻는 것

설령 내가 아무리 기상천외(奇想天外)의 이야기를 한다 해도, 또는 부처님의 광장설(廣長說)을 그대로 옮겨 놓는다 해도, 듣는 사람이 마음을 열지 않으면 아무런 이익이 없을 것이다. 비록 작은 것이라도 마음을 활짝 열고 받아들였을 때 거기에는 느낌도 있고 깨달음도 있다.

도를 얻는 것도 그 원리는 앞의 말과 조금도 차이가 없다. 그러므로 마음을 크게 열었을 때 도(道)는 그의 것이 되고 무엇과도 비교할 수 없는 큰 이익을 얻는다. 비로소 그의 안목이 열리고 새로운 힘이 생기며, 참으로 묘한 이치를 깨달아 동서남북 어디를 가나 참 주인으로서 그 면모를 과시하여 뛰어난 역할을 할 수 있다.

앞에서 말한 바와 같이 마음을 열었을 때 우리는 이웃과 고통을 나눌 수 있으며, 나눔으로 말미암아 우리는 이웃과 둘이 아닌 세계에 든다. 수행을 함께 하면 수행으로 둘이 아니고, 남 돕는 것을 함께 하면 남 돕는 것으로 둘이 아니라는 말이다. 나아가 이렇게 서로 아끼고 위하는 마음으로 둘이 아니었을 때, 고통 가운데 기쁨이 있고 괴로움 가운데 안락이 있다는 사실을 비로소 안다.

이와 같이 세상이 원래 나뉘어져 있지 않음을 아는 사람은 먼저 마음을 활짝 연 뒤 행을 통해 세상의 진실면모를 본다. 원래 나뉘어져 있지 않은 원 상태를 회복하려고 하거나 둘이 아닌 세상의 원형을 찾으려고 하는 사람의 노력은 결코 남과 경쟁하거나 대립하지 않는다. 즉 모순의 갈등 속에서 승리를 바라지 않는다. 자기와 상대는 원래 나뉘어져 있지 않음을 잘 알아서 오직 둘이 아닌 믿음으로 서로 협력하여 모두가 잘 되는 길을 찾고 거기서 일체를 얻고자 한다.

우리가 인생을 살면서 남과 더불어 살아야 할 공존공영의 법칙을 잘 알아야 한다면 그것은 바로 각자의 마음을 활짝 여는 일이다. 자신의 마음을 열면 당장 무한한 힘이 생긴다. 걸림 없는 무장애의 세계가 나타나기 때문이다.

무장애의 세계는 바로 고통과 장애는 원래 없는 세계이다. 다만 일의 진행과정에 어려움이 있는 듯 보이는 것은 더 큰 성장과 성공을 위한 계기이며 토대일 뿐이다. 사실은 그 속에서 성장이 있고 진정한 성공이 있으니 말이다.

그러므로 의당 생사의 고통 가운데 열반의 기쁨도 있다. 해서 철저하게 생사와 열반을 둘로 나누어 보면 안 된다. 이런 원리, 마음을 활짝 여는 법칙 위에서 우리는 불법으로 둘이 아니고 수행으로 둘이 아니고 믿음과 정진으로 둘이 아니었을 때 진정 참다운 불자일 수 있을 것이다.

이런 진실의 토대 위에서 가족은 사랑과 존경으로 나뉘어지지 않고, 친구는 우정과 신의로 튼튼해지고, 사람과 사람은 진리로 인연되어진다. 그래서 우리는 따로 버리고 취하거나 나누고 떠나야 할 그 무엇이 도무지 없다. 그리하여 저 높은 곳을 오르기 위하여 우리는 따로 비장의 카드를 준비하지 않아도 되고 선택받지 않아도 되는 것이다. 마음을 활짝 열고 인생을 살면 말이다.

스님은 이 점에서 마음을 활짝 여는 것이 무엇을 뜻하는지를 전 생애를 기울여 우리에게 잘 보여 주고 있다. 송나라의 무문혜개(無門慧開) 선사가 말한 대도무문(大道無門)의 삶을 보여 주었다는 말이다. 대도무문의 뜻은 불광의 반야운동을 천착하면 된다.

22. 스님의 날

　우선 독자들이 '스님의 날'이라고 하면 매우 생소한 말로 들릴 것이다. 그것은 지금까지 한국불교 어디에서도 거의 들어보지 못한 말을 처음 듣기 때문일 것이다. 이 말을 만들고 이 날을 제정한 원조는 바로 스님이다.

　평소 스님은 불교 발전에 있어서 출가자의 역할이 매우 중요하다고 생각했다. 사실 그런 생각이 어디 스님뿐이었겠는가만은 스님은 구체적으로 '스님 상'을 정립했다는 점에 있어서 생각만 하고 있는 여타의 경우와는 다르다는 말이다. '스님 상'의 구체적인 표현이 바로 제정한 이래 매년 빠짐없이 경건하게 행사를 한 불광의 '스님의 날'이다. 이 '스님의 날'은 출가자가 자신의 길을 깨닫고 자신에게 주어진 사명을 자각하는 날이다. 재가자가 출가자에 대해서 경배하고 찬탄하는 것은 다른 의미에서는 출가에 대한 각성을 촉구하는 것과 같은 뜻을 지닌다.

　여타의 경우 사람에게 기대가 있으면 나무라기도 하고 비난도 하고 애정 어린 충고도 하고 더 간절하게는 채찍도 휘두를 수도 있다. 재가의 많은 불자들도 출가한 수행자들에게 그런 방식을 쓰는 경우도 있다고 본다. 그렇지만 스님은 그런 방식을 쓰지 않고 매우 독특한 방식을 사용했다. 즉 찬탄으로 격려하고 섬김으로 촉구하는 마치 지상(地上)의 방법이 아닌 천상(天上)의 고준한 방법으로 출가의 길을 깨우치고 사명을 북돋웠다는 생각마저 든다.

　그러므로 '스님의 날'이라는 의식 속에는 모든 불자들이 갖고 있는 하나의 뜨거운 염원이 녹아 있다고 봐야 한다. 단지 앞에서 말한

대로 표현방식이 전적으로 스님다운 것만 다를 뿐이다. 그런 스님은 출가의 길은 오직 출가자 스스로의 준엄한 자긍과 면밀한 자각을 통해서 자신의 삶을 엄격하게 갖춰가야 된다고 생각했다. 조금이라도 외부에서 가해지는 물리력에 의한 자긍이나 자각을 염두에 두지도 않았고 바라지도 않았다. 그런 것은 우선 스님 자신이 죽기보다 싫었기 때문일 것이다. 스님은 출가에 대한 존엄과 위의를 세우기 위해 십 년 행자를 결행했던 장본인이다. 그러므로 스님에게 목숨보다 소중한 것이 있다면 의당 출가정신이고 출가의 뛰어난 위의다.

태어나서 세상에 살다가 홀연 부모형제와 인연을 끊고 출가 수행자가 되는 것은 결코 쉬운 일도 아니고 또 아무나 할 수 있는 흔한 일도 아니다. 출가하기 위해서는 먼저 자신의 견고한 생각이 있어야 하고, 또 그렇게 발심이 되었다고 하더라도 주변 사람들의 열렬한 반대를 무릅쓰고 성큼 집을 나설 수 있는 용기도 있어야 한다. 그래서 출가는 어렵다. 또 출가해서도 어렵기는 마찬가지다. 참으로 어려운 과정이 첩첩으로 많은 것이 출가이기도 하다.

어느 하루 날 잡아 절에 가서 기도하고 돌아오는 것이 아닌, 평생 변함 없는 발보리심으로 살아가야 하는 숨막힐 것 같은 것이 출가다. 그래서 사람들은 출가 그 자체를 고행으로 여긴다. 동의하고 싶다. 그러나 만약 절에 와서 그 발심이 삭아 버리면 그야말로 양가(兩家)에 득죄하게 된다. 자신을 다잡고 추스리지 못하면 꾸준히 공부할 수도 없고 수많은 유혹을 물리치지도 못한다. 즉 살아남지 못하는 것이다. 도인이 되고 되지 못하고를 떠나서 일생동안 출가를 유지한다는 것도 호락호락하지 않다.

적절한 비유의 말이 있다. '물고기가 알을 낳아도 다 고기가 되지 못하듯, 꽃이 무성하게 피어도 다 열매가 되지 못하듯이 처음 보리

심을 내어 출가한 수행자가 많아도 끝까지 남아 있는 사람은 매우 드물다.'

사실 그렇다. 끝까지 남는 사람은 드물고 도를 얻는 사람은 더욱 드물다. 이 말과 같이 출가에는 아픔도 있고 한계도 있고 고통도 있다. 그 모든 것을 묵묵히 이겨내고 세월을 잘 견뎌야만 겉모양이라도 시종(始終) 같을 수가 있다. 오죽하면 옹사(翁師, 東山大宗師)께서 출가의 길을 감인대(堪忍待)라고까지 하셨을까 생각하게 된다. 그 말은 견디고, 참고, 기다린다는 세 가지의 뜻이다. 또 있다. 내가 처음 절에 왔을 때 선배스님들이 '잡목(雜木)이 산 지킨다'는 말을 종종 하곤 했다. 해석하자면 좋은 나무는 사람들의 욕심 때문에 남아 있을 수 없지만, 못생기고 구부러지고 작고 쓸모없는 나무만 남아 마침내 산을 푸르게 지켜낸다는 말이다. 어릴 때는 그 말의 참뜻을 잘 몰랐는데 세월이 조금 지난 뒤에서야 매우 의미심장한 말이라는 것을 알게 되었다.

이제 출가가 어렵다고 말하는 뜻을 이해할 수 있을지 모르겠다. 출가의 역할이 크고 중요한 것은 어제오늘의 일이 아닌 것은 분명하다. 스님도 일찍이 출가자를 '하늘 꽃'에 비유했다. 이 말은 단순한 스님 자신의 긍지에서 비롯된 말도 아니고, 모든 스님들을 무조건 비호하거나 감싸기 위해서 한 말씀도 아니다. 출가의 공덕과 그 뛰어난 역할을 표현한 말이다. 비록 하늘의 꽃이 시들었다 해도 지상의 꽃보다는 월등 뛰어나다고 했으니, 백 마디 구구한 설명보다 이 한마디로 출가를 다 표현했다고 보면 되지 않을까 생각한다.

이미 앞에서 말한 대로 출가자들이 우리 사회에서 존경받아야 불교가 제대로 제 역할을 할 수 있다는 생각을 스님은 늘 염두에 두고 잊지 않았다. 그래서 민가의 우수한 자제들이 다투어 출가해야 부처님의 법이 한층 빛난다는 것을 누구보다 잘 알고 있다. 그래서 스님은 누구나 출가를 원하는 사람이 있으면 비록 자질이 좀 떨어진다해도 일단 받아들였다. 그 다음 교육시키고 자질을 키워서 훌륭한 수행자로 만들고 싶어했던 것이 평생 염원이었다. 동국대학교에 처음으로 승가학과를 설치한 것이나, 범어사 내에 학생반을 따로 둔 것이나, 모두 이러한 염원에서 비롯된 것이고 불광사에서 '스님의 날'을 정하여 기념식을 가졌던 것도 같은 맥락의 일이다.

애써 출가자의 존엄을 세우고자 했던 스님, 누구에게나 하심하고 먼저 고개 숙여 친절을 베풀면서도 출가에 대한 내면의 자부심은 그 누구보다 월등했던 스님. 과연 무엇 때문에 그런 이중적인 태도를 취했을까? 나 또한 같은 출가자로서 스님의 그런 처사를 다시금 곰곰 생각해 보게 된다.

스님 시대의 아픔이 내 시대에도 아픔이란 말인가. 가슴에 와 닿는 이 시대의 아픔이 있다. 그 어느 때 못지 않게 출가자의 권위가 몹시 떨어진 오늘의 한국불교 현실, 심지어는 재가불자들이 삼보에는 귀의하지 않고 이보(二寶)에만 귀의한다는 말을 공공연히 하고 다니는 이 뼈아픈 현실. 이런 말을 어찌 스님인들 듣지 않았으며, 또 몰랐을 까닭이 있었겠는가. 아마도 출가자로서 자긍심 높은 스님의 남모르는 고뇌와 아픔은 훨씬 더 컸을 것이다. 남달리 스님 자신이 출가자라는 자부심이 컸던 만큼 아픔과 고뇌도 더 깊었을 것으로 본다.

그래서 잠실 불광사 완공 후, 처음 대중소임을 짤 때 스님은 출가자의 역할을 진중하게 생각하여 멀리 앞을 내다보는 지혜를 다했다. 또 이러한 스님 내면의 원(願)을 공식적으로 표현한 것이 해마다 다가오는 부처님 출가재일이었다. 그것은 부처님 출가재일을 하나의 신앙의식으로만 받들지 않고, 구체적인 이 시대의 '스님의 날'로 정하여 그 뜻을 우리의 현실 위에 다시 조명하여 내세웠다.

스님은 불광사 부처님 출가재일 법회 때, 스님의 날 행사를 함께 하여 신도들이 출가를 찬탄하는 꽃 공양을 하게 하고 출가를 공경하고 받드는 사사공양(四事供養, 의복·음식·탕약·방사)을 하도록 했다. 다만 한꺼번에 사사공양을 다 올리기는 어렵기에 해를 걸러 한 가지씩 교대로 올렸지만 그 뜻은 의식 속에 그대로 간직했다. 그리고 '우리 스님'이라는 노래도 전 대중이 다함께 불렀다. 불광 회상의 전 대중이 모두 모여 일제히 출가를 찬탄하고 경배한 것이다. 재가 대중을 대표하여 회장의 경배사(敬拜辭)도 있었으니, 단연 축하 일색이었고 부러움과 선망의 한 장(場)이었다. 또 봉투에 공양금을 넣어 대중 앞에 선 모든 스님들께 신도 대표들이 일일이 올렸는데 봉투 속에 쓰여진 '헌공사(獻供辭)' 문구를 그대로 여기 옮겨 본다. 스님의 속생각을 읽을 수 있는 중요한 구절이 될 것 같다.

헌공사
대자대비 부처님의 출가를 본받아
저희들에게 부처님 성도(成道)의 영광을 전해 주시고자
대비의 원으로 출가하신 스님들께
이 공양을 올리오니 자비로서 거두소서.
○○년 ○월 ○일
불광사 불광법회 재가대중 일동경배

스님의 이러한 가르침으로 불광사 단월(檀越, 신도)들은 출가를 더욱 존경하고 외호하며 신앙했다. 어느 때, 어느 곳에서나 스님들을 만나면 허리 숙여 경배하고 스스로 불자임을 자랑스럽게 생각했다.
비록 아들의 출가로 인해 부모자식이 이별하는 아픈 일을 당했다 해
도 물러서거나 힘들어 하지 않고 더욱 출가를 받들고 공양하기를 지
성껏 했다. 그 모두가 스님이 제정한 '스님의 날'에 꽃을 올리고 사
사공양을 올린 훌륭한 의식, 그 안에 담긴 원(願) 때문이었다는 생각
을 해본다.

23. 스님의 인세(印稅)

한국 사회에서 가장 하기 어렵고 고된 사업은 출판업이라고 한다.
원인은 독서인구가 많지 않기 때문이다. 부끄러운 고백이지만 불교
계의 독서인구는 한국 사회의 평균 독서인구보다 훨씬 미치지 못하
니 거의 황무지라고 해도 과언이 아닐 것 같다. 그런 열악한 조건에
서 불교출판사를 운영한다는 것은 포교라는 뜻을 세우지 않으면 애
당초 안 될 일이다.

스님이 문서 포교에 뛰어든 것은 1974년이었다. 먼저 월간 「불광」
을 창간하고 몇 년 지난 뒤에 '불광출판부'를 등록했다. 그 당시만
해도 출판사 등록이 잘 안 될 때였다. 하다 못해 출판사 등록만 가지
고 있어도 사회 저명인사처럼 느껴질 시대였으니 지금과는 사뭇 다
른 분위기였다고 보면 된다. 그래도 쉽게 '불광출판부' 등록이 성사
된 것은 스님의 사회적인 기여와 공로 때문이다.

출판부를 등록하자 곧바로 성철 종정의 친저 『본지풍광(本地風
光)』을 출간했고 불교 수행의 길잡이가 된 지침서와 여러 경전을 속
속 간행했다. 그러나 책을 구입해서 보는 사람들이 너무 적었기 때

문에 어떤 책을 출간해도 그 출판비용의 대부분은 책을 간행하는 출판사가 짊어져야 했다. 도무지 수지맞는 사업이 아니었다. 물론 스님은 돈을 벌기 위해서 출판부를 등록한 것은 아니었다. 그렇지만 한 권의 책을 내면 다음 책을 낼 수 있을 정도의 비용만이라도 마련되면 문서포교가 한결 순조로울 터인데 돈벌기는 고사하고 투자비용도 못 찾고 다음에 출간할 책의 제작비도 모이지 않았다.

그런 불광출판부 운영에 그래도 힘이 되었던 것은 스님의 수행력과 덕행이다. 그것은 스님의 초지일관 뜨거운 신심과 남들이 흉내내지 못하는 장한 원력과 이타의 보살행으로 말미암아 종단에서 존경과 신망을 받고 있었기 때문이다. 그랬기에 많은 분들이 자발적으로 불광의 문서포교 불사에 적극 협력해 주었다. 이런 힘은 돈이나 물질로 얻어지는 것이 아니다.

그 다음으로는 스님 자신이 쓴 많은 역·저술의 힘이다. 이 책들에는 스님이 친히 공부하여 얻은 안목과 경험에 의한 알찬 내용이라는 독자들의 믿음이 따랐다. 그랬기에 출간되는 즉시 호평을 얻었고 오랫동안 인기를 누리는 책이 되었다. 그리고 이 책들은 스님의 신변잡담이나 에세이가 아니라 거의가 신심을 키우는 내용이었기에 불자들의 수행에 직접 도움이 되었다. 따라서 공부하는 사람들이라면 으레 찾았고, 또 서로 권해 가며 불법 공부의 지남을 삼았다. 스님의 저술들은 주로 경전 번역이나 수행법과 조사어록, 신앙생활에 대한 책들이다.

이미 말했지만 스님의 이런 책들은 오랫동안, 아니 지금까지 불자들에게 인기를 누리는 소위 한국불교의 명저가 되었다. 그 원인을 좀더 자세하게 짚어본다면 스님께서 늘 신도들의 이야기에 귀 기울였기에 그들의 고통과 아픔, 공부 중에 무엇을 원하는지를 잘 알았기에 가능한 일이 되었다. 신도들의 아픔과 고통을 치유하고자 정진하고 노력하니 자연 그에 관한 글을 썼고, 그러므로 신도들에게 필요한 인기 있는 책이 될 수밖에 없었던 것으로 본다. 그런 수행 위주, 기도 중심의 책을 불광출판부가 독점하여 출판했으니 그 힘이 여간 클 수밖에 없었음은 재론의 여지가 없다.

거기다가 스님이 역·저술한 그 수많은 책에 대해서는 아무리 많이 팔린다 해도 인세나 원고료 한 푼 지급하지 않고 전액 출판부 운영비로 썼으니 어쩌면 불광출판부가 가지고 있는 노다지 광산이라고 말해도 될 일이다.

그런데 내가 출판부 일을 맡은 후부터, 즉 출판부의 운영 사정이 어느 정도 좋아지자 스님께서 아주 조심스럽게 자신의 인세 이야기를 거론했다. 지금까지는 인세니 원고료니 생각도 하지 않고 지냈지만 이제 출판부가 본 궤도에 올랐으니 적절히 인세를 지급해도 되지 않겠느냐고 운을 떼었다. 그 당시에는 내가 스님의 속사정을 잘 모르긴 했어도 지금 와서 곰곰 생각해 보면 스님이 개인적으로 돈이 필요했던 것 같다. 스님은 그 후로도 여러 차례 인세를 주었으면 하는 뜻을 조심조심 내비쳤다.

매우 당연한 이야기였는데도 스님은 그런 이야기를 꺼낼 때마다 미안해 하는 마음을 내보였다. 내 기분을 살펴가며 겸연쩍어 하는 표정으로 간단히 언급하곤 했다. 사실 나는 그 당시 그렇게 이야기하는 스님의 진의를 몰랐다. 더 솔직하게 말하면 알려고도 하지 않았다. 출판부가 스님 것이라는 생각을 하고 있었고, 또 스님은 돈이 필요없다고 생각했다. 나의 이런 잘못된 생각에는 불광사 전체가 스님의 뜻에 들어 있는데 스님이 마음먹으면 무슨 일이라도 다 할 수 있다고 믿었기 때문이다.

아무튼 스님께서 그런 이야기를 힘들여 꺼내시면 나는 손쉽게 생각하기를, 상좌인 나에게 출판부를 잘 하라는 또 다른 당부로 받아들이거나 아니면 가벼운 우스개 정도로 받아들이곤 했다. 흔히 노인의 노파심으로 젊은 사람에게 일 잘하라고 은근히 독려하는 일쯤으로 생각하여 넘겨듣곤 했지, 그 일에 대해 다시 깊이 생각하려는 마음을 내지 못했다.

이제 다시 돌이킬 수 없는 일이 되고 말았지만 매우 안타깝고 멍청한 일임에 틀림없다. 나는 그때마다 건방지게도 웃음 띤 얼굴로,

"스님, 제가 출판부를 잘 운영하여 돈을 더 많이 벌어서 한꺼번에 듬뿍 드리겠습니다. 조금만 기다려 주십시오"라고 얼버무리곤 했다.

거의 상투적인 나의 대답에는 아무런 말씀이 없으시다가, 또 한동안 시간이 지난 뒤 조심스럽게 예의 그 인세 이야기를 꺼냈다. 아마 그 당시 스님은 어딘가에 돈이 꼭 필요하여 이 생각 저 생각 끝에 결국 상좌에게 자신이 쓴 책의 인세를 거론했는데 그만 눈치없는 상좌는 자신의 속마음을 알아차리지 못한 채, 그 순간 그 자리만 적당히 피하고 말았으니, 얼마나 딱한 노릇이란 말인가. 이러한 생각마저도 때늦은 뒤, 지금에 와서야 다시금 통감(痛感)하게 되었으니 실로 한심한 일이며, 안타깝고 애석하기 짝이 없는 일이 되고 말았다. 비록 스님의 말씀이 떨어지자마자 알아듣지 못해도, 스님 생전에만 알아챘어도 두고두고 가슴을 치는 일은 덜했으리라!

이제 지난 일을 생각할 때면 그때의 광경이 너무나 선연하게 떠오른다. 가까운 상좌에게도 '너 가서 돈 얼마 가져와' 하지 못하고 망설이고 또 망설인 끝에 겨우 입을 떼신 스님께 아쉬움만 남기고 말았으니, 지옥 갈 큰 죄가 어디 따로 있겠는가? 바로 이런 일이 큰 죄가 아니고 또 무엇이 큰 죄이겠는가? 아아, 만시지탄은 엉터리 바보

들이 즐겨 부르는 시대를 초월한 애창곡이구나.

이 글을 쓰면서 그때의 생각을 다시 하니 반성과 자책에 가슴이 아리고 아프기 그지없다. 만약,

"스님, 돈이 필요하시군요. 여기 얼마 준비해 왔습니다. 혹시 부족하지는 않을지 모르겠습니다. 돈이 더 필요하시면 언제든지 말씀만 하십시오" 하면서, 봉투를 마련하여 두 손으로 공손히 올려드렸다면 스님 마음의 짐이 얼마나 가벼웠을까! 지금에야 이런 때늦은 생각을 다시 해보지만 무슨 소용이 있단 말인가. 틀림없이 상좌인 나에게 고맙다고 말씀하면서 어린아이 같은 천진한 눈빛으로 건너다 보셨을 것이다. 그 다정다감한 자비의 눈길을 내 온몸으로 받으며 감개 무량한 심정에 고개를 떨구었을 스승과 상좌의 광경을 그려보노라면 미련한 내가 너무나 밉다.

좀처럼 자신의 일을 남에게 잘 드러내지 않았던 스님, 당신의 긴요한 사정으로 돈이 필요할 때, 아무리 주위를 둘러보고 생각해도 편안하게 이야기할 상대가 없어서 부득이 상좌인 나에게 말씀할 수밖에 없었던 한계상황. 그런데도 상좌는 정작 말뜻을 알아듣지 못하고 딴 생각을 하고 딴전을 피우고 있었으니 그 바보 같음을 어디에 비유한단 말인가? 아, 이제는 도저히 밝은 낮에 얼굴을 들고 다닐 수가 없구나!

다시 곰곰 생각하면 정말 불경스럽고 외람스러운 일이 하나 더 떠오른다. 그때 수시로 스님에게 몰래 찾아와 용돈을 얻어 가는 강원도에 사는 젊은 수행자가 있었다. 그가 올 때마다 딱한 사정이 안타까워 스님은 남몰래 용돈을 쥐어 주었고, 그런 장면을 몇 번이나 목도한 나는 젊은 사람에게 나쁜 버릇 들인다고 여쭌 적이 있다. 스님은 마치 잘못을 저지른 어린아이가 어른에게 들킨 것처럼 몹시 민망

해 했다. 나는 그 후부터 스님에게는 돈이 없어야 한다고 아주 못된 생각을 했다. 그래서 마음속으로 짐짓 스님의 청을 모른 채 외면했던 기억이 되살아난다. 어디 이뿐인가, 살면서 스님을 안타깝게 한 일이…….

아, 이런저런 일을 생각하노라면 너무나 아쉽고 한스러워 등에 땀이 흥건히 솟는다.

24. 먼저 경을 본 뒤 조사어록을 읽어야 해!

무슨 일이든 반드시 순서가 있음은 우주가 생성되기 전부터 정해진 철칙인지도 모르겠다. 이것은 마치 우주 생성의 섭리와 지구 생태계의 원리와 모든 생명체에게 다 해당되는 나고 죽음의 공도(公道)와도 같다고나 할까, 아니면 인류의 모든 성인들이 어느 날 함께 모여 깨달은 바를 털어놓았을 때, 일치한 만고불변의 법도(法度)와도 같다고나 할까, 아무튼 모든 일에 순서가 있음은 일체를 넘어선 근원적인 도리라고 본다.

그러므로 인생을 살 때는 누구나 순서를 존중하고 순응해야 된다. 순서를 잘 따라서 일을 해나가면 그 일이 순조롭다. 여기서 순조롭다는 말은 소위 성공을 의미한다. 그리고 순서를 잘 따르는 것이야말로 바로 지혜다. 즉, 지혜로운 생각이고 지혜로운 행동이라고 말할 수 있다. 만약 지혜가 부족하면 아무리 노력을 기울인다 해도 성공하기 어렵다.

순서는 반드시 일층 위에 이층이고 이층을 지나야 삼층을 오를 수 있다는 공식화된 고착된 틀이 아닌 것에 주의를 기울여야 할 것이다.

어쩌면 순서는 모든 일이나, 모든 사물의 근본원리를 의미하는지도
모른다. 이 근본원리를 파악하거나 터득하면 나머지는 저절로 아는
것도 있을 테고, 딱 한 번 보거나 슬쩍 한 번 듣기만 해도 그냥 알
수도 있을 것이다. 그래서 예로부터 배우지 않고도 아는 것을 천재
라고 했고 하나를 배워 열을 아는 것을 수재라고 했다.

불교에서 보면 사람은 누구나 생득지지(生得之知)의 천재다. 근본
원리를 깨달으면 말이다. 따로 사람에게 차등을 두지 않는다. 둘 필
요가 없기 때문이다. 그렇지만 불교에서도 해야 할 공부가 있고, 교
육이 있고, 체계와 논리도 있고, 깊이와 높이도 있으며, 넓이와 두께
도 있다. 이러한 것은 어떤 순서를 거쳤느냐에 따라 각각의 형성 정
도가 다 달라진다. 체계적인 공부를 했는가, 또 단계적인 교육을 받
았는가, 기초 학력이 튼튼한가 등등. 이런 모든 것을 세세히 살펴보
면 하나 같이 준엄한 질서와 순서 위에서 형성되어 있음을 발견한다.

"너는 불광의 수행자로서 먼저 대품반야경을 읽은 뒤, 조사어록을 읽은
읽어야 한다"라고 스님이 말씀했다. 이 말씀을 언제 했는지 날짜도
없고 상황 설명도 없이 거두절미한 내용만 간단하게 있는 것을 기록
장 어느 모퉁이에서 발견했다. 다른 문건을 찾느라 기록장을 휙휙
넘기다가 전광석화같이 눈에 와 박혔다.

그 말씀을 앞에 두고 가만히 기억을 떠올리니, 어느 날 내가 법주
실에 들어가 절하고 자리에 앉자 스님께서는 누우신 채로 하신 말씀
이었다. 물론 나의 대답은 금방이라도 대품반야경을 읽을 것처럼 시
원했다. 그러나 스승의 말씀을 따르기까지는 시간이 무척 길었다. 제
자로서 불경스럽고 배은망덕한 일이다.

나는 이제야 기록장을 통해 발견한 스님의 말씀 속에 뼈가 있고

골수가 있고 핵심이 있다는 사실을 간파했다. 그것은 앞에서 언급한 대로 경을 보고 난 뒤, 조사어록을 읽으라는 것. 결코 조사어록을 먼저 읽고 경을 보라고 하지 않았다는 이야기다. 스님의 이 간단한 말씀 속에 들어 있는 순서가 나에게는 심혼을 울리는 소리로 들렸다. 또한 생명질서의 원초적인 순서로까지 느껴졌다.

25. 불교중흥 방법

무엇이든 수명을 오래 유지하는 것은 나름대로 특성이 있다. 만약 나름대로 특성이 없다면 금방 소멸될 것이다. 비록 잠깐 동안만이라도 자신을 유지하거나 환경에 적응하며 살아남을 수 없다. 마찬가지로 불교가 인간 세상에 오랫동안 남기 위해서〔法輪常轉於無窮〕는 어떠해야 하는가를 스님께서 말씀한 적이 있다. 그 점을 나의 노트를 통해 다시 살려본다. 스님은 크게 세 가지를 내세웠다.

그 첫째는 자비의 실천이다. 자비의 실천이야말로 한마디로 진정한 불교라고 말할 수 있다. 그러나 말로만 하는 자비나 이론적이고 지적인 자비는 불교의 자비가 아니고, 오직 행동하고 실천하는 자비만이 불교의 자비가 될 수 있다고 했다. 보통 자비라고 하면 지혜와 또 다른 측면에서 자비를 생각하기 쉬운데 그것은 잘못된 생각이다. 자비를 실천적으로 말할 때 자비 속에 지혜가 다 갖추어져 있음을 알아야 한다. 항상 이 점을 유의해야 한다.

즉, 쉽게 말해 불자들이 남을 위해 봉사하고 헌신할 때 비로소 불교가 설 자리가 있고 나아갈 길이 열리며, 내지 오랫동안 남는다는 이야기다. 이것이 불교가 이 세상에 존재할 수 있는 유일한 비결 중에 비결임을 강조했다. 불자가 어떻게 이 사회에 봉사하고 헌신하느냐에 따라 중생성숙과 국토성취의 역사발전이 있다고 보면 된다는 것이 스님의 주장이다.

둘째, 거사불교를 일으켜야 한다. 오늘날 여권신장으로 우리 사회를 여성들이 주도해 가는 것처럼 보여도 사실은 그렇지 않으며, 또한 그렇다고 해도 거기에는 여러 한계가 있고, 또한 남녀간의 특성이 뚜렷하기에 지나친 염려는 기우에 지나지 않을 것으로 본다. 남녀간의 특성을 인정해 오히려 적극적으로 역할을 분담해야 여권이 더 신장될 수 있고, 인간이 더 존엄할 수 있다는 사실도 엄연하다. 남성·여성이 잘 협력했을 때, 서로의 특성을 잘 존중하고 이해하며 인정한다. 역시 불교의 전법에서도 이 점을 간과하지 말아야 한다.

아무튼 거사들이 불법 홍포에 적극 참여하고 앞장서야 우리 사회가 더욱 성숙하고 발전적인 방향으로 나아갈 수 있다.(이 점은 여성불자들은 수행을 잘 한다는 사실을 전제하고 있음) 만약 거사들에게 불교의 원리[敎理]를 알 수 있게 하지 않으면 그야말로 반쪽이 되고 만다. 거사들도 적극적인 불교사상운동에 참여했을 때 온전하고 이상적인 사회로 지향할 수 있다는 이야기가 된다. '삶 따로 수행 따로'라는 우스꽝스러운 양태가 되어서는 부처님의 의지가 이 땅에 꽃필 수 없다. 삶의 현장에서 전법이 이루어져야 하고 생활하는 삶 속에서 불법이 영향력을 떨쳐야 하겠기에 말이다. 그렇게 하기 위해서는 불교를 공식적으로 크게 문을 열어가야 한다. 결코 출가 전문인의 불교만 되어서는 안 된다. 재가불교도 왕성해야 한다. 그러기 위해서는 반드시 거사불교를 육성해야 하는 것이다.

셋째, 출가한 사람들의 교육이다. 출가자는 소위 전문가다. 오늘날은 원하든 원하지 않든 전문가 시대다. 이것을 신지식인이라고까지 말한다. 이러한 시대적인 상황 속에 살면서 전문적인 특수성을 살려 놓지 않는다면 불교는 시대에 곧 낙후되고 말지도 모른다. 출가자들을 전문적인 집단으로 양성하고 심화시키는 것은 매우 큰일이라는 것에 재론의 여지가 없고 다른 의의가 있을 수 없다고 본다. 어떻게 보면 그들은 전문가이기를 자처한 사람들이므로 잘만 교육하면 일당백의 정예화가 될 수 있는 것이 역사적으로나 오늘날 분화된 사회의 추세로나 명백한 사실이다.

그러기에 출가자는 처음부터 잘 보호하고 육성해야 한다. 종단에서는 적어도 그들을 어떠한 인물〔전문가〕로 키울 것인가 하는 목표를 가지고 처음부터 의무교육이 끝날 때까지 교육과 수행의 단계를 면밀히 설정하고 감독해야 한다. 그런 십년대계, 백년대계를 실행해 간다면 머지않아 그들이 제 역할을 다할 수 있을 것이다.

어느 날, 스님께서 나에게 이 점에 대해 훈도하시기를,

"송암은 출가자로서 비록 뜻은 크지만 노력이 부족하고 기도가 못 미친다. 뜻이 큰 사람일수록 행을 바르게 해야 하고 누구에게나 한결같아야 하며 불도에 부단히 정진해야 한다. 부디, 뜻이 클수록 노력과 정진, 성찰도 커야 함을 잊지 말기 바란다"고 하셨다.

내가 평소 스님의 세계 평화 구국구세 설법에 심취해 있었지만, 행은 반대로 가고 있었다. 솔직히 고백하자면 뭇 사람들에게 겸손하지 못하고 교만하다는 평을 들었고, 그 이야기가 마침내 스님의 귀에까지 들어갔던 것이다. 스님께서 무척 염려하신 듯 표정이 어느 때보다 엄숙하셨음을 나는 잊지 못한다.

26. 무심(無心)을 도(道)라고 이르지 말라

이 말은 『용성조사어록(龍城祖師語錄)』의 제목이다.

대개 불자들이 일상 생활에서 부처님의 가르침이나 조사의 묘법(妙法)을 믿고 쓰는 데 있어서 미처 감당이 다 되지 않을 때가 있다. 불자들이 그때문에 부처님 가르침을 따라 산다고 하면서도, 오히려 아전인수(我田引水)로 해석하여 법을 그르치고 자신의 인생마저 그르칠 때가 종종 있기도 하다. 어디 그뿐인가, 자칫 부처님의 귀한 법이 사람들의 귀에 걸면 귀걸이, 코에 걸면 코걸이 식의 임의의 방종과 자의로 전락하기까지 한다. 불교적인 삶을 살려고 하면서도 자칫 알게 모르게 왜곡을 범하여 어긋날 때도 있다는 이야기다.

그런 일 중에서 특히 조사의 무심을 함부로 해석하여 무심(無心)은 사람의 일상이나 도리, 서로간에 지켜야 할 예절마저 소홀히 해도 되는 것으로 착각하기 일쑤다. 짐짓 걸림 없는 무심 도인인 체 하기 위해서는 거들먹거려야 하며, 통 큰 체 해야 하며, 일상의 세세한 것에 대해서는 소인배들이나 해야 할 일들로, 또는 부모 모시고 자식 키우며 사는 가정 가진 사람들이나 하는 일로 치부하여 아예 우습게 여기기까지 한다.

무심은 오히려 사회규범을 더 잘 준수하고 도덕과 윤리, 미풍양속과 법질서를 더 잘 지키는 바람직하고 이상적인 경지다. 수행이 뭔지 모르는 사람이 함부로 제 멋에 겨워 막행(莫行)을 일삼는 것이지, 도무지 마음에 상(相)이 없는 무심도인(無心道人)은 철저하게 인간의 공도(公道)를 따른다. 왜냐하면 무심도인에게는 마음 어디에도 자신이 잘났다 하는 생각은 있을 수 없기 때문이다. 공도를 지키지 못하는 사람들은 모두가 자신이 잘났다는 생각 때문에 질서를 지키지 않는 것이고 못 지키는 것이다.

무아(無我)·무상(無相)·무념(無念)·무심(無心)·공(空)의 경지에 이른 사람은 결코 그렇지 않다는 것을 우리는 잘 알아야 한다. 아주 미세한 동작 하나라도 그것이 중생에게 이익이 된다면 정성을 다하고, 비록 황금동산이 눈앞에 있어도 중생에게 이익이 되지 않는다면 눈길 한 번 주지 않는다. 아무튼 불도(佛道)를 이룬 사람들의 삶의 방식과 기준이 바로 이 무심에서 비롯된다는 것을 우리는 주의 깊게 생각해야 하고 잘 알아야 할 것으로 본다.

무심에 대한 스님의 '한마음 헌장'에 있는 적시(適示)를 보자.

마음 마음 마음
한마음
한마음은
마음이 아니다.
관념(觀念)이 아니다.
생각이 아니다.
하나이거나 둘이거나 수(數)가 아니다.
유(有)도 아니며 무(無)도 아니며
유무초월(有無超越)의 유(有)거나 무(無)도 아니다.
일체초절(一切超絶)의 진무(眞無)도 아니다.

위의 글에서 알 수 있듯이 '한마음'에는 그 어떤 것도 감히 어루댈 수 없다. 먼지 하나 허용되지 않는다. 우리는 여기서 무릇 형상 있는 것은 생각에서나 행에서나 말에서나 그 어디에서도 조금도 용납될 수 없음을 알 수 있다. 그러므로 자기를 비우지 않고 경(經)을 보거나 또 설법을 아무리 많이 듣는다 해도 진정 부처님의 무량한 은혜는 누릴 수 없으며 자신의 성숙 또한 기약할 수 없다는 사실을 알 수 있다.

하여 자기 자신을 비우는 것이야말로 진정한 수행이며 성숙이다. 그러므로 자기 자신을 비우지 않고 수행한다는 것은 어불성설(語不成說)이다. 마치 밥 지으려는 주부가 쌀과 물을 솥에 넣고도 불을 때지 않고 가만히 있으면서 밥이 다 되기를 바라는 것과 같다. 대관절 밥을 기약할 수 있겠는가. 또 남을 이해하고 동정하여 자비를 베푸는 것도 자기를 비웠을 때 비로소 가능한 것이다. 그렇지 않은 모든 행위는 혹독하게 말하면 거래(去來)고, 또는 생사(生死)의 씨앗만 만들어 가는 부질없는 일에 불과한 것이다. 그러기에 무심이 아닌 세간살이에서 늘어가는 것은 오직 악연(惡緣)뿐이다.

부처님의 거룩한 보살행도 무심에서 비롯된다. 부처님께서 천상세계인 도솔천, 하늘나라를 버리고 사바세계에 하생하신 것도 역시 무심에서다. 부처님의 온갖 지혜와 온갖 자비도 무심이고, 한량없는 위신력도 무심이고, 중생을 제도하시는 본원(本願)도 무심이다.

세상 사람들은 삶이 고단할수록 천국을 그리워하고 천국에 가서 태어나기를 원한다. 그들은 부귀영화를 꿈꾸면서 일생을 산다. 오직 편하고 즐겁기만을 추구하며 맛있는 음식에 비싼 옷을 몸에 두르는 호의호식에 인생의 의미를 두고 그것을 목표로 하여 산다. 자신이나 가족은 일생 동안 그 어떤 고생도 하지 않고 거의 노력하지 않거나 아니면 조금 노력하여도 모든 일이 뜻대로 이루어지기를 바란다.

결국 이런 일이 지상에서는 잘 이루어지지 않으니까 다른 곳에서 그런 곳을 찾는데 그곳이 온갖 것이 다 갖추어진 하늘나라라고 믿는다. 그러므로 자나깨나 마음속으로 하늘나라의 부귀영화, 장엄, 화려한 모습을 상상하고 동경하기를 그치지 않는다. 오늘의 삶이 피곤하

고 세상살이가 고단할수록 천국을 찾는 애원의 목소리는 간절하기만
하고 더욱 높아져 가는 까닭이 거기에 있다.

그러나 천국을 버리려는 알 수 없는 사람이 있었다. 하늘나라의
온갖 미묘한 향기와 노랫소리를 떠나서, 인간들이 무명(無明)에 날뛰
는 사바세계를 향하는 알 수 없는 심정을 가진 사람이 있었던 것이
다. 그는 과연 누구인가? 도대체 어느 사람이란 말인가?

과거 석가모니부처님의 인행시(因行時), 꾸준히 보살의 길 닦아 가
없는 공덕을 쌓고 마음의 때 다 씻어버리고 범행(梵行, 淸淨行)을 성
취한 수행의 힘으로 하늘나라에 나아가 온갖 행복 가운데 있음에도
불구하고 고통에 찬 세상을 향하여 하생(下生)을 결정하신 분, 바로
천상의 호명보살이고, 우리의 석가모니부처님이시다. 바로 그러한
우리 석가모니부처님은 오직 중생을 찾아서 즐거운 하늘나라를 버리
고 사바에 오셨다. 아니 과거에 오셨고 지금 오셨고 미래에도 우리
들의 곁으로 오실 것이다.

바로 무심으로 오시고 대자대비로 오신 분이 부처님이시다. 그렇
지만 부처님께는 무심이라는 말이나 그런 흔적조차 남긴 적이 없다.
뭐라고 이름할 수 없는, 그래서 무심이기에 말이다.

언덕

소년시절 언덕은 내 다리의 힘을 키웠고
노년시절 언덕은 내 다리의 힘을 빼앗네

그때는 즐거웠고 지금은 슬프네

예나 제나 언덕은 변함 없는데
무엇이 달라져 두 마음이 생겼나

진즉 무심을 알았다면 언덕도 없고 내 다리도 없고
소년이나 노년도 없었을 텐데
수행하지 않고 허송세월의 죄값으로
나이 들고 오래 살아도 밥값조차 못하네
살수록 무심이 돼야 하는데도
속절없이 생각만 더욱 번거롭네.

아, 부처와 부처의 국토는 왜 그리도 많은가? 한 부처가 한 국토를 이루어 온통 진진찰찰(塵塵刹刹)의 불국토를 이루었네. 누구나 성불하면 곧 하나의 불국토를 이루네. 원력에 의하여 부처의 국토가 건설된다지만 저토록 한없이 다양하고 헤아릴 수 없이 많은 국토를 내가 어떻게 다 감당할까?

보살의 서원이 다르고 중생의 업이 또한 무수억이니 서원에 따라 건립되는 불국토도 무수억일 수밖에. 유일세계를 이상으로 하는 곳과는 비교가 되지 않는다. 이 또한 무심이다. 언행 이전의 무심 말이다. 형상 밖의 무심. 그래서 무심을 도라고 일러서는 안 된다.

27. 자기가 만든 틀을 벗어난다

요즘처럼 고도로 발달한 과학기술의 문명세상에서 과연 인간에게 불가능한 일이 있을까, 또는 현재 인간의 기술력으로 하기 힘든 가장 어려운 일은 무엇일까?

즉 오늘날 인류에게 불가능한 일, 어려운 일, 그런 것이 있을까? 하는 새삼스러운 의문을 가져볼 정도로 거의 불가능이 없는 시대를 우리는 살아가고 있다.

좀더 구체적으로 말하면, 조그만 삽으로 큰 산을 옮기는 일. 그도 아니면 허공을 발로 차서 무너뜨리고, 바닷물을 한숨에 다 마셔 버리는 일, 아마 이런 일이 인간에게 아직도 어렵거나 불가능한 일이 될지 모르겠다.

그런데 이런 일보다 더 어려운 일 한 가지가 인간의 가슴속에 깊숙이 감추어져 있다. 아무리 과학문명이 최고도로 발달한 세상이라고 해도, 그 세상이 도저히 어쩌지 못하는 일이 딱 하나 있다. 그것은 바로 자기 자신의 틀을 깨는 일이다.

자기 자신이 오랜 세월동안 줄곧 쉼 없이 형성해 온 자신의 틀을 활짝 깨고 새로운 사람으로 태어나는 것이 가장 어려운 일이라고 나는 생각한다. 만약 인간이 가장 최후까지 이루지 못할 일이 있다면 아마 자신의 틀을 깨는 일이 아닐까 하는 이야기다.

그렇다면 이 어려운 일은 영원히 불가능한 일로, 또는 풀지 못할 미제의 문제로 인간 세상에 남아야 하고, 인간은 거기 짓눌려 언제까지나 숙명처럼 한숨 쉬며 살아야 하는가에 대해 반발심을 느끼지 않을 수 없다.

해서 이 문제를 해결할 수 있는 방법은 과연 무엇이며, 또 이 일을 해결한 사람은 지금까지 한 사람도 없었는가? 하는 것에 우리들의 관심이 모아질 수밖에 없다.

바로 대답을 한다면 재미가 좀 덜하겠지만 우선 궁금해 할 것 같아서 대답부터 한다. 그 방법은 불교의 여러 수행법이고, 이미 수행을 통해서 자신의 틀을 초월한 수행자들이다. 그리고 좀더 직접적으로 말한다면 그런 경지에 도달한 사람은 바로 나의 스님이다. 왜냐하면 내가 가까이서 모든 것을 직접 보았으니까 말이다.

좀더 구체적으로 설명하면 노년의 스님은 자신의 고정된 틀이 없어서 마치 물과 같았다. 무슨 그릇에 담아도 적절했다. 어떤 사람에게서나 무슨 일에 대해서나 대립이 없었고 불편이 없었다. 그랬기에 고정된 그 무엇으로도 물과 같은 스님을 표현할 수가 없었고, 착색된 생각 그 무엇으로도 규정하여 따로 말할 수가 없었다.

도저히 뭐라고 대상화하여 말 붙일 수가 없었다. 왜냐하면 어느 그릇에도 잘 어울리는 물과 같은 스님을 비유할 적당한 표현이 없었기 때문이다. 그러니까 스님은 특별한 법을 요란스럽게 쓰지 않고도 누구에게나, 어디서나 항상 우리가 말로 표현할 수 없는 자신의 내면을 그대로 드러내 보여 주었다. 마치 조주스님처럼 온화하면서도 즉사즉리(卽事卽理)의 온전함을 갖추었던 것이다. 단적인 예가 하나 있다. 어느 날 스님께서,

"내가 나이 먹고 병들어서 할 일이 뭐 따로 있겠나. 젊은 사람들 뜻을 따라주는 일밖에는……"라고 했다. 내가 스님께 업무보고차 법주실에 들어갔을 때, 나의 이야기를 다 들은 뒤 하신 말씀이다.

비록 겉으로 말씀은 늙고 병든 자신의 한계를 스스로 고백하고 있지만, 사실은 늙고 병듦이 어쩌지 못하는 본분(本分)을 드러낸 것이다. 해서 스님은 어느 때나 한없이 너그러웠고 끝없이 자애로울 수 있었다. 사람이든 물건이든 마주 대함에 지극하기 이를 데 없었으니, 본분종사에 대한 나의 필설이 도저히 미치지 못한다.

아무튼 노병(老病)의 고통 속에 신음하고 있으면서도 세월이 흐를수록 스님은 점점 물이 되어갔다. 병고와 늙음과 흐르는 세월, 그것 속에서도 결코 그것과 짝할 수 없는 본분을 더욱 낭연하게 보여 주었던 것이다. 설핏 보면 자신의 주장이나 생각을 도무지 드러내지 않는 생각 없는 사람 같았다. 점점 천치바보가 되어 가는 것 같았다.

즉 아무런 생각 없이 사는 사람, 말하자면 스님은 마치 온 세상의 물을 다 감싸안은 바다 같았다. 그 넓고 끝간 데 없는 바다는 스님이고, 쉼 없이 출렁이는 파도는 스님의 자비였다고나 할까. 그랬기에 도(道)라고 이름할 것도 없고 도가 아니라고 말할 수도 없는 무위(無爲)의 진경(眞境)을 그대로 내보였으니 말이다. 그러므로 어떤 틀을 가진 언설과 사유는 스님에 대한 설명이 되지 못하고 스님의 지극함에 미치지 못한다.

틀을 벗어난 사람을 예로부터 격외지인(格外之人)이나 방외지인(方外之人)이라고 불렀다. 신선(神仙)처럼 세간(世間)을 벗어난 경우도 있겠지만 스님은 인간 세상을 잠시도 저버리지 않으면서 신선이 되었다. 그런데도 스님을 굳이 격 밖의 초월자라고 말해야 될까. 스님은 무엇보다 인간 세상에서 이루기 힘든 가장 어려운 자신의 틀을 벗어났다는 점에서 과학문명 이전의 면모(面貌)이며, 음풍농월(吟風弄月)의 피세(避世)나 염세(厭世)와는 사뭇 다른 출격장부(出格丈夫)의 위풍(威風)을 보여 주었다고 본다.

28. 승적부

스님은 조계종 통합종단에 대한 남다른 애정이 있었다. 거의 스님이 만들다시피 한 종단이어서라기보다는 한국불교의 정통성을 계승한 자랑스러움이 더 크게 작용했을 것이라고 생각한다. 그 까닭은 자주 상좌들이나 주변 사람들에게 종단의 소중함에 대한 말씀을 하셨고, 또 종단의 은혜를 갚아야 한다는 당부도 잊지 않았기 때문이다. 그러니까 적어도 어떤 일로도 해종 행위는 해서는 안 된다는 뜻

이었다. 종단에 대한 깊은 관심을 토로하던 중, 일제의 강점기부터
있던 승적부에 대한 말씀을 하시기에 나는 습관적으로 노트에 기록
했다.

   1. 대처승시의 승적부는 범어사와 해인사에 있었다.
   2. 비구승단시의 승적부는 1955년도부터 시작되었다.
   3. 통합종단시 승적부는 1962년도부터 작성했다.

비록 짧은 내용이었지만 종단의 여러 틀을 직접 만든 분으로서 뭔
가 뜻이 들어 있다는 생각이 문득 들어서 무조건 여기 옮기고 본다.

29. 불광이 더 큰 일을 할 수 있었는데…

사람들이 모이면 위와 같은 이야기를 자주 했다. 처음에는 내가
곁에 있으니까 나 듣기 좋게 하는 소리라고 여겼는데, 그런 이야기
를 자주 들으니 실지로 불광이 이룩한 여러 일들을 곰곰 생각해 보
게 되었다. 그리고 불광 번창기의 토대 위에서 계속 전법도량의 역
할을 줄기차게 해나갔다면 또 다른 기여를 했을 것이라는 생각도 들
었다.

불광이 처음부터 한국불교의 새 물줄기로 자임하여 종단 발전사
에 획기적인 여러 가지 일을 수행했던 것은 이제 누구나 다 아는 사
실이 되었다. 그랬던 만큼 처음의 기세를 그대로 유지하여 앞으로
계속 뻗어나갔다면 참으로 많은 일을 하여 교단과 나라에 보다 크게
기여할 수 있지 않았을까를 생각하는 것은 비단 나만의 생각은 아니

라고 본다. 예나 지금이나 불광이라고 하면 사람들은 모두 희망적이고 선구적인 이미지를 떠올린다. 그러기에 아쉬움도 사뭇 큰 것 같다.

불광이 전국의 모든 불자들의 한결같은 여망을 이루지 못했던 가장 큰 이유는 스님의 건강이 끝까지 따라주지 못했던 것에 있다. 그 다음은 스님의 은혜를 직접 입은 주변사람들이 아무도 팔을 걷어붙이고 불광운동에 몸을 던져 나서지 않았다. 소위 남들이 말하는 기라성 같은 여러 상좌들 중에 누구 한 사람이라도 자발적으로 불광의 포교불사에 온몸을 던져 흔쾌히 뛰어들었다면 적어도 오늘의 불광 모습은 아니었을 것이다.

부끄러운 말이지만 그 당시 주지로 거론되던 몇몇 인사는 서로 '실권(實權) 없는 주지(住持)'를 왜 하느냐는 식으로 스님이 제안한 주지 소임을 거절했다. 그렇게 마냥 공 떠넘기듯이 서로 책임을 미루는 동안 스님의 건강은 나날이 쇠약해 갔다. 까닭에 부득이 서열이나 승랍에 관계없는 사람들이 소임을 맡은 것이다. 그제야 아차! 한 사람들이 뒤에서 방해공작을 일삼고 함정을 파 놓았으니 결과는 너무나 뻔한 일이 되고 말았던 것이다.

의당 책임질 만한 사람들이 제때에 책임지지 않으므로 말미암아 불광은 한국불교의 가능성을 저버리는 가라앉은 별이 되고 말았다. 이것은 전적으로 가장 가까운 주변들이 스님의 사상을 이해하지 못한 작태에서 비롯되었다. 참으로 안타깝고 참괴한 일이라고 말하지 않을 수 없다. 적어도 주변들이 스님의 사상에 귀의하거나 아니면 조금이라도 공명할 수 있었더라도 오늘보다는 불광이 많이 달라졌을 것이라는 생각을 한다. 이러한 사실은 당사자들이나 불광을 조금이라도 아는 사람은 아무도 부인하지 못할 것이다

파란을 일으킨 사람들이 야심대로 대업을 차지하고도 끝내 스님이 위법망구의 보살헌신으로 가꾼 전법도량의 무한한 역량을 쓰려고도 하지 않았고, 스님의 뜨거운 원력을 계승하지도 못했다. 기껏 절 살림살이를 외부 회계사를 통해 감사나 받는 것으로 선구역할을 자임하는 것으로 끝내고 말았다. 참 어이없는 일이고 한심한 작태다.

과연 스님은 어떤 심정으로 그 일을 지켜 보셨을까? 스님의 혼령이 야단을 쳐서 왜 막지 않았을까? 하는 안타까움을 가져본다. 수행자가 오로지 자신의 양심으로 살아야지 세속적인 방법에 의지한다는 것은 있어서는 안 되는 일이다.

30. 귀신 붙었다

우선 스님의 말씀을 적는다.

위없는 진리로서 영원하시고, 법성광명으로 자재하옵신 부처님.
새해 새 아침에 저희들은 이렇게 스스로를 돌이켜 봅니다.

'항상 겸허하고 모두를 존중하고 있는가!
인생을 부정적으로 말하고 있지는 않는가!
스스로가 창조적 주체로서 언제나 왕성한 의욕을 불태우고 있는가!'

이제야 알겠습니다.
이 새 아침이 새해가 되어서 밝은 것이 아니라 저희가 이렇게 새로 태어났기 때문에 밝은 것임을…….
이제 지혜자비로 새로 태어난 우리 각자의 생명은 언제나 형제와

겨레와 함께 있고, 조국의 자유와 평화를 생각하며, 온 누리 모든 중생
이 안락하고 보리 이루기를 일심 발원하옵니다.

진리란 아름다운 것이다. 축복에 가득 차 있기 때문에…….

그러므로 진리는 결코 추해질 수 없다. 추한 사람을 보고 싫은 것을
볼 때, 그 추함에 속지 말라. 좀더 깊이 들여다보면 추함 속에서 아름
다움을 발견한다.

그대여, 부디 그 추함에 속지 말라. 추함은 순전히 그대 자신의 주관
적인 해석. 진리는 사랑으로 충만해 있나니, 모든 것은 성스럽도다. 존
재하는 모든 것은 무조건 성스럽도다. 보라, 보이는 것은 모두 부처뿐
이다. 삼라만상 두두물물(森羅萬象頭頭物物) 모두가 부처다. 그리고 모
든 것은 쉼 없이 흘러가고 있다. 저 본질의 바다에서 나와 다시 그 본
질의 바다로 흘러가고 있다.

어느 날 신도가 스님께 여쭈었다. 귀신이 붙었다고 하는데, 그것이
사실 있는 것이냐고?

이에 대해 스님은 영가가 무엇인가를 자세히 설명하고 난 뒤, 이
어서 인간과 영가의 관계를 다시 보충 설명했다. 그리고 어떤 때에
영가가 인간에게 의지하는가를 다음과 같이 부연했다.(귀신 붙었다고
할 경우)

1. 마음이 어두울 때

2. 몸이 허약할 때

3. 몸이 아파 병원에 가도 병의 원인이 나타나지 않거나 치료를 받
고 약을 먹어도 전혀 효과가 없을 때

3. 특별한 인연

4. 어둡고 침울한 마음상태(귀신과의 연결통로가 됨)

앞에서 말한 대로 우선 본인이 밝은 마음이 돼야 하고 힘찬 마음이 돼야 한다. 독경하고 염불하면 밝은 마음이 된다. 또 반야바라밀 염송을 하면 일체 재앙이 소멸되고 밝은 마음이 된다. 여기서 주의할 것은 염불하고 독경한다는 것은 귀신을 사정없이 물리치거나 뚝 떼어 쫓아버리는 것이 아니라 영가를 좋은 곳으로 인도하고 천도한다는 사실이다.

31. 선찰대본산의 열중(悅衆)

스님이 범어사에서 수행할 때, 범어사의 전 대중은 오로지 노스님(東山大宗師)을 모시고 일사불란하게 살았다. 오직 도를 얻기 위해 대중들은 도만을 생각하고 도만을 말하고 도만을 보고 듣는 순수한 정진 속에 해가 뜨고 졌다. 그런 진지한 분위기 속에서 대중은 순수한 마음으로 서로에게 봉사와 헌신을 바치려고 다투는 때였다. 이런 것을 절에서는 복 짓는다고 말한다.

그때 열중이라는 소임이 있었는데 참으로 특출한 발상이었다고 한다. 이 열중이라는 말은 스님 자신이 지은 범어사의 소임 명칭이며, 또한 스님 자신이 원해서 맡은 소임이다. 그 당시 열중이라는 소임은 범어사에만 있던 아주 특별한 소임이었다고 한다.

열중(悅衆)은 큰절에서 함께 수행하는 모든 수행자들을 기쁘게 해준다는 뜻인데, 좀더 쉽게 말한다면 사내의 모든 대중을 위해 봉사·헌신의 지극한 마음으로 받들어 섬기는 일로 보면 된다. 즉 열중의 보살행을 통해 대중은 안심하고 기쁜 마음으로 오직 공부에만 전념하면 되었다.

그런데 열중이라는 말을 좀더 깊이 이해하기 위해서는 보현행원 품(普賢行願品)을 알아야 한다. 보현행원품에는 보현보살의 열 가지 행원이 있는데, 그 열 가지 행원을 하나로 뭉뚱그려 통합한 것이 바로 열중이다. 말하자면 스님의 일생을 처음부터 끝까지 꿰뚫고 흐른 것이 보현행이었다. 그러니까 스님은 철저하게 보현행자로 일생을 살았다. 범어사에 살든 총무원에 살든 대각사에 살든, 내지 그 어디에 살든 스님 자신의 본분〔보현행원〕을 잠시도 잊지 않았다.

스님이 전 생을 통해 보인 보현행자의 주소가 바로 반야다. 반야가 곧 행원이고 행원이 곧 반야의 소식이다. 반야에 대한 설명을 들으면 곧바로 행원을 알고 스님의 모든 것이 고스란히 드러난다. 반야에 대한 아래의 스님 친설을 들어보자.

반야바라밀다는 진공묘유다. 우선 아래의 관계를 자세히 살펴보도록 하자.

진공(眞空) – 무상(無相), 무주(無住)

묘유(妙有) – 묘유위용(妙有爲用)

여기서 진공·묘유를 쌍으로 동시에 밝힌 쌍명공유(雙明空有)가 바로 반야바라밀다임을 알 수 있다. 무상과 무주마저 교학으로 풀어보면 훨씬 쉽게 이해될 수 있을 것이다.

무상(無相) – 진(眞)·속(俗)·중도(中道)의 삼제(三諦)가 다 한 경계 위에 나타난 도리임을 뜻하고(所證理),

무주(無住) – 공(空)·가(假)·중(中)의 삼관(三觀)이 다 한마음의 경계임을 뜻한다(能證者).

무주지(無住智, 머묾이 없는 지혜)로써 무상리(無相理, 상 없는 진리)를 증득하면 능소(能所)가 뚜렷해져서 진리 그대로 지혜 그대로 한 덩어리여서 움직일 것이 따로 없으므로 일규(一竅)라 하는데 이것이 진공(眞

空)의 도리이다.

또 이지(理智)의 뜻이 없지 않으니 그러므로 묘유(妙有)인데 이것은 진공(眞空) 가운데 갖추어 있는 바니 그러므로 일규(一竅)가 된다.

금강경의 약견제상비상즉견여래(若見諸相非相卽見如來) 등은 상(相) 없는 진리로서 최후의 결과의 지위인 여래의 과무상(果無相)의 경지를 밝힌 것이고, 응무소주행어보시(應無所住行於布施) 등은 불타가 될 원인인 보살행으로서의 인무주(因無住)의 도리를 밝힌 것이다.

따라서 금강경의 대의(大義)가 무상무주(無相無住)의 네 글자를 벗어나지 않을 뿐 아니라 그 종(宗)과 체(體)는 이름은 다르지만·뜻은 서로 다르지 않다.

32. 천사소(薦師疏)를 자주 읊조렸던 스님

스님은 서산대사에 대해서 아주 각별한 마음을 가지고 있었다. 그것은 서산대사가 근세 조선의 가장 뛰어난 고승이고, 구국구세(救國救世)의 대보살이며, 구종(救宗)의 일대 대종사이기 때문만이 아니다. 어쩌면 스님의 서산대사에 대한 두터운 존경심은 거의 전적으로 인간적인 면모 때문이라고 해야 할 것 같다. 그것은 바로 서산대사의 지극한 효심(孝心)을 말한다.(『광덕스님 시봉일기 3』(구국구세의 횃불) '조선시대 효자스님,' 122쪽 참조]

서산대사는 속가의 부모님이나 공문(空門)의 은법사에 대한 변함 없는 마음을 끝까지 잃지 않았다. 나는 이러한 서산대사의 지극하고 간절한 효심을 스님은 같은 수행자로서 시간을 뛰어넘어 사표로 삼았다고 생각한다. 또한 스님을 잘 아는 분들도 이구동성으로 서산대사에 대한 스님의 충정을 증언했으니, 이 말은 내 생각만이 아니라는 것이 밝혀진 셈이다.

예나 제나 흔히 출가한 도(道)의 문중에서는 도만 최고로 생각하는 경향이 매우 다분하다. 그러므로 자연 효나 세속적인 덕행에 대해서는 왕왕 지나칠 때도 있다. 그런데 당대 무비(無比)의 영걸(英傑)이었던 서산대사는 뜻밖에도 효나 덕행—서산대사가 보여 주었던 충성심과 인간애 등—에 있어서 조금도 소홀하지 않았고, 뿐만 아니라 절집의 분위기와는 사뭇 다른 점을 보여 주고 있다. 그런 서산대사의 특이한 점을 스님은 주의 깊게 보지 않았을까 하고 짐작해 본다. 이런 까닭에 스님은 자주 서산대사의 글을 인용하기도 하고 간혹 상좌들에게 훈도의 전범(典範)으로 삼기도 하였다.

나는 서산대사가 스승의 제삿날에 직접 지은 '천사소'를 통해서 독자들이 스님을 더 깊이 이해할 수 있으리라 믿고, 또 스님을 아는 지인(知人)들이 서산대사의 '천사소'에 대해서 궁금해 할 것도 같아서 여기 그 전문(全文)을 옮긴다. 번역은 이인혜(李仁惠) 불자의 솜씨다.

스승을 천도하는 소〔薦師疏〕

부처님은 지혜의 횃불이 되시어 어두운 거리를 크게 밝히시고, 가르침은 자비의 배이시옵기에 고해에 빠진 중생을 건져 주시옵니다. 이 까닭에 부처님과 법에 귀의하지 않고 어찌 인간과 천상을 이롭게 할 수 있겠습니까. 그러므로 저는 법수(法水)[1]의 맑음으로써 각월(覺月)[2]의 비춤을 맞이하려 하옵니다.

---

1) 법수(法水): 부처님의 가르침이 중생의 번뇌를 씻어 주는 것을 물에 비유한 말.
2) 각월(覺月): 깨달음, 또는 깨달은 자를 달에 비유한 말.

스승[靈駕]을 생각하면서 간절히 아뢰옵니다. 저의 은사(恩師)는 일찍이 티끌 세상의 번거로움을 떠나 몸을 운수(雲水)에 맡겼습니다. 길상산(吉祥山) 밑에서 오실 때에는 외로운 그림자가 하늘에 나부끼었고, 반야봉(般若峯) 꼭대기에서 참선하실 때는 암자 전체가 고요하고 깨끗하였습니다. 법랍 70년 동안 좌선하면서 수많은 방석[蒲團]을 해어지게 했으며, 세수 80년의 자고 먹는 동안에 많은 날을 재계(齋戒)하며 보냈습니다.

스승에게는 조상을 빛내 줄 높은 풍모가 있었지만 제자인 저에게는 스승을 드러낼 아무런 덕도 없습니다. 젊어서는 학업에 얽매었고 자라서는 살기에 바빠서 미처 정성을 바칠 새도 없었는데 갑자기 세상을 떠나시니, 그 음성과 자용을 떠올리면 큰 탄식이 나오고, 문 앞의 지팡이와 댓돌의 신을 바라보면 슬픔만 더할 뿐입니다.

이에 저는 여섯 가지 공양[3]의 구름을 일으키고 삼단(三壇)의 오묘한 법석(法席)을 펼쳐 오체투지(五體投地) 하면서 그윽한 가호를 청하옵나니, 제망찰진(帝網刹塵) 같이 무수한 부처님과 현성(賢聖)들께서는 자비의 손길로 돌아가신 스승[亡靈]을 인도해 주시옵소서.

생각하오면 돌아가신 스승은, 현세의 업은 피할 수 있겠으나 과거의 인연은 헤아리기 어렵기 때문에 혹 원결(寃結)을 만나지나 않을까 두렵고, 미도(迷途)에 머무르지나 않을까도 염려스럽습니다. 그러므로 자비의 배를 빌어야 극락의 저 언덕에 오를 수 있을 것입니다.

엎드려 원하옵건대, 저의 스승이 황금대(黃金臺) 위에서 나뭇가지에 이는 바람소리를 들으며 소요하고, 백옥지(白玉池) 속에서 연꽃을 밟으며 유희하게 하소서. 그리고 그 남은 물결이 두루 번져서 괴로워하는 중생들까지 함께 젖게 하시옵소서.

---

3) 여섯 가지 공양[六種供養]: 물[水]·도향[塗香]·꽃[花]·소향(燒香)·밥[食]·등명(燈明).

제자는 간절하고 북받치는 마음을 감당할 수 없어 부처님〔玉毫〕4)을 우러러 보며 삼가 이 글을 올리나이다.

佛爲慧炬 示昏衢之大明 法是慈航 濟苦海之深溺 若不歸依佛法 安能利益人天 故揚法水之淸 以邀覺月之照 念彼靈駕曰 予恩師 早脫塵煩 寄身雲水 來自吉祥山下 隻影飄空安禪 般若峯頭 一庵蕭洒 臘將七十 坐破幾箇蒲團耶 壽極八旬 齋戒許多眠食乎 師有光祖高風 資無顯師良德 少則拘繫於學業 長則奔走於生涯 未及投誠 俄就圓寂 想音容而太息 顧杖履以盆悲 爰興六種供養之雲 遽開三壇妙法之席 五體投地 用丐冥府 帝網調御師 刹塵賢聖衆 同以大悲手 用接引亡靈 伏念亡師 現業可違 宿緣難測 恐遭寃結 疑滯迷途 要假慈航 方登樂岸 伏願黃金臺上 聽風柯以逍遙 白玉池中 踏蓮花而遊戱 餘波普洽苦類同霑 弟子無任懇禱激切之至 仰對玉毫 表宣謹疏

(『韓國佛敎全書』 제7책 「淸虛集」 卷六, 712~713쪽에 있음)

33. 임신중절은 불가

스님은 여성문제에 대해서도 많은 관심을 기울였다. 여성에 대한 현실적인 불평등에 대해서 때로는 마음 아파하기도 하고, 또 때로는 설법을 통해 여성에 대한 잘못된 사회적인 인식이나 시대에 맞지 않는 관습의 철폐를 주장하기도 했다. 그러나 여기서는 여성의 그런 사회적인 입장보다 여성이 가지고 있는 내면의 진리성에 대한 스님

---

4) 옥호(玉毫): 부처님 이마의 백호(白毫). 여기서는 부처님의 얼굴.

의 이해를 살펴보고자 한다.

스님은 여성의 불교적인 성향이나 역할, 경에 나오는 여성에 대한 여러 사례를 자주 설법의 주제로 삼았다. 사실 불교 문헌 가운데 여성에 대한 이야기는 많은 편이다. 스님은 여성에 대한 우리 나라의 옛날 이야기나, 또는 다른 나라 이야기라고 해도 그 내용을 불교적인 입장에서 살펴본 뒤 오늘의 언어로 해석하여 부처님의 참뜻을 현대 사회에 고스란히 부각시켰는데, 무척이나 합당했고 설득력이 있었다.

잘 알다시피 불교는 모든 존재를 생명 자체로 파악해 들어가는 생명의 종교며 가르침이라고 하겠다. 그러므로 수행자들이 점차 도를 닦아 감에 인간생명을 비롯한 자연계의 폭넓은 생명 현상에 깊은 관심을 갖게 되는 것은 매우 자연스러운 일이고, 또 반드시 거쳐야 하는 하나의 과정이기도 하다.

이런 점에서 가장 먼저 크게 대두되는 것은 인간의 존엄성일 것이다. 그러나 이 인간의 존엄성을 말하려고 하면 '인간은 어디서부터, 어디까지가 인간이냐?' 하는 점이 정의되어야 한다. 이 점에 대한 스님의 주장을 대신 말할 것 같으면 '인간의 정자와 난자가 결합하여 수태(受胎)되는 순간부터 죽어서 영(靈)의 존재까지'가 인간의 범주에 든다고 하겠다.

그러나 이 문제는 인류에게 오랫동안 의견이 분분했던 논쟁거리였다. 흔히 일반인들은 태아가 어머니의 몸을 벗어난 순간〔出生〕부터 인간이라고 하거나, 또는 뱃속에서 인간의 형태를 갖추기 시작한 때로 보거나, 그도 아니면 임신 3개월이 지난 뒤부터라고 생각한다.

그러나 중요한 점은 정자와 난자의 결합만으로는 수정란이 성장하지 못한다는 것이다. 정자와 난자는 하나의 물질이다. 그 물질의 주인이랄 수 있는 그 무엇이 있어야 수정란은 비로소 성장하기 시작한다는 말이다. 그 물질(난자와 정자)의 주인공을 불교에서는 식(識, 정신 또는 영혼)이라고 한다. 설령 아무리 충실한 난자와 정자라고 해도 그 주인 되는 식이 없으면 성장하지 못할 뿐만 아니라 아예 수정 자체가 이루어지지 않는다고 보는 것이다.

식이 입태(入胎)하지 않으면 비록 건강한 정자나 난자라 해도 생명으로서 자라지 못하고 그냥 흘러가 버리거나 사라져버린다. 설령 정자와 난자가 담고 있는 정보가 뛰어난 것이라 해도 그 주인이 되는 식이 입태하여 역할을 해내지 못한다면 물질의 보조적인 역할만으로는 생명으로서 제 기능을 다 발휘하지 못하고 끝나버린다고 보았다.

이런 경우는 조금만 관심을 가지고 살핀다면 우리 주변에서 얼마든지 확인할 수 있는 일이다. 의학적으로는 건강에 아무런 이상이 없는데도 아이가 생기지 않는 젊은 부부가 있는가 하면, 설령 낳기 싫어도 자꾸만 낳아야 하는 경우도 많다. 이 점은 현대 의학도 인정한다고 들었고, 또 불임부부를 위해 여러 가지 방안을 마련하고는 있지만 그러한 가임 노력이 아직은 옛날 선조들이 아이를 얻기 위해 백일기도를 한 것과 같은 맥락이다. 단지 과학적인 방법으로 분석하고 연구하는 것에서 차이가 있을 뿐이라고 본다. 이러한 불교적인 이해의 바탕 위에서 태아에 대한 부문을 거론해야 이해가 쉬우리라 본다. 그러므로 여기서는 인간의 사후문제[영혼]는 거론하지 않고 뱃속에 든 태아를 부모가 거부하는 문제만 말해 보기로 한다.

스님은 여성의 임신에 대한 중절(中絶)이나 강제유산(流産)의 부당성[일종의 살인행위]에 대해서 역설한 일이 많다. 신앙상담이나 교리해설을 통해서도 강조했고, 현대 사회의 생명경시 풍조에 대해서도 경고와 주의를 내리는 데 주저하지 않았다. 말하자면 인간 존엄성에 대해 불교적인 입장과 태도를 매우 분명히 했다. 어떠한 이유로도 중절은 안 된다는 것이 스님의 기본입장이었다. 왜냐하면 앞에서도 말했지만 인간이라고 말하는 시점은 벌써 정자와 난자의 만남인 수정단계, 즉 식의 입태부터라고 보기 때문이다. 난자와 정자가 만나 성장을 시작했다면 거기에는 이미 주인공인 식이 자리하고 있으며, 식은 바로 정신과 육체를 성장시키는 주인공, 인간임을 부정할 수 없기 때문이다.

태아의 상태에서 중절되어 희생된 아기를 흔히 수자영가(水子靈駕)라고 부른다. 아마도 이 말은 일본의 영향을 받은 것 같다. 중절은 뱃속의 아기가 더 이상 성장하지 못하고 강제로 생을 중단당했을 때를 말한다.

스님이 조사한 자료에 의하면 가까운 일본에서는 여러 부득이한 경우나, 또는 임신중절이 죄가 된다는 사실을 모르고 중절했을 경우에는 태아를 위한 천도기도를 한다고 했다. 그들이 가장 먼저 하는 일은 지장보살 존상을 조성한다든가, 경을 사경한다든가, 아니면 수자영가의 이름을 지어 주고 매일 독경하고 축원한다고 했다. 또는 참회와 간경, 공덕을 지어 그 힘으로 태아의 후생을 열어 준다고도 했다.

뱃속의 태아는 자신의 삶[生]을 부모에 의해서 거부당했을 때 상당한 고통을 겪는다고 한다. 태아는 어머니의 양수에 머물러 있는 상태이므로 그런 차원의 의식이 계속되어 물에 빠진 상태의 고통을 받게 된다. 그 영향으로 어머니는 이유 없이 온몸에서 땀을 흘린다든가, 하반신이 물에 빠진 것 같은 느낌을 받는 것은 바로 태아의 고통을 함께 당하는 것이라고 보면 된다는 것이다. 또 아버지도 거의 비슷한 영향을 받는다고 한다. 뿐만 아니라 이미 자라고 있는 태아의 형제들도 괜스레 이유 없는 반항을 하거나 부모에 대해 원망심이나 적개심을 갖는 것도 같은 이유에서라고 했다. 그러나 수자영가를 위해서 지극한 마음으로 지속적으로 앞길을 열어 주고 공덕을 쌓아 천도해 주면 자라고 있는 형제자매들도 보호가 되고 부모에게도 위해가 사라진다는 것이다.

그러나 가장 중요한 것은 어떠한 경우에도 중절을 하지 않는 것이고, 임신에 대한 터울 조절은 도덕적인 금욕으로 하는 것이 최상이라는 견해를 피력했다. 말하자면 여성의 배란기를 이용하는 방법이 적합하다고 본 것이다. 그것은 정신적인 바탕에서만 가능한 일이기 때문에 하나의 수행이며, 재가불자들의 욕망의 절제를 통한 자기 수행이라고 하겠다.

金河堂 光德大禪師 年譜

作成, 2001년 2월 1일
1차 수정·보완, 2001년 10월 16일
2차 수정·보완, 2002년 12월 1일

연도	연령	연　　　　보
1864	甲子	후일, 翁師가 되신 새 佛敎運動 大覺敎의 開創祖 龍城震鐘 祖師 誕生(朝鮮 高宗 1年).
1886	丙戌	龍城祖師, 경북 선산 모례원에서 勇猛精進 結社로 悟道(당년 23세).
1890	庚寅	후일, 恩師가 되신 淨化佛事의 大功德主 東山慧日 大宗師 誕生(용성조사, 27세).
1897	丁酉	후일, 法師가 되신 韶天大禪師 誕生.
1905		제2차 韓日協約(을사보호조약) 체결.
1910		① 3월, 안중근 義士, 여순 감옥에서 순국(死刑). ② 8월 22일 韓日合邦條約 調印.
1912		① 東山慧日 大宗師 出家(당년 23세). ② 후일, 拈華知音의 師兄이 되신 淨化佛事의 完成者이며 禪佛敎의 思想家 退翁性徹 大宗師 誕生.
1919		① 光武帝의 國葬을 계기로 전국 각지, 방방곡곡에서 기미년 독립운동(3.1운동)이 요원의 불길로 勃發. ② 龍城祖師 독립운동으로 수감(상좌인 東山 大宗師 3년간 옥바라지).

1919		③ 上海 임시정부 수립. ④ 韶天禪師 3.1 독립운동 참가 후, 김좌진 장군 휘하에 入隊(당년 23세).
1921		龍城祖師 大覺教 創立.
1927 (丁卯)	1	① 東山 大宗師 金泉 直指寺에서 悟道(당년 38세). ② 4월 4일(음 3.3), 경기도 화성군 오산읍 내리에서 아버지 高公 準學, 어머니 金氏 東娘의 2男3女 중 넷째로 출생. 본관 제주, 본명 秉完.
1935	9	退翁性徹 大宗師 東山 門下로 出家(당년 24세). (당시 東山 大宗師 46세, 海印寺 白蓮庵 住錫).
1939	13	兄, 秉烈 死亡.
1940	14	4월 1일(음 2.24) 龍城祖師 入寂(世壽 77세, 法臘 61세).
1941	15	아버지, 高公 準學 別世.
1945	19	日帝 强占에서 解放.
1946	20	어머니, 金氏 東娘 別世.
1947	21	① 韓國大學(현 서경대학의 前身)에 進學, 폐결핵 感染. ② 둘째 누이 死亡.
1950	24	① 韓國戰爭 勃發, 가을 釜山 梵魚寺 入山. ② 東山선사와의 만남을 통해 인생관, 세계관의 일대 전환을 맞이하여 범어사 선방(청풍당), 관음전, 지장전, 미륵암, 금강암, 송도, 죽도, 삼천포, 함안 장춘사 등에서 발분 정진.
1951	25	칠월칠석(양 8.9), 東山 大宗師를 戒師로 沙彌十戒 수계식 도중, 受 十戒를 受 五戒로 복창하고 스스로 거사의 신분으로 낮추어 겸허하게 수행함.

1953	27	詔天大禪師의 覺運動과 그 思想에 깊이 契合한바 '金剛經讀誦救國願力隊'에 참여 전국 순회.
1954	28	① 釜山 東萊 온천장 金井寺에서 悟道. ② 부산 범일동에서 최초의 法燈家族 특별법회 시작 (1년간 매주 실시). ③ 한국불교 淨化佛事 시작됨.
1956	30	대각회 창립, 초대회장에 취임(9.16).
1959	33	가을, 범어사 禪院에서 性昊·眞常·日陀 등 선사들과 現代禪學研究會를 결성하고 취지문을 작성, 발표한 뒤 『벽암록』 및 여러 禪典을 현토함.
1960	34	① 범어사 보살계 때(음 3.15) 東山大宗師를 恩師와 戒師로 受戒 ② 4.19 혁명 ③ 大韓佛教譯經院을 설립하여 『벽암록』·『선문촬요』·『선문염송』·『선관책진』·『선문단련설』 등 출판 (현토).
1961	35	① 佛國寺에서 現代禪學研究會 주최, 雪峰 師, 초청, 『벽암록』 최초 강의. ② 5.16 군사정변
1962	36	①『벽암록』(성호 현토본) 간행(편집·현대선학연구회, 발행·대한불교역경원). ② 曹溪宗 서무국장으로 宗憲·宗法 제정과 불교재산관리법을 주도적으로 成案하고 기타 종단 法令 마련으로 종단의 법률적 틀을 만듦.
1963	37	한국대학생불교연합회 창립(9.22, 초대 지도법사 취임).
1965	39	① 恩師, 東山大宗師 入寂(음 3.23, 양 4.24. 오후 6시 무렵 世壽 76세, 法臘 53세). ② 서울 奉恩寺 結社(주지취임)로 대학생 수도원 설립(9.12).

1965	39	③『보현행원품』(프린트본) - 한국대학생불교연합회 교본으로 발행(6.5). ④ 학교법인 대동학원 이사 취임(8.18~1974.2.6).
1966	40	학교법인 원효학원 이사 취임(~1979.3.4).
1967	41	『선관책진』 간행(진수당, 10.15).
1968	42	『보현행원품』 간행(해인사판, 성철스님 서문).
1971	45	① 조계종 총무부장 취임(~1973.1.25). ② 조계종 총무원장 직무대행(청담스님 입적시, 11.25).
1972	46	① 自號 運海 사용(진리의 태양을 좋아하고 추종한다는 뜻의 高運海). ② 10월 維新 政治 쿠테타 敢行.
1974	48	① 財團法人 大覺會 理事長 就任(3.25~1976.6.29). ② '한마음헌장' 선포(4.2), 월간「불광」창간호에 게재. ③ 大覺寺에서 佛光會 創立(9.1). ④『반야심경 강의』완성 - 禪智와 般若眼의 究極을 밝힌 佛光敎典. ⑤ 月刊「佛光」創刊, 發行人 登錄(11.1, 불광회를 모체로 함). ⑥ 순수불교 선언(월간「불광」창간호 - 새 불교결사운동).
1975	49	① 대각사에서 佛光法會 創立(10.16, 불광회를 모체로 함). ②『法寶壇經』刊行(대각출판부).
1976	50	사리불법등(대학생법회) 창등(2.5).
1977	51	① 普賢行者의 誓願 발표. ② 救國救世의 보살을 양성하기 위해『菩薩聖典』간행(10.30). ③ 學校法人 東國學園 理事 就任(11.23~1993.11.13).

1978	52	① 法師 韶天大禪師 入寂(4.15, 세수 82세). ② 禪智와 般若眼의 寶庫『禪門要典』 간행(10.9).
1979	53	① 파라미타 합창단 창단(3.29). ② 연꽃마을 이야기 출간(5.30). ③ 佛光出版部 開設(10.10), 發行人 登錄. ④ 12.12 新軍部 쿠데타 敢行.
1980	54	① 싱달법등(중고등학생법회) 창등(9월). ② 新軍部 政權의 10.27法難 恣行.
1982	56	① 잠실 벌판에 佛光寺 竣工 奉獻(10.24.) – 불광 제2기 잠실시대 개막. ② 마하보디 합창단 창단(11월).
1983	57	① 活功救國救世運動을 위한 正法護持 發願(8월 3일 호법발원) 시작. ② 불광의식집『불광법회요전』 발간(3.10).
1984	58	대웅전(후불탱화) 금판 금강경 주조 봉안(2.11).
1986	60	① 佛光幼稚園 設立(10.19). ② 佛光布敎院 設立(10.19).
1987	61	① 回甲記念 불교 시론집『빛의 목소리』 간행(3.20). ② '판소리 불타전' 공연 – 상수불학운동(5.5). ③ 6.29 시민항쟁 승리선언.
1991	65	월간「불광」200호 발행(6.1).
1992	66	① 創作 國樂交聲曲 '普賢行願頌' 발표 공연으로 새 불교운동을 거듭 제창함과 아울러 불교음악의 새로운 지평을 여는 계기가 되었음(4.2, 세종문화회관 대강당). ② 財團法人 大覺會 理事長 就任(5.12～1999.9.10).

1992	66	③ 圖書出版 한강수 開設(10.27), 發行人 登錄. ④ 佛光教育院 設立(10.26, 석촌동 160-2의 건물 매입).
1993	67	① 財團法人 普德學會 理事 就任(3.30~1996.3.30). ② 分坐知音 退翁性徹 大宗師 入寂(11.4, 海印寺 堆雪堂에서 世壽 82세, 法臘 59세).
1996	70	창작 국악 교성곡 '父母恩重頌' 발표공연(5.11, 국립중앙극장).
1998	72	週報(일요정기 법회용) 제1,000호 발행(8.9).
1999	73	① 佛光寺 法主室에서 2월 27일(음 1.12) 오후 2시 무렵, 大圓寂 般若寂光三昧에 듦(爲法忘軀大慈大悲 化歸本空). ② 入寂 100일(6.6) 추모재(도피안사) 奉行. ③ 『광덕스님 시봉일기 1』(내일이면 늦으리) 출판(6.6). ④ 광덕스님 속환발원기도-티베트 수미산 순례단 출발(7.8).
2000		광덕스님 속환발원-1,000일기도 입재(2.27) 資 송암 奉行精進(도피안사).
2001		① 『광덕스님 시봉일기 2』(징검다리) 출판(2.27, 대원적 2주기). ② 범어사에 行蹟碑와 부도 제막(10.21). ③ 『광덕스님 시봉일기 3』(구국구세의 횃불) 출판(12.30).
2002		① 『광덕스님 시봉일기 7』(사부대중의 구세송) 출판(7.1). ② 입적 3주년 및 도솔산 개산 10주년 '환생' 전시회 개최(11.22, 서울 불일미술관), 도록 『환생』 발간.

門人 松菴至元 錄

스님의 생애를 한마디로…

1.

『시봉일기 1 』(내일이면 늦으리) 첫 권을 출간했을 때, 불교방송 '무명을 밝히고'의 제작진이 대담을 청해 왔다. 삼십여 분 동안 책에 실린 내용과 그 밖의 스님의 일화를 이야기하고 끝마무리에서, 진행자가 "광덕스님의 생애를 한마디로 말한다면 뭐라고 표현할 수 있을까요" 하고 물어왔다.

진행자의 질문이 끝나자마자 전광석화로 내 입에서 튀어나온 대답이 "위법망구(爲法忘軀)입니다"였다. 마치 그 순간, 스님이 오셔서 나에게 시킨 것처럼 거의 무의식중에 튀어나온 말이다. 질문지에 없던 것이어서 사전에 답변을 준비하지도 못했고, 또 거의 끝날 무렵이어서 이리저리 생각해 볼 시간적인 겨를도 없었다. 번개 치는 선문답 같은 즉문즉답의 형식이었다.

그동안 시봉일기 시리즈를 연속으로 내면서 나는 줄곧 스님의 생애를 생각했다. 아니 스님의 생애 속에 푹 파묻혀 살다시피 했다. 그렇게 내 나름대로 스님의 생애에 대한 전문가(?)가 되어갔다. 소위 전문가인 나에게 누가 스님의 생애를 이야기하라고 한다면 과연 뭐라고 대답할 수 있을까, 새삼 곰곰 생각해 본다. 스님의 생애를 한마디로 짧게 표현했을 때와 길게 설명했을 때는 또 어떻게 달라질까, 등등 여러 가지 생각을 떠올려 보았다. 그러나 아무리 생각을 굴려보고, 연구에 연구를 거듭해도 '위법망구,' 그 이상의 생각은 떠오르지 않았다. 결국 나는 스님의 생애를 '위법망구'로 최종 결론을 내리고 말았다. 지금까지, 아니 앞으로 수많은 연구와 생각을 거듭 해도 이 말보다 더 적절한 말을 내 능력으로는 찾지 못할 것이라는 판단이 들었기 때문이다.

이제 남은 것은 그러한 스님의 생애, 즉 '위법망구'를 따르고 실천하는 일이다. 내가 여러 가지 어려운 여건을 무릅쓰고 시봉일기를 간행한 속뜻도 결국 이 한 가지다. 스님을 배우고 따르기 위한 것 말이다. 이 밖에 그 무엇도 아닌 것임을 밝힌다.

2.

나의 시봉일기 시리즈에 대해 여러 이야기가 분분하다. 우선 모두 귀담아 들어야 할 내용이라고 생각한다. 다만 관점이 달라서 그렇지 조금만 열린 마음으로 들어보면 나름의 타당성을 갖추고 있음을 인정한다.

그 가운데는 내용을 너무 과장하는 것 아니냐, 하는 의견에서부터 무슨 이야기가 그렇게 많아 책이 열 권이나 되느냐 등등, 실로 가지가지다. 나는 그 모든 이야기를 경건하게 들으면서도 즉시에 대답을 하지 않았다. 언젠가 말할 때가 있겠지 하는 심정으로 묵연히 지냈는데, 이제 여기에서 한꺼번에 대답하기로 정했다.

첫째, 이 책 시봉일기 시리즈에 대한 글쓴이의 객관성〔스님의 행적〕에 대한 이야기가 많이 거론되었다. 먼저 결론부터 말한다면 이 책에 대한 객관적인 검증은 나의 몫이 아니라고 본다. 왜냐하면 스승과 제자는 분리되지 않기 때문이다. 현재 상황에서 오로지 내가 전념해야 할 일은 스님의 상좌로서 스님에 관계된 자료를 하나라도 더 알뜰하게 모으는 것이라고 생각한다. 이것이 지금 내가 할 수 있는 최선의 일이고 나에게 주어진 책무이며 소임이라는 생각에서다. 자료에 대한 객관성과 검증, 또는 책이 가지는 가치에 대한 평가는 어디까지나 후세의 몫이 될 수밖에 없다. 내가 지금 그런 것을 염두에 두어서는 안 된다. 앞에서도 말했지만 자식은 부모를 평가하거나 논할 수 없고, 내지 논하려고 해서도 안 된다고 믿기에 말이다. 스승과 제자의 관계에서도 같다.

두 번째 질문은, 왜 너 혼자서 독불장군처럼 하느냐? 거기에는 어떤 숨겨진 의도가 담겨 있는 것이 아니냐 하는 날카로운 지적이다. 사실 이런 지적이 나올 만도 하다. 그러나 공식적인 문집이나 생애에 대한 총괄적인 평을 싣는 일이라면 관계자 모두가 모여서 의논을 거쳐야 할 것이지만 '시봉일기'는 어디까지나 내 개인적인 일이며, 또 일차 자료에 지나지 않는다. 이런 자료를 공식적으로 채택하느냐, 않느냐 하는 것은 이후의 일일 뿐만 아니라 매우 자유로운 일이다. 각기 생각에 따라서 관점이 얼마든지 달라질 수 있다. 이 점은 일차 자료의 한계이며, 개인적인 자유이기도 하다.

또 이 일을 나만이 할 수 있는 것은, 스승과 제자〔필자〕 사이에 있던 일을 철저하게 나 개인적으로 자료를 모았다는 것이다. 한두 해가 아니라 상당히 오랜 기간을 통해 형성된 자료이기 때문에 어느

날 갑자기 '시봉일기'를 쓰고 싶다고 가능한 일은 아니다. 아마도 오
랜 세월 동안 자료를 모으지 않았다면 이 일은 불가능했을 것이다.
그래서 내가 할 수밖에 없는 일이라고 말한다면 다른 사람들은 또
어떻게 생각할까?

그래도 서로 협의를 해서 할 수 있지 않느냐고 한다면, 그 말은 옳
은 말이고 합당한 지적이다. 그러나 저변에 여러 가지 불가능한 사
정이 있다는 것을 자세한 설명 없이 간단한 언급만 할 수밖에 없다.
이 점에 있어서 솔직히 말하면 나도 곤혹스럽게 생각한다.

좀 길었지만 이러한 대답을 몹시 궁금해 했던 것이 몇몇 분들의
대동소이한 질문의 내용이었다. 이 변은 시봉일기에 대한 여러 의견
을 잠재우기 위해서가 아니다. 다만 나의 입장을 밝힐 뿐이라는 점
을 이해해 주기 바란다.

2548(2004)년 부처님 오신 날을 맞으며

佛光門人 송암지원 謹誌